公路工程试验检测人员业务考试模拟练习与题解

(二)《公共基础》、《公路》

朱 霞 张爱勤 王春生 朱 峰 编

人民交通出版社

内 容 提 要

本书紧扣《公路水运工程试验检测人员过渡考试大纲》(2010 年版),针对《公共基础》和《公路》两个科目编写了大量练习题,并配有模拟试题。

本书适合作为公路工程试验检测人员业务考试的复习用书。

图书在版编目(CIP)数据

公路工程试验检测人员业务考试模拟练习与题解 .2,
公共基础、公路/朱霞等编 .—北京:人民交通出版社,
2007.5

ISBN 978-7-114-06529-3

Ⅰ.公… Ⅱ.朱… Ⅲ.①道路工程-试验-解题②道路
工程-检测-解题 Ⅳ.U41-44

中国版本图书馆 CIP 数据核字(2007)第 060052 号

书　　名:公路工程试验检测人员业务考试模拟练习与题解(二)《公共基础》、《公路》
著 作 者:朱　霞　张爱勤　王春生　朱　峰
责任编辑:毛　鹏　岑　瑜
出版发行:人民交通出版社
地　　址:(100011)北京市朝阳区安定门外外馆斜街 3 号
网　　址:http://www.ccpress.com.cn
销售电话:(010)59757969,59757973
总 经 销:人民交通出版社发行部
经　　销:各地新华书店
印　　刷:北京盈盛恒通印刷有限公司
开　　本:787×1092　1/16
印　　张:12.25
字　　数:285 千
版　　次:2007 年 5 月第 1 版
印　　次:2011 年 4 月第 13 次印刷
书　　号:ISBN 978-7-114-06529-3
定　　价:32.00 元

前　言

为积极贯彻交通部公路工程试验检测人员业务考试精神，为更好地推进公路工程试验检测人员业务考试的顺利开展，不断提高试验检测从业人员的专业技术水平和整体素质，人民交通出版社组织编写了《公路工程试验检测人员业务考试模拟练习与题解》系列丛书。本书是其中一个分册，主要针对《公共基础》和《公路》两个科目。

为满足广大应考者的备考需要，进行针对性的学习和复习，本书在习题选择上紧扣2010年版《公路水运工程试验检测人员过渡考试大纲》，按单选题、判断题、多选题和问答题四种题型编写了大量实用练习题，并辅以考试模拟试题，以帮助应考者自测对考试内容的掌握情况。本书在内容上以适度的基本理论知识为基础，注重实际操作和实际应用知识的训练，以提高应考者分析和解决工程实际问题的能力。相信通过本书的学习，能够有效地提高应考者的学习效率，积极地促进试验检测从业人员的专业技术和整体素质提升，以适应日益发展的公路工程建设的需求。

预祝各位考生取得好的考试成绩。

本书由山东交通学院土木工程系朱霞、张爱勤、王春生、朱峰编写。

由于时间紧迫，难免有疏漏和错误之处，恳请专家和读者给予批评指正，以便在今后的修订中进一步完善，在此谨表衷心的感谢。

编者

2010年4月

目　录

《公共基础》

《公　路》

《公 共 基 础》

第一部分 考试大纲及考试说明

一、公共基础考试大纲

(一)考试的目的与要求

本部分主要考查考生了解、熟悉和掌握公路工程试验检测工作中所涉及的政策及法律法规的理解能力、实验室管理和试验检测技术等方面的基础知识及其应用程度。

(二)主要考试内容

1. 法律法规(30%)

了解:《中华人民共和国计量法》、《中华人民共和国计量法实施细则》、《中华人民共和国标准化法》、《中华人民共和国标准化法实施条例》、《中华人民共和国产品质量法》、《建设工程质量管理条例》、《公路水运工程试验检测管理办法》(原交通部令[2005]第12号)、关于发布《公路水运工程试验检测机构等级标准》《公路水运工程试验检测机构等级评定程序》的通知(交质监发[2008]274号)、关于印发《公路水运试验检测人员考试办法》的通知(质监综字[2007]4号)、关于印发《公路水运试验检测信用评价管理办法(试行)的通知(交质监发[2009]318号)、关于进一步加强公路水运工程工地试验室管理工作的意见(厅质监字[2009]183号)。

熟悉:《中华人民共和国计量法》、《中华人民共和国计量法实施细则》、《中华人民共和国标准化法》、《中华人民共和国标准化法实施条例》、《中华人民共和国产品质量法》、《建设工程质量管理条例》中有关产品质量监督检验及检测机构质量管理体系的条款;公路水运工程试验检测管理办法、公路水运工程试验检测机构等级标准、评审程序、现场评审的主要内容;试验检测标准、规范、规程的分类及使用原则;信用评价标准要求。

掌握:试验检测机构专业、类别、等级的划分;取得公路水运检测机构等级证书的条件、有效期;《公路水运工程试验检测管理办法》中对试验检测活动的规定;等级评审程序内容及增项管理规定;试验检测人员专业、等级的划分、报考条件及考试违规的处理;信用评价办法适用范围、标准及信用等级划分;工地试验室管理要求。

2. 实验室管理(30%)

了解:实验室资质认定的基本概念;实验室资质认定评审准则;检验和校准实验室能力的通力要求(ISO/IEC17025)的基本内容;通用计量术语及试验检测的术语。

熟悉:质量管理体系文件的内容和层次划分(质量手册、程序文件、作业指导书、其它质量文件);管理要求(11个要素)和技术要求(8个要素)的内容;文件受控的含义;量值溯源的基本概念;样品管理的基本要求,计量认证和审查认可两种认定形式的区别;试验室管理制度、岗位基本职责。

掌握:仪器设备管理、使用、维护的基本内容,期间核查的要求,仪器检定、校准、验证的区别,正确使用检定校准报告结果;管理评审及内审的内容;原始记录的基本要求;检测报告的主要内容；计量认证（CMA）章、交通试验检测等级印章的含义和正确使用。

3. 试验检测基础知识（40%）

了解：误差、数值修约、抽样的基本概念。

熟悉：总体、样本、算术平均值、中位数、极差、标准偏差、变异系数、随机事件及其概率、正态分布的基本概念；测量数据常用的表达方法（表格法、图示法、经验公式法）；检验数据的线性回归、相关系数的含义；能力验证的基本概念；测量不确定度的概念及分类。

掌握：数值运算法则及修约规则；测量误差的分类、来源及消除方法；抽样技术中批量、样本的基本概念；抽样检验的类型和评定方法、随机抽样的方法；检测事故的认定及基本处理程序；采用最小二乘法对检验数据的线性回归，相关系数的含义；测量数据常用表达方法的内容、国际单位制（SI）量的名称、法定计量单位的定义及我国法定计量单位的基本内容。

（三）主要参考书目

1. 中华人民共和国计量法（1985 年 9 月 6 日 中华人民共和国主席令第 28 号）.

2. 中华人民共和国计量法实施细则（1987 年 2 月 1 日国家计量局发布）.

3. 中华人民共和国标准化法（1988 年 12 月 29 日 中华人民共和国主席令第 611 号）.

4. 中华人民共和国标准化法实施条例（1990 年 4 月 6 日 国务院令第 53 号）.

5. 中华人民共和国产品质量法（2000 年 7 月 8 日 中华人民共和国主席令第 33 号）.

6. 建设工程质量管理条例（2000 年 1 月 30 日 国务院令[2000]第 279 号）.

7. 实验室和检查机构资质认定管理办法（2006 年 2 月 21 日 国家质量监督检验检疫总局令第 86 号）.

8. 实验室资质认定评审准则（2006 年 7 月 27 日 国家认监委国认实函[2006]141 号）.

9. 公路水运工程试验检测管理办法（2005 年 8 月 20 日 原交通部令[2005]第 12 号）.

10. 关于发布《公路水运工程试验检测机构等级标准》《公路水运工程试验检测机构等级评定程序》的通知（2008 年 8 月 21 日 交通运输部 交质监发[2008]274 号）.

11. 关于印发公路水运工程试验检测人员考试办法的通知（2007 年 2 月 14 日 原交通部质监综字[2007] 4 号）.

12. 关于印发公路水运工程试验检测信用评价管理办法（试行）的通知（2009 年 6 月 25 日交通运输部 交质监发[2009]318 号）.

13. 关于进一步加强公路水运工程工地试验室管理工作的意见（2009 年 8 月 10 日 交通运输部 厅质监字[2009]183 号）.

14. 国际标准化组织（ISO）和国际电工委员会（IEC）联合发布的 ISO/ IEC17025:2005《检测和校准实验室能力的通用要求》.

15. 中华人民共和国国家标准. 数值修约规则与极限数值的表示和判定（GB/T 8170—2008）. 北京：中国标准出版社，2008.

16. 中华人民共和国国家标准. 量和单位（GB 3100～3102—1993）. 北京：中国标准出版社，1993.

17. 中华人民共和国法定计量单位（1984 年 2 月 27 日国务院发布）.

18. 国家认证认可监督管理委员会. 实验室资质认定工作指南. 北京：中国计量出版社，2007.

19. 中华人民共和国国家标准. 利用实验室间比对的能力验证第 1 部分:能力认证计划的建立和运作(GB/T15483.1—1999). 北京:中国标准出版社,1999.

20. 中华人民共和国国家标准. 利用实验室间比对的能力验证第 2 部分:实验室认可机构对能力认证计划的选择和使用)(GB/T15483.2—1999). 北京:中国标准出版社,1999.

二、公共基础考试说明

公路工程试验检测人员考试,目的是科学、公开、公平、公正地考核公路工程试验检测人员的试验检测技术水平,提高试验检测队伍整体的基本素质和专业技术水平,确保公路工程试验检测工作质量。

本考试大纲对试验检测人员应具备的知识和能力划分为"了解"、"熟悉"和"掌握"三个层次。

公路工程试验检测人员考试分为试验检测工程师和试验检测员两个等级。试验检测工程师考试科目分为公共基础科目和专业科目,试验检测员考试科目仅设专业科目。二者专业考试科目的设置和考试范围相同,考试内容的难易程度不同,试验检测工程师以考察掌握较强的理论知识和分析判断能力为主,试验检测员以应知应会的现场操作技能为主。

(一)考试题型

考试题型共有四种形式:单选题、判断题、多选题和问答题,公共基础科目不设问答题。

1. 单选题:每道题目有四个备选项,要求参考人员通过对题干的审查理解,从四个备选项中选出唯一的正确答案。每题 1 分。

2. 判断题:每道题目列出一个可能的事实,通过审题给出该事实是正确还是错误的判断。每题 1 分。

3. 多选题:每道题目所列备选项中,有两个或两个以上正确答案,每题 2 分。选项全部正确得满分,选项部分正确按比例得分,出现错误选项该题不得分。

4. 问答题:分为试验操作题、简答题、案例分析题和计算题等,每题 10 分。

(二)科目设置

《公共基础》包括法律、法规、规章及规范性文件、实验室管理和试验检测基础知识。设置单选题 30 道、判断题 30 道、多选题 20 道。总计 100 分,考试时间 90 分钟。

(三)考试内容比例

《公共基础》科目考试包括:法律、法规 30%,计量认证 30%,试验检测基础知识 40%。

第二部分 练 习 题

一、单项选择题

1. 为社会提供公证数据的产品质量检验机构，必须经（ ）以上人民政府计量行政部门对其计量检定、测试的能力和可靠性考核合格。

A. 省级　　B. 市级

C. 县级　　D. 乡（镇）级

2.（ ）以上政府标准化行政主管部门，可以根据需要设置检验机构，或者授权其他单位的检验机构，对产品是否符合标准进行检验。

A. 省级　　B. 市级

C. 县级　　D. 乡（镇）级

3.（ ）以上地方产品质量监督部门在本行政区域内也可以组织监督抽查。

A. 省级　　B. 市级

C. 县级　　D. 乡（镇）级

4. 国家监督抽查的产品，地方（ ）另行重复抽查；上级监督抽查的产品，下级（ ）另行重复抽查。

A. 可以；可以　　B. 不得；不得

C. 可以；不得　　D. 不得；可以

5. 产品质量检验机构、认证机构伪造检验结果或者出具虚假证明的，责令改正，对单位处（ ）的罚款，对直接负责的主管人员和其他直接责任人员处（ ）的罚款。

A. 五万元以上十万元以下；一万元以上五万元以下

B. 十万元以上二十万元以下；五万元以上十万元以下

C. 一万元以上五万元以下；五千元以上一万元以下

D. 二十万元以上三十万元以下；十万元以上二十万元以下

6. 进行监督抽查的产品质量不合格、逾期不改正的，由省级以上人民政府产品质量监督部门予以公告，公告后经复查仍不合格的（ ）。

A. 责令停业，限期整顿

B. 吊销营业执照

C. 责令停止生产、销售，并处违法生产、销售产品货值金额百分之三十以下的罚款

D. 向工商行政管理部门及有关部门申诉

7. 国务院发展计划部门按照国务院规定的职责，组织稽查特派员，对（ ）实施监督检查。

A. 国家出资的重大建设项目　　B. 国家重大技术改造项目

C. 房屋建筑工程　　D. 市政基础设施工程质量

8.（ ）按照国务院规定的职责，对国家重大技术改造项目实施监督检查。

A. 国务院发展计划部门

B. 建设行政主管部门或者其他有关部门

C. 国务院铁路、交通、水利等有关部门

D. 国务院经济贸易主管部门

9. 国务院标准化行政主管部门(　)国务院有关行政主管部门建立行业认证机构，进行产品质量认证工作。

A. 从属于　　B. 领导

C. 联合或协调　　D. 组织或授权

10. 地方检验机构由省、自治区、直辖市人民政府标准化行政主管部门会同(　)规划、审查。

A. 国务院标准化行政主管部门　　B. 省级有关行政主管部门

C. 国务院有关行政主管部门　　D. 社会团体、企业事业单位及全体公民

11. 县级以上人民政府计量行政部门，根据需要设置(　)。

A. 计量监督员　　B. 计量检测员

C. 计量稽查员　　D. 计量评估员

12.《建设部工程质量管理条例》中规定：违反本条例规定，施工单位在施工中偷工减料的，使用不合格的建筑材料、建筑构配件和设备的，或者有不按照工程设计图纸或者施工技术标准施工的其他行为的，责令改正，处工程合同价款(　)的罚款。

A. 4%以上6%以下　　B. 2%以上4%以下

C. 6%以上8%以下　　D. 8%以上10%以下

13. 在质检机构等级评定中，公路工程综合类与水运工程材料类各设(　)个等级。

A. 1　　B. 2

C. 3　　D. 4

14. 现场评审所抽查的试验检测项目，原则上应当覆盖申请人所申请的试验检测各大项目。抽取的具体参数应当通过(　)决定。

A. 抽签　　B. 专家指定

C. 评审组指定　　D. 质检机构评定

15. 下面人数中，符合专家评审组组建的规定的是(　)人。

A. 2　　B. 3

C. 4　　D. 6

16. 评审专家(　)选取，与申请人有利害关系的不得进入专家评审组。

A. 从质监机构建立的试验检测专家库中

B. 由质监机构从报名的专家中抽签

C. 由质监机构和相关部门协商

D. 由质监机构在愿意对所提出的评审意见承担个人责任的专家中

17. 质监机构依据《现场评审报告》及(　)对申请人进行等级评定。

A. 专家的评审意见　　B. 申请人的表现

C. 检测机构等级标准　　D. 检测机构的资质水准

18. 质监机构的评定结果，应当通过交通主管部门指定的报刊、信息网络等媒体向社会公示，公示期不得少于（ ）。

A. 3天　　B. 7天
C. 14天　　D. 30天

19.《等级证书》有效期为（ ）年。

A. 3　　B. 5
C. 7　　D. 10

20.《等级证书》期满后拟继续开展公路水运工程试验检测业务的，检测机构应提前（ ）向原发证机构提出换证申请。

A. 9个月　　B. 3个月
C. 6个月　　D. 12个月

21. ①“换证的申请、复核程序按照本办法规定的等级评定程序进行，并可以适当简化。”②“在申请等级评定时已经提交过且未发生变化的材料可以不再重复提交。”这两种说法（ ）。

A. 都正确　　B. 都不正确
C. ①正确②不正确　　D. ①不正确②正确

22. 换证复核以（ ）为主。

A. 对仪器设备的检测　　B. 专家现场评审
C. 书面审查　　D. 实地考察

23. 换证复核合格的，予以换发新的《等级证书》。不合格的，质监机构应当责令其在（ ）内进行整改，整改期内不得承担质量评定和工程验收的试验检测业务。

A. 3个月　　B. 6个月
C. 9个月　　D. 12个月

24. 检测机构名称、地址、法定代表人或者机构负责人、技术负责人等发生变更的，应当自变更之日起（ ）内到原发证质监机构办理变更登记手续。

A. 3日　　B. 7日
C. 14日　　D. 30日

25. 检测机构停业时，应当自停业之日起（ ）内向原发证质监机构办理《等级证书》注销手续。

A. 15日　　B. 30日
C. 60日　　D. 180日

26. ①“质监机构依照本办法发放《等级证书》，并且不允许以任何名义收取工本费。”②“《等级证书》遗失或者污损的，可以向原发证质监机构申请补发。”上述说法正确的是（ ）。

A. ①②　　B. ①
C. ②　　D. 都不正确

27.《等级证书》（ ）。

A. 可以转让不可以租借　　B. 可以租借不可以转让
C. 可以转让可以租借　　D. 不可以租借不可以转让

28. 取得《等级证书》的检测机构，可设立（ ），承担相应公路水运工程的试验检测业务，并对其试验检测结果承担责任。

A. 工地施工实验室　　B. 工地建筑实验室

C. 工地流动实验室　　D. 工地临时实验室

29. 检测机构依据合同承担公路水运工程试验检测业务，不得(　)。

A. 转包、分包　　B. 违规转包、违规分包

C. 违规转包、分包　　D. 转包、违规分包

30. 检测机构的(　)应当由试验检测工程师担任。

A. 法人代表　　B. 项目负责人

C. 技术负责人　　D. 主要检测人员

31. 试验检测报告应当由(　)审核、签发。

A. 试验检测工程师　　B. 试验检测员

C. 检测机构负责人　　D. 检测机构项目负责人

32. 质监机构应当建立健全公路水运工程试验检测活动监督检查制度，对检测机构进行(　)的监督检查，及时纠正、查处违反本规定的行为。

A. 定期　　B. 不定期

C. 定期或不定期　　D. 随机

33. 质监总站(　)开展全国检测机构的比对试验。

A. 定期　　B. 不定期

C. 定期或不定期　　D. 随机

34. 实际能力已达不到《等级证书》能力等级的检测机构，质监机构应当给予(　)。

A. 整改期限　　B. 注销《等级证书》的处分

C. 重新评定检测机构等级的处理　　D. 列入违规记录并予以公示的处分

35. 重新评定的等级低于原来评定等级的，检测机构(　)内不得申报升级。被注销等级的检测机构，(　)内不得再次申报。

A. 1 年;2 年　　B. 2 年;2 年

C. 2 年;3 年　　D. 3 年;5 年

36. 因为违反《公路水运工程试验检测管理办法》被注销考试合格证书的检测人员(　)内不得再次参加考试。

A. 1 年　　B. 2 年

C. 3 年　　D. 5 年

37. (　)负责公路工程综合类甲级、公路工程专项类和水运工程材料类及结构类甲级的等级评定工作。

A. 省级质监站　　B. 质监总站

C. 专家评审组　　D. 符合要求的其他检测机构

38. 在公路水运工程试验检测业务考试中，不由质监总站负责的是:(　)。

A. 确定考试大纲，建设和管理考试题库

B. 发布试验检测工程师和试验检测员考试通知，审查报名考试者资格

C. 组织对检测工程师的考卷评判，核发检测工程师证书

D. 建立并维护考试合格人员管理数据库

39. 在公路水运工程试验检测业务考试中，不由各省级质监机构负责的是：（ ）。

A. 制定本行政区域内考试计划，报质监总站核备

B. 发布试验检测工程师和试验检测员考试通知，审查报名考试者资格

C. 组织对检测员的考卷评判

D. 建立并维护考试合格人员管理数据库

40. 公路工程和水运工程试验检测工程师考试设（ ），试验检测员设（ ）。

A. 公共基础科目和专业科目；专业科目

B. 公共基础科目和专业科目；公共基础科目和专业科目

C. 专业科目；专业科目

D. 专业科目；公共基础科目和专业科目

41. 在公路水运工程试验检测业务考试中，不是公路试验检测工程师和试验检测员考试专业科目的是：（ ）。

A. 材料　　B. 地基与基础

C. 交通安全设施和机电工程　　D. 桥梁

42. 在公路水运工程试验检测业务考试中，试验检测工程师应当通过公共基础科目和（ ）的考试。

A. 任意一门专业科目

B. 材料科目以及其他任意一门专业科目

C. 任意两门专业科目

D. 所有要求的专业科目

43. 在公路水运工程试验检测业务考试中，从事试验检测工作（ ）且具有相关专业（ ）的考生可免试公共基础科目。

A. 两年以上；中级职称　　B. 三年以上；中级职称

C. 两年以上；高级职称　　D. 三年以上；高级职称

44. 在公路水运工程试验检测业务考试中，每个考生可报考多个专业，单科考试成绩（ ）内有效。

A. 1 年　　B. 2 年

C. 3 年　　D. 5 年

45. 下列选项中，不属于申请检测员考试的人员必须符合的条件的是：（ ）。

A. 具有高中以上文化程度及 2 年以上所申请专业的工作经历，或大学专科及以上毕业生，或具有初级专业技术任职资格

B. 中级或相当于中级（含高级技师）以上工程专业技术任职资格

C. 遵纪守法，遵守试验检测工作职业道德

D. 身体健康，能胜任试验检测工作

46. 下面是关于申请检测工程师的考生，需要满足的相关专业学历的年限要求的几种说法，其中错误的是：（ ）。

A. 获博士学位的当年即可

B. 获硕士学位后从事工程专业技术工作 3 年以上

C. 工作后取得大学本科学历,从事工程专业技术工作 6 年以上

D. 大学本科毕业后,从事工程专业技术工作 7 年以上

47.(　)根据当地报名情况拟定考试计划,在统一确定的时间内由(　)组织集中考试。

A. 省质监站;省质监站　　B. 质监总站;质监总站

C. 省质监站;质监总站　　D. 质监总站;省质监站

48. 考试作弊者取消当场考试成绩及后续考试资格,并且(　)不得再次报考。

A. 1 年内　　B. 2 年内

C. 3 年内　　D. 5 年内

49. 检测人员证书格式由(　)制定;(　)应将获得检测人员证书者纳入检测人员数据库进行动态管理。

A. 省质监站;省质监站　　B. 质监总站;质监总站

C. 省质监站;质监总站　　D. 质监总站;省质监站

50. 采用计算机考试的应使用质监总站规定的专用程序,(　)组成试卷,当场确定考生成绩。

A. 在由省质监站建立的题库中随机抽取试题

B. 当场随机抽取试题

C. 在由质监总站的专家组命制的题目中抽取试题

D. 按照专用程序要求的试题

51. 公路工程试验检测员应当通过(　)专业科目的考试。

A. 任意一门　　B. 2 门或 2 门以上

C. 至少 3 门　　D. 全部 5 门

52. 相关专业中专毕业后,欲申请检测工程师,需要从事工程专业技术工作(　)以上。

A. 8 年　　B. 10 年

C. 12 年　　D. 14 年

53. 对双学士学位的毕业生,欲申请试验检测工程师,他需要先从事工程专业技术工作(　)以上。

A. 2 年　　B. 3 年

C. 4 年　　D. 5 年

54. 实验室管理制度规定,实验室应建立卫生值日制度,每天有人打扫卫生,(　)彻底清扫一次,空调通风管道(　)彻底清扫一次。

A. 每周;每季度　　B. 每周;每周

C. 每月;每季度　　D. 每月;每月

55. 实验室管理制度规定,带电作业应由(　)人以上操作,并在地面采取绝缘措施。

A. 1　　B. 2

C. 3　　D. 4

56. 质检机构的技术负责人要对整个质检机构的工作全部负责。在技术负责人不在的时候,(　)可以代其行使职权。

A. 校核人员　　　　B. 质量保证负责人

C. 试验工程师　　　　D. 质量检测管理人员

57. 质检机构人员配置应根据所进行的业务范围进行，各类工程技术人员、工程师以上人员，不得低于（　）%。

A. 20　　　　B. 30

C. 50　　　　D. 60

58. 质检机构人员配备，要求各业务岗位人员的配备应与所从事的检测项目相匹配，对重要的检测项目岗位应配置（　）人，每人可兼作几个项目。

A. 专　　　　B. 2

C. 3　　　　D. 4

59. 凡使用精密、贵重、大型检测仪器设备，必须取得（　）才能操作。

A. 等级证书　　　　B. 资质证书

C. 操作证书　　　　D. 上岗证书

60. 取得《等级证书》的检测机构必须在每年的（　）将当年的试验检测工作情况报告向相应质监机构备案。

A. 12 月初　　　　B. 11 月底

C. 12 月底　　　　D. 12 月中旬

61. 计量基准是指用当代最先进的科学技术和工艺水平，以最高的（　）和稳定性建立起来的专门用以规定、保持和复现物理量计量单位的特殊量具或仪器装置等。

A. 准确性　　　　B. 准确度

C. 精度　　　　D. 正确度

62. 工作基准经与主、副基准校准或比对确定其量值，其目的是不使主、副基准因频繁使用而丧失原有的（　）。

A. 准确度　　　　B. 正确度

C. 精度　　　　D. 准确性

63. 计量器具定义为复现量值或被测量转换成可直接观测的指标的（　）或等效信息的量具、仪器、装置。

A. 保障体系　　　　B. 实施过程

C. 认证体系　　　　D. 指示值

64. 检测事故发生后（　）内，由发生事故部门填写事故报告单，报告办公室。

A. 3 天　　　　B. 5 天

C. 1 周　　　　D. 10 天

65. 计量标准器具的准确度（　）计量标准，是用于检定计量标准或工作计量器具的计量器具。

A. 高于　　　　B. 低于

C. 等于　　　　D. 低于或等于

66. 工作计量器具是工作岗位上使用的，不用于进行量值传递而是直接用来（　）被测对象量值的计量器具。

A. 测量　　B. 校验

C. 比对　　D. 试验

67. 计量是量值准确一致的(　)。

A. 测量　　B. 校验

C. 检定　　D. 比对

68. 实验室审查认可(验收)的评审标准为(　)。

A.《产品质量检验机构计量认证/审查认可(验收)评审准则》(试行)

B.《检测和校准实验室能力的通用要求》

C.《实验室和检查机构资质认定管理办法》

D.《实验室资质认定评审准则》

69. 参考标准指在给定地区或给定组织内,通常具有最高计量学特性的(　),在该处所做的测量均从它导出。

A. 测量标准　　B. 校验标准

C. 检定标准　　D. 评定标准

70. 现场评审是为了对(　)是否符合认可准则进行现场验证所作的一种访问。

A. 有资质的实验室　　B. 出现问题的实验室

C. 提出申请的实验室　　D. 有能力的实验室

71. 能力验证是利用实验室间(　)确定实验室的检测能力。

A. 考试　　B. 考核

C. 比对　　D. 对比

72. 实验室间比对是按照预先规定的条件,由两个或多个实验室对(　)的被测物品进行检测的组织、实施和评价。

A. 相似　　B. 相同

C. 完全一致的　　D. 相同或类似

73. 质量手册是阐明一个组织的质量方针,并描述其(　)和质量实践的文件。

A. 保障体系　　B. 实施过程

C. 认证体系　　D. 质量体系

74. 测量不确定度是与测量结果联系的参数,表示合理地赋予被测量之值的(　)。

A. 分散性　　B. 偏差

C. 误差　　D. 偶然误差

75. 溯源性指任何一个测量结果或计量标准的值,都能通过一条具有规定不确定度的连续比较链,与(　)联系起来。

A. 标准物质　　B. 量值传递

C. 计量基准　　D. 测量标准

76. 量值溯源等级图是一种代表等级顺序的框图,用以表明计量器具的(　)与给定量的基准之间的关系。

A. 准确性　　B. 计量特性

C. 标准差　　D. 分散性

77. 法定计量单位是政府以(　)的形式，明确规定要在全国范围内采用的计量单位。

A. 法令　　B. 文件

C. 强制　　D. 通知

78. 比对是在规定条件下，对相同准确度等级的同类基准、标准或工作计量器具之间的量值进行比较，其目的是考核量值的(　)。

A. 准确性　　B. 精密度

C. 一致性　　D. 误差

79. 检定的目的是全面评定被测计量器具的计量性能是否(　)。

A. 准确　　B. 一致

C. 合格　　D. 存在系统误差

80. 检定是用高一等级准确度计量器具对低一等级的计量器具进行比较。一般要求计量标准的准确度为被检者的(　)。

A. 1/2～1/10　　B. 1/3～1/10

C. 1/4～1/10　　D. 1/5～1/10

81. 一般来讲，检定与校准相比包括的内容(　)。

A. 更少　　B. 更多

C. 一样多　　D. ABC 选项都正确

82. 校准也称校验，是在规定条件下，为确定测量仪器或测量系统所指示的量值，与对应标准复现的量值之间的关系操作。即被校的计量器具与高一等级的计量标准相比较，以确定被校计量器具的示值(　)的全部工作。

A. 合格与否　　B. 精密度

C. 一致性　　D. 误差

83. CMA 是(　)的英文缩写，是为社会提供公证数据的产品质量检验机构，必须经省级以上人民政府计量行政部门对其计量检定、测试的能力和可靠性考核合格，才能获取 CMA 认证。

A. 国际计量认证　　B. 中国计量认证

C. 计量合格证　　D. 计量资格证

84. 有 CMA 标记的检验报告可用于产品质量评价、成果及司法鉴定，具有(　)。

A. 合格标志　　B. 准确性

C. 保护性　　D. 法律效力

85. 校准结果既可给出被测量的示值，又可确定示值的(　)。

A. 精密度　　B. 偶然误差

C. 修正值　　D. 系统误差

86. 检验是按照规定的程序，为了确定给定的产品、材料、设备、生物体、物理现象、工艺过程或服务的一种或多种(　)的技术操作。

A. 试验数据　　B. 重复性和复现性

C. 特性或性能　　D. 性能和评定

87. 实验室应建立和维持程序来控制构成其(　)的所有文件(内部制定或来自外部的)，诸如规章、标准、其他规范化文件、检测和(或)校准方法,以及图纸、软件、规范、指导书和手册。

A. 质量体系　　B. 管理体系

C. 文件体系　　D. 文件程序

88. 观察结果、数据和计算工作记录属于(　)记录。

A. 质量　　B. 技术

C. 原始　　D. 档案

89. 实验室所有记录应予以安全保护和(　)。

A. 存档　　B. 维护

C. 保密　　D. 监督

90. 实验室技术记录应包括负责抽样的人员、从事各项检测和(或)校准的人员和结果校核人员的(　)。

A. 印章　　B. 签字

C. 标志　　D. 标识

91. 实验室应将原始观察记录、导出数据、开展跟踪审核的足够信息、校准记录、员工记录以及发出的每份检测报告或校准证书的副本(　)。

A. 按规定的时间保存　　B. 按尽可能长的时间保存

C. 按最短时间保存　　D. 无规定保存时间

92. 实验室内部审核计划应涉及质量体系的全部要素,内部审核的周期通常为(　)。

A. 3 个月　　B. 6 个月

C. 1 年　　D. 2 年

93. 管理评审是实验室的执行管理层根据预定的日程和程序,定期地对实验室的质量体系、检测和(或)校准活动进行评审,以确保其持续适用和有效,并进行必要的改动或改进。其典型周期为(　)。

A. 3 个月　　B. 5 个月

C. 6 个月　　D. 12 个月

94. 某些技术领域,如(　)可能要求从事某些工作的人员持有个人资格证书,实验室有责任满足这些专门人员持证上岗的要求。人员资格证书的要求可能是法定的、特殊技术领域标准包含的,或是客户要求的。

A. 沥青检测　　B. 水泥检测

C. 路面检测　　D. 无损检测

95. 实验室为其应用而制定检测和校准方法的过程应是有计划的活动,并应指定(　)人员进行。

A. 具有足够资源的有资格的　　B. 有上岗证书的

C. 有能力的　　D. 有资格证书的

96. 检测和校准方法的确认通常是(　)、风险和技术可行性之间的一种平衡。

A. 成本　　B. 经济

C. 准确　　D. 评价

97. 校准实验室或进行自校准的检测实验室,对所有的校准和各种校准类型都应具有并应用评定测量（　）的程序。

A. 不准确度　　B. 不确定度

C. 精密度　　D. 准确度

98. 用于检测、校准和抽样的设备及其软件应达到要求的（　），并符合检测和（或）校准相应的规范要求。

A. 正确度　　B. 不确定度

C. 精密度　　D. 准确度

99. 用于检测和校准并对结果有影响的每一设备及其软件，如可能，均应加以唯一性（　）。

A. 印章　　B. 标牌

C. 标志　　D. 标识

100. 实验室应具有安全处置、运输、存放、使用和有计划维护（　）的程序，以确保其功能正常并防止污染或性能退化。

A. 测量系统　　B. 测量数据

C. 测量设备　　D. 校准设备

101. 检测和校准设备（包括硬件和软件）应得到保护，以避免发生致使检测和（或）校准结果（　）的调整。

A. 失控　　B. 失效

C. 重复　　D. 不精确

102. 实验室应有质量控制程序以监控检测和校准的有效性。所得数据的记录方式便于发现其（　），如可行，应采用统计技术对结果进行审查。

A. 记录规律　　B. 发展趋势

C. 研究意义　　D. 是否科学

103. 检测结果通常应以检测报告或校准证书的形式出具，并且应包括客户要求的、说明检测或校准结果所必需的和所用方法要求的（　）。

A. 全部信息　　B. 全部资料

C. 完整数据　　D. 完整报告

104. 报告和证书的格式应设计为适用于所进行的各种检测或校准（　），并尽量减小产生误解或误用的可能性。

A. 信息　　B. 要求

C. 标准　　D. 类型

105. 对于校准实验室，设备校准计划的制定和实施应确保实验室所进行的校准和测量可溯源到（　）。

A. 标准物质　　B. 国家法定计量单位

C. 计量基准　　D. 国际单位制（SI）

106. 校准实验室通过不间断的校准链或比较链与相应测量的 SI 单位基准相连接，以建立测量标准和测量仪器对（　）的溯源性。

A. 国家测量标准　　B. 次级标准

C. 计量基准　　D. SI

107. 实验室应有校准其参考标准的计划和程序。参考标准应由(　)进行校准。
A. 能够提供溯源的机构　　B. 有校准能力的机构
C. 有资质的实验室　　D. 甲级资质实验室

108. 原始记录如果需要更改,作废数据应画(　),将正确数据填在上方,盖更改人印章。
A. 一条斜线　　B. 一条水平线
C. 两条斜线　　D. 两条水平线

109. 原始数据集中保管,保管期一般不得少于(　)年。
A. 1　　B. 2
C. 3　　D. 5

110. 检测结果校核者必须由在本领域具有(　)年以上工作经验的检测人员担任,且校核量不得少于所检测项目的(　)。
A. 2;5%　　B. 5;10%
C. 2;10%　　D. 5;5%

111. 长期不用的电子仪器,每隔(　)应通电一次,每次充电时间不得少于(　)。
A. 半年;半小时　　B. 三个月;一小时
C. 半年;一小时　　D. 三个月;半小时

112. α 为生产者风险,$\alpha=1-L(P_0)$;β 为消费者风险,$\beta=L(P_1)$。一般 α、β 取值为(　)。
A. 0.05;0.01　　B. 0.01;0.05
C. 0.05;0.05　　D. 0.01;0.01

113. 绝对误差的定义为(　)。
A. 测量结果－真值　　B. 测量结果－规定真值
C. 测量装置的固有误差　　D. 测量结果－相对真值

114. 当无限多次重复性试验后,所获得的平均值为(　)。
A. 测量结果－随机误差　　B. 真值＋系统误差
C. 测量结果－系统误差　　D. 真值

115. 相对误差是指绝对误差与被测真值的比值,通常被测真值采用(　)代替。
A. 理论真值　　B. 相对真值
C. 规定真值　　D. 实际值

116. 如指定修约间隔为 0.1,相当于将数值修约到(　)位小数。
A. 一　　B. 二
C. 三　　D. 四

117. 42000,若有三个无效零,则为两位有效位数,应写为(　)。
A. 4.2×10^4　　B. 42×10^3
C. 420×10^2　　D. 4200×10

118. 将 50.28 修约到个数位的 0.5 单位,得(　)。
A. 50　　B. 50.3
C. 50.0　　D. 50.5

119. 实测值为 16.5203,报出值为 16.5(＋),要求修约到个数位后进行判定,则修约值为(　)。

A. 16　　B. 17

C. 16.0　　D. 17.0

120. 四位数字 12.8、3.25、2.153、0.0284 相加，结果应为（　）。

A. 18.2314　　B. 18.231

C. 18.23　　D. 18.2

121. 计算 216^2=（　）。

A. 46656　　B. 4.6656×10^4

C. 4665.6×10　　D. 4.666×10^3

122. 下列（　）特征量更能反映样本数据的波动性。

A. 平均差　　B. 极差

C. 标准偏差　　D. 变异系数

123. 采用摆式摩擦仪测定沥青混凝土路面甲乙两路段的摩擦摆值的算术平均值分别为 56.4、58.6，标准差分别为 4.21、4.32，则抗滑稳定性（　）。

A. 甲＞乙　　B. 乙＞甲

C. 甲＝乙　　D. 无法比较

124.（　）反映样本数据的绝对波动状况。

A. 平均差　　B. 极差

C. 标准差　　D. 变异系数

125. 在 n 次重复试验中，事件 A 出现了 m 次，则 m/n 称为事件 A 的（　）。

A. 频数　　B. 频率

C. 概率　　D. 频度

126. 计量值的概率分布为（　）。

A. 正态分布　　B. 几何分布

C. 二项分布　　D. 波松分布

127. 对于单边置信区间：$x<\mu+\mu_{1-\beta}\cdot\sigma$，$x>\mu-\mu_{1-\beta}\cdot\sigma$，在公路工程检验和评价中，$u$ 称为（　），取值与公路等级有关。

A. 置信系数　　B. 保证率

C. 标准差　　D. 保证率系数

128.（　）用于描述随机误差。

A. 精密度　　B. 精确度

C. 准确度　　D. 正确度

129. 3 倍标准差法又称作（　）。

A. 狄克逊法　　B. 肖维纳特法

C. 拉依达法　　D. 格拉布斯法

130. 当测量值与平均值之差大于 2 倍标准差时，则该测量值应（　）。

A. 保留　　B. 存疑

C. 舍弃　　D. 保留但需存疑

131. 采用 3S 法确定可疑数据取舍的判定公式为（　）。

A. $|x_i-\overline{x}|\geqslant 3S$　　B. $|x_i-\overline{x}|>3S$

C. $|x_i-\overline{x}|\leqslant 3S$　　D. $|x_i-\overline{x}|<3S$

132. 格拉布斯法根据(　)确定可疑数据的取舍。

A. 指定的显著性水平　　B. 试验组数

C. 临界值　　D. 顺序统计量

133. 根据格拉布斯统计量的分布，计算出标准化顺序统计量 g，在指定的显著性水平 β 下，确定判别可疑值的临界值 $g_0(\beta,n)$，其可疑值舍弃的判别标准为(　)。

A. $g\geqslant g_0(\beta,n)$　　B. $g>g_0(\beta,n)$

C. $g\leqslant g_0(\beta,n)$　　D. $g<g_0(\beta,n)$

134. 当相关系数 r(　)时，x 和 y 之间符合直线函数关系，称 x 与 y 完全相关。

A. $=+1$　　B. $=-1$

C. $=\pm 1$　　D. 接近 1

135. 绘制直方图，当数据总数为 50～100 时，确定组数一般为(　)组。

A. 5～7　　B. 6～10

C. 7～12　　D. 10～20

136. 在数据的表达方法中(　)是基础。

A. 表格法　　B. 图示法

C. 经验公式法　　D. 回归分析

137. 采用图示法表达数据的最大优点是(　)。

A. 方便　　B. 紧凑扼要

C. 准确　　D. 直观

138. (　)表包括的内容有试验检测项目、内容摘要、试验日期、环境条件、检测仪器设备、原始数据、测量数据、结果分析、参加人员和负责人。

A. 数据档案记录　　B. 试验检测数据记录

C. 试验检测结果　　D. 试验结果分析

139. 采用图示法绘制曲线时，应考虑曲线应尽可能地通过或接近所有的点。当应用移动曲尺时，应顾及到所绘制的曲线与实测值之间的(　)最小。

A. 误差　　B. 相对误差

C. 误差的平方和　　D. 误差的和

140. 采用经验公式表达数据，在回归分析中称之为(　)。

A. 经验公式　　B. 回归公式

C. 回归方程　　D. 经验方程

141. 经验公式法表达数据的优点是(　)。

A. 紧凑扼要　　B. 简单

C. 准确　　D. 直观

142. 理论分析和工程实践表明，(　)确定的的回归方程偏差最小。

A. 端值法　　B. 最小二乘法

C. 平均法　　D. 线性回归法

143. 最小二乘法的原理是，当所有测量数据的（　）最小时，所拟合的直线最优。

A. 误差　　B. 偏差的积

C. 误差的和　　D. 偏差平方和

144. 检验所建立经验公式的准确性时，若发现代入测量数据中的自变量所计算出的函数与实际测量值差别很大，说明（　）。

A. 曲线化直可能不准确　　B. 绘制的曲线可能不准确

C. 确定的公式的基本类型可能有错　　D. 确定公式中的常数可能有错

145. 采用最小二乘法确定回归方程 $Y=ax+b$ 的常数项，正确的计算公式是（　）。

A. $b=L_{XY}/L_{XX}, a=\overline{y}-b\overline{x}$　　B. $b=L_{XX}/L_{XY}, a=\overline{y}-b\overline{x}$

C. $b=L_{XY}/L_{XX}, a=y-bx$　　D. $b=L_{XX}/L_{XY}, a=y-bx$

146. 相关系数的计算公式是（　）。

A. $r=L_{XX}/\sqrt{L_{XY}L_{YY}}$　　B. $r=L_{YY}/\sqrt{L_{XX}L_{XY}}$

C. $r=L_{XY}/\sqrt{L_{XX}L_{YY}}$　　D. $r=\sqrt{L_{XY}/L_{XX}L_{YY}}$

147. 相关系数的临界值可以依据（　）在表中查出。

A. 置信区间和测量组数 n　　B. 显著性水平 β 和测量组数 n

C. 置信区间和测量组数 $n-2$　　D. 显著性水平 β 和测量组数 $n-2$

148. 实验室对 30 块混凝土试件进行强度试验，分别测定了其抗压强度 R 和回弹值 N，现建立了 $R—N$ 的线性回归方程。经计算 $L_{XX}=632.47, L_{XY}=998.46, L_{YY}=1788.36$，相关系数临界值 $r(0.05,28)=0.361$，检验 $R—N$ 的相关性：（　）。

A. $r=0.4733, r>0.361$，$R—N$ 之间线性相关

B. $r=0.9388, r>0.361$，$R—N$ 之间线性相关

C. $r=0.4733, 0.361<r$，$R—N$ 之间无线性关系

D. $r=0.9388, 0.361<r$，$R—N$ 之间无线性关系

149. 引用误差是相对误差的简便实用形式，在多档或连续刻度的仪表中广泛应用。通常，引用误差表示为（　）。

A. 引用误差 $=\dfrac{\text{绝对误差}}{\text{仪表量程}}\times100\%$　　B. 引用误差 $=\dfrac{\text{绝对误差}}{\text{真值}}\times100\%$

C. 引用误差 $=\dfrac{\text{绝对误差}}{\text{实测值}}\times100\%$　　D. 引用误差 $=\dfrac{\text{绝对误差}}{2/3\ \text{仪表量程}}\times100\%$

150. 某仪表的精确度等级为 R，则（　）。

A. 示值误差为 $R\%$　　B. 引用误差为 $R\%$

C. 相对误差为 $R\%$　　D. 绝对误差为 R

151. 为减少误差，提高精确度，应该尽可能地在靠近满刻度量程的区域内使用仪表。一般尽可能在满刻度量程的（　）使用。

A. 1/3　　B. 2/3

C. 1/4　　D. 3/4

152. 抽样标准是指抽样检验采用（　）。

A. 系统抽样　　B. 分层抽样

C. 单纯随机抽样　　D. 随机抽样

153. 从批中抽取的（　），称为样本单位。

A. 用于检查的单位产品数　　B. 用于检查的单位产品

C. 单位产品数　　D. 单位产品

154. 样本的定义是（　）。

A. 用于检查的单位产品　　B. 总的单位产品

C. 样本单位的全体　　D. 样本单位数量

155. 抽样方案中 N 为批量，n 为批量中随机抽取的样本数，d 为抽出样本中不合格品数，c 为合格判定数，若（　），则认为该批产品合格。

A. $d<c$　　B. $d\leqslant c$

C. $d>c$　　D. $d\geqslant c$

156. 批质量是单个提交检查批的质量，用（　）表示。

A. 每百单位产品不合格品数　　B. 产品不合格品数

C. 每百单位产品合格品数　　D. 产品合格品数

157. 每百单位产品不合格品数的定义是批中所有不合格品总数除以（　），再乘以 100。

A. 批量　　B. 批

C. 样本　　D. 样本单位数

158. 合格判定数定义为作出批合格判断样本中所允许的（　）。

A. 最大合格品数　　B. 最大不合格品数

C. 最小合格品数　　D. 最小不合格品数

159. 抽样程序指使用（　）判断批合格与否的过程。

A. 抽样　　B. 抽样方案

C. 合格判定数　　D. 不合格判定数

160. 某产品的批量 $N=10$，不合格率 $p=0.3$。抽检方案为 $n=3$，$c=1$ 时，合格的接收概率 $L(P)=$（　）。

A. 0.175　　B. 0.291

C. 0.3　　D. 0.466

161. 由于抽样检验的随机性，将本来合格的批误判为拒收的概率，这对（　）是不利的，因此称为第 I 类风险或生产方风险。

A. 使用方　　B. 销售方

C. 生产方　　D. 生产和使用双方

162. 本来不合格的批，也有可能误判为可接受，将对（　）产生不利，该概率称为第 II 类风险或使用方风险。

A. 使用方　　B. 销售方

C. 生产方　　D. 生产和使用双方

163. 根据《公路水运工程试验检测信用评价办法》，信用评价周期为（　）。

A. 2 年　　B. 半年

C. 3 年　　D. 1 年

164. 根据《公路水运工程试验检测信用评价办法》，试验检测机构信用评价分为（　）。

A. A、B、C 三个等级　　B. A、B 二个等级

C. A、B、C、D 四个等级　　D. AA、A、B、C、D 五个等级

165. 根据《公路水运工程试验检测信用评价办法》，被评为（　）的试验检测机构直接列入黑名单，并按 12 号令予以处罚。

A. C 级　　B. E 级

C. B 级　　D. D 级

166. 根据《公路水运工程试验检测信用评价办法》，在评价周期内，试验检测人员（　）发生的违规行为实行累计扣分。

A. 在相同项目和不同工作阶段　　B. 在不同项目和相同工作阶段

C. 在相同项目和相同工作阶段　　D. 在不同项目和不同工作阶段

167. 工地试验室被授权的试验检测项目及参数或试验检测持证人员进行变更的，应当

A. 由母体试验检测机构报经建设单位同意便可变更，不需要备案；

B. 由母体试验检测机构报经建设单位同意后，向项目质监机构备案；

C. 由母体试验检测机构报经建设单位同意后，向当地交通运输主管部门备案；

D. 只需要母体试验检测机构同意便可变更，不需要备案；

168. 工地试验室信用评价结果，（　）其授权负责人两年内不能担任工地试验室授权负责人。

A. 小于等于 70 分的　　B. 小于 70 分的

C. 小于等于 60 分的　　D. 小于 60 分的

169. 实验室的内部审核工作一般由（　）负责组织实施。

A. 质量主管　　B. 技术负责人

C. 实验室主任　　D. 内审员

170. 实验室开展的内部审核应当包括管理体系的（　）要素。

A. 11 个　　B. 8 个

C. 19 个　　D. 10

171. 通常习惯将实验室管理体系文件划分为（　）层次。

A. 三个　　B. 四个

C. 五个　　D. 三或四个

二、判断题

1. 为社会提供公证数据的产品质量检验机构，必须经县级以上人民政府计量行政部门对其计量检定、测试的能力和可靠性考核合格。（　）

2. 国家监督抽查的产品，地方不得另行重复抽查；上级监督抽查的产品，下级可以另行重复抽查。（　）

3. 省级以上政府标准化行政主管部门，可以根据需要设置检验机构，或者授权其他单位的检验机构，对产品是否符合标准进行检验。（　）

4.产品质量检验机构、认证机构伪造检验结果或者出具虚假证明的,责令改正,对直接负责的主管人员和其他直接责任人员处五万元以上十万元以下的罚款。( )

5.建设行政主管部门或者其他有关部门按照国务院规定的职责,组织稽查特派员,对国家出资的重大建设项目实施监督检查。( )

6.县级以上地方产品质量监督部门在本行政区域内也可以组织监督抽查。( )

7.国务院标准化行政主管部门组织或授权国务院有关行政主管部门建立行业认证机构,进行产品质量认证工作。( )

8.国家对产品质量实行以抽查为主要方式的监督检查制度,抽查的样品应当在市场上或者企业成品仓库内的待销产品中任意抽取。( )

9.公路工程试验检测机构等级标准规定:综合甲级持有试验检测人员证书的总人数不得少于28人;持有试验检测工程师证书的人数不得少于12人。( )

10.评审专家由质监机构从报名的专家中抽签选取,与申请人有利害关系的不得进入专家评审组。( )

11.县级以上人民政府计量行政部门,根据需要设置计量监督员。( )

12.建设部工程质量管理条例中规定,施工单位在施工中偷工减料的,使用不合格的建筑材料、建筑构配件和设备的行为的,责令改正,处工程合同价款2%以上4%以下的罚款。( )

13.检测机构等级评定:公路工程综合类与水运工程材料类各设4个等级。( )

14.质监机构的评定结果,应当通过交通主管部门指定的报刊、信息网络等媒体向社会公示,公示期不得少于7天。( )

15.《等级证书》有效期为10年。( )

16.《等级证书》期满后,检测机构应提前6个月向原发证机构提出换证申请。( )

17.在申请等级评定时,即使已经提交过且未发生变化的材料也必须重新提交。( )

18.换证复核以专家现场评审为主。( )

19.现场评审所抽查的试验检测项目,原则上应当覆盖申请人所申请的试验检测各大项目。抽取的具体参数应当通过抽签决定。( )

20.换证复核合格的,予以换发新的《等级证书》。不合格的,质监机构应当责令其在6个月内进行整改,整改期内不得承担质量评定和工程验收的试验检测业务。( )

21.检测机构名称、地址、法定代表人或者机构负责人、技术负责人等发生变更的,应当自变更之日起三个月内到原发证质监机构办理变更登记手续。( )

22.《等级证书》遗失或者污损的,可以向原发证质监机构申请补发。( )

23.对于特殊情况,《等级证书》可以临时借用。( )

24.取得《等级证书》的检测机构,可以设立工地临时实验室。( )

25.检测机构依据合同承担公路水运工程试验检测业务,当工作范围较大时可以按规定转包。( )

26.试验检测报告可以由试验检测员审核、签发。( )

27.实际能力已达不到《等级证书》能力等级的检测机构,质监机构应当给予注销《等级证书》的处分。( )

28.重新评定的等级低于原来评定等级的,检测机构1年内不得申报升级。( )

29.被注销等级的检测机构，2年内不得再次申报。（ ）

30.违反《公路水运工程试验检测管理办法》被注销考试合格证书的检测人员1年内不得再次参加考试。（ ）

31.省级质监站负责公路工程综合类甲级、公路工程专项类和水运工程材料类及结构类甲级的等级评定工作。（ ）

32.质监机构应当建立健全公路水运工程试验检测活动监督检查制度，对检测机构进行定期或不定期的监督检查，及时纠正、查处违反本规定的行为。（ ）

33.质监总站不定期地开展全国检测机构的比对试验。（ ）

34.公路工程和水运工程检测员考试设有公共基础科目和专业科目。（ ）

35.在公路水运工程试验检测业务考试中，试验检测工程师应当通过公共基础科目和任意一门专业科目的考试。（ ）

36.在公路水运工程试验检测业务考试中，从事试验检测工作两年以上以上且具有相关专业高级职称的考生可免试公共基础科目。（ ）

37.省质监站根据当地报名情况拟定考试计划，在统一确定的时间内组织集中考试。（ ）

38.考试作弊者取消当场考试成绩及后续考试资格，并且1年内不得再次报考。（ ）

39.省质监站应将获得检测人员证书者纳入检测人员数据库进行动态管理。（ ）

40.要求试验检测员应当通过任意一门专业科目的考试。（ ）

41.带电作业应由3人以上操作，并在地面采取绝缘措施。（ ）

42.如果计量器具准确度引起纠纷，以国家计量基准器具和社会公用计量标准器具检定的数据为准。（ ）

43.生产者、销售者对抽查检验的结果有异议的，可以自收到检验结果之日起30日内向实施监督抽查的产品质量监督部门及其上级产品质量监督部门申请复检，由受理复检的产品质量监督部门作出复检结论。（ ）

44.产品质量认证机构应当依照国家规定对准许使用认证标志的产品进行认证后的跟踪检查；对不符合认证标准而使用认证标志的，应取消其使用资格，并要求其改正。（ ）

45.对产品的质量问题，消费者只能向产品质量监督部门申诉。（ ）

46.产品质量检验机构、认证机构出具的检验结果或者证明不实，造成重大损失的，撤销其检验资格、认证资格。（ ）

47.未经总监理工程师签字，建设单位不得进行竣工验收。（ ）

48.监理工程师应当按照工程监理规范的要求，采取不定期抽查的形式对建设工程实施监理。（ ）

49.县级以上人民政府建设行政主管部门和其他有关部门履行监督检查职责时，有权要求被检查的单位提供有关工程质量的文件和资料。（ ）

50.检测机构等级，是主要依据试验检测仪器设备的配备情况对检测机构进行的能力划分。（ ）

51.省质监站负责乙、丙级的等级评定工作。（ ）

52.检测机构可申报上一等级的评定的条件是：已被评为丙级、乙级；被评为丙级、乙级须满1年；具有相应的试验检测业绩。（ ）

53. 公路水运工程试验检测机构等级评定工作分为初审和现场评审。( )

54. 核查检测机构人员、仪器设备、试验检测项目、场所的变动情况是换证复核的重点内容。( )

55. 公路水运工程质量事故鉴定、大型水运工程项目和高速公路项目验收的质量鉴定检测,质监机构应当委托通过计量认证并具有甲级资质的检测机构承担。( )

56. 按现场评审计划分工,评审组成员分别进入材料组、硬件环境组和技术考核组。( )

57. 现场操作考核包括考核检测人员的实际操作过程和通过提问和问卷随机抽查检测人员两种方式。( )

58. 公路水运工程试验检测业务考试中对于考试作弊者取消当场考试成绩及后续考试资格,当年内不得再次报考。( )

59. 对已取得试验检测人员证书的人员,经查实有弄虚作假骗取考试资格、违规替考等违反考试纪律的人员将取消其证书资格,并在 2 年内不得再次报考。( )

60. 试验室中需要专柜保管的有:操作手册和原始记录表。( )

61. 计量基准是指用当代最先进的科学技术和工艺水平,以最高的准确度和稳定性建立起来的专门用以规定、保持和复现物理量计量单位的特殊量具或仪器装置等。( )

62. 根据基准的地位、性质和用途,通常分为一级、二级、三级和四级 4 个基准。( )

63. 副基准通过直接或间接与国家基准比对,地位仅次于国家基准,但不能代替国家基准使用。( )

64. 基准本身正好等于一个计量单位。( )

65. 主基准、副基准和工作基准都必须经国家批准。( )

66. 工作基准的目的是不使主、副基准因频繁使用而丧失原有的准确度。( )

67. 计量标准器具按准确度等级分类:1 级、2 级、3 级标准砝码。( )

68. 社会公用计量标准是指省级以上地方政府计量部门建立的、作为统一本地区量值的依据、并对社会实施计量监督具有公正作用的各项计量标准。( )

69. 部门使用的计量标准是省级以上政府有关主管部门组织建立的统一本地区量值依据的各项计量标准。( )

70. 认证是权威机构对某一机构或个人有能力执行特定任务的正式承认。( )

71. 实验室评审是为评价/校准实验室是否符合规定的实验室认可准则而进行的一种检查。( )

72. 现场评审是为了对提出申请的实验室是否符合认可准则进行现场验证所作的一种访问。( )

73. 能力验证是利用实验室间比对确定实验室的综合水平的一种方法。( )

74. 单个或一组人员,依据测量结果、知识、经验、文献和其他方面信息提供见解和作出解释,称为质量控制。( )

75. 质量体系为实施质量管理的组织结构、职责、程序、过程和资源。( )

76. 质量管理指确定质量方针,并在质量体系中通过诸如质量策划、质量控制、质量保证和质量改进使其实施全部管理职能的所有活动。( )

77. 质量保证是指为了提供足够的信任表明实体能够满足质量要求,而在质量体系中实施

并根据需要进行证实的全部有计划和有系统的活动。（ ）

78. 程序，即程序文件，是为进行某项活动所规定的途径。（ ）

79. 纠正指“返修”、“返工”或调整，涉及对现有的不合格所进行的处置。（ ）

80. 程序也称为过程，是指为进行某项活动所规定的途径。（ ）

81. 量值溯源指自上而下通过不间断的校准而构成的溯源体系。（ ）

82. SI 基本单位为：长度（米）、质量（千克）、时间（秒）、电流（安[培]）、热力学温度（开[尔文]）、物质的量（摩[尔]）、发光强度（坎[德拉]）7 个单位。（ ）

83. SI 是国际单位制的国际通用符号。目前，国际单位制为 7 个基本单位：长度、质量、时间、电流、热力学温度、物质的量、发光强度，其单位符号分别为：m、kg、s、A、K、mol、cd。（ ）

84. 我国选定了若干非 SI 单位与 SI 单位一起，作为国家的法定计量单位，它们具有不同的地位。（ ）

85. 溯源性是通过一条具有规定不确定度的不间断的比较链，使测量结果或计量标准的值能够与规定的参考标准联系起来的特性。这里规定的参考标准，通常是国家计量基(标)准或国际计量基(标)准。（ ）

86. 计量是现代度量衡。计量比度量衡更确切、更广泛、更科学。（ ）

87. 公认、约定或法定的计量单位、计量器具、计量人员、计量检定系统、检定规程等是保证计量使量值准确一致的基础和依据。（ ）

88. 计量检定系统即量值传递系统。（ ）

89. 溯源性是测量学的基本概念。（ ）

90. 比对是在规定条件下，对相同准确度等级的同类基准、标准或工作计量器具之间的量值进行的比较，其目的是考核量值的误差。（ ）

91. 检定是在规定条件下，为确定测量仪器或测量系统所指示的量值，与对应标准复现的量值之间的关系操作，即被校的计量器具与高一等级的计量标准相比较，以确定被校计量器具的示值误差的全部工作。（ ）

92. 校准不具备法制性，是实际企业自愿溯源行为；检定具有法制性，属于计量管理范畴。（ ）

93. 校准主要确定测量仪器的示值误差；检定是对测量器具的计量特征及技术要求的全面评定，其结论是合格(或不合格)。（ ）

94. 校准的依据是校准规范、校准方法，可作统一规定也可自行制定；检定的依据是检定规程，任何企业和其他实体是无权制定检定规程的。（ ）

95. 校准和检定一样，要对所检的测量器具作出合格与否的结论。（ ）

96. 校准结果通常是发校准证书或校准报告；检定结果合格的发检定证书，不合格的发不合格通知。（ ）

97. 量值的跟踪指测量仪器制造完毕，必须按规定等级的标准逐级进行校准；同样，在使用过程中也要按法定规程，定期由上级计量部门进行检定，并发给检定合格证书。没有或失效的，该仪器的精度及测量结果只能作为参考。（ ）

98. 所有对社会出具公正数据的产品质量监督检验机构及其他各类实验室必须取得中国计量认证，即 CMA 认证。（ ）

99. 凡属省级以上的检测机构，才能够从事检测检验工作，并允许在检验报告上使用

CMA 标记。( )

100. 实验室计量认证/审查认可评审准则由组织和管理、质量体系、审核和评审、人员、设施和环境、仪器设备和标准物质、量值溯源和校准、检验方法、检验样品的处置、记录、证书和报告、检验的分包等 13 个要素组成。( )

101. 校准实验室既可以是从事校准工作的实验室,又可以是从事检验工作的实验室。( )

102. 有证标准物质是附有证书的参考物质,其一种或多种特性值用建立了溯源性的程序确定,使之可溯源到准确复现的表示该特性值的测量单位。( )

103. 实验室应建立并保持文件编制、审核、批准、标识、发放、保管、修订和废止等的控制程序,确保文件现行有效。( )

104. 质量手册应包括或注明含技术程序在内的支持性程序,并概述质量体系中所用文件的架构;应界定技术管理层和质量主管的作用和责任,包括确保遵循本标准的责任。( )

105. 实验室以控制构成其质量体系而建立和维持的程序文件必须由内部制定。( )

106. 凡作为质量体系组成部分发给实验室人员的所有文件,在发布之前应由授权人员审查并批准使用。( )

107. 如果实验室的文件控制制度允许在文件再版之前对文件进行手写修改,则应确定修改的程序和权限。修改之处应有清晰的标注、签名缩写并注明日期,并应尽快发布。( )

108. 对实验室能力的评审,应证实实验室具备了必要的物力、人力和信息资源,且实验室人员对所从事的检测和(或)校准具有必要的技能和专业技术。不可包括以前参加的实验室间比对或能力验证的结果和(或)为确定测量不确定度、检出限、置信限等而使用的已知值样品或物品所做的试验性检测或校准计划的结果。为客户提供检测和(或)校准服务的合同可以是书面的或口头的协议。( )

109. 当实验室由于某些原因需将工作分包时,应就其所有分包方的工作对客户负责。( )

110. 实验室应对纠正措施的结果进行监控,以确保所采取的纠正活动是有效的。( )

111. 实验室应建立和维持识别、收集、索引、存取、存档、存放、维护和清理质量记录的程序。( )

112. 实验室所有记录应清晰明了,并以书面文件的方式存放和保存在具有防止损坏、变质、丢失等适宜环境的设施中,应规定记录的保存期。( )

113. 实验室应有程序来保护和备份所有存放形式存储的记录,并防止未经授予权的侵入或修改。( )

114. 实验室开展跟踪审核的信息记录、校准记录、员工记录均属于质量记录。( )

115. 技术记录是进行检测和(或)校准所得数据和信息的累积,它们表明检测和(或)校准是否达到了规定的质量或规定的过程参数。( )

116. 技术记录可包括:表格、合同、工作单、工作手册、核查表、工作笔记、控制图、外部和内部的检测报告及校准证书、客户信函、文件和反馈。( )

117. 当记录中出现错误时,每一错误应划改,不可擦涂掉,以免字迹模糊或消失,并将正确值填写在其旁边。对记录的所有改动应有改动人的签名或签名缩写。对电子存储的记录也应采取同等措施,以避免原始数据的丢失或改动。( )

118. 决定实验室检测和(或)校准的正确性和可靠性的因素有很多,包括:人员、检测和校

准方法及方法的确认、设备、检测和校准物品的处置。（　）

119. 实验室应使用适合的方法和程序进行所有检测和（或）校准，包括被检测和（或）校准物品的抽样、处理、运输、存储和准备。适当时，还应包括测量不确定度的评价和分析检测，和（或）校准数据的统计技术。（　）

120. 实验室选择检测和（或）校准的方法时，必须使用以国际、区域或国家标准发布的最新方法。（　）

121. 实验室应对非标准方法、实验室设计（制定）的方法、扩充和修改过的标准方法进行确认，以证实该方法适用于预期的用途。（　）

122. 在某些情况下，检测方法的性质会妨碍对测量不确定度进行严密的计量学和统计学上的有效计算。这种情况下，实验室至少应努力找出不确定度的所有分量且作出合理评定，并确保结果的表达方式不会对不确定度造成错觉。（　）

123. 在评定测量不确度时，通常不考虑被检测和（或）校准物品预计的长期性能。（　）

124. 构成不确定度的来源包括的方面有：所用的参考标准和标准物质、方法和设备、环境条件、被检测或校准物品的性能和状态以及操作人员等等。（　）

125. 应保存对检测和（或）校准具有重要影响的每一设备及软件的记录。该记录至少应包括：设备及其软件的识别；制造商名称、型式标识、系列号或其他唯一性标识；对设备是否符合规范的核查；当前的处所（如果适用）；制造商的说明书（如果有），或其存放地点；所有校准报告和证书的日期、结果及复印件；设备调整、验收准则和下次校准的预定日期；设备维护计划，以及已进行的维护（适用时）；设备的任何损坏、故障、改装或修理。（　）

126. 对停止使用的设备应予隔离以防误用，或加贴标签、标记以清晰表明该设备已停用，直至修复并通过校准或检测表明能正常工作为止。（　）

127. 由于某些原因，若短期内设备脱离了实验室的直接控制，返回后仍可以正常使用。（　）

128. 当校准产生了一组修正因子时，实验室应有程序确保其所有备份（例如计算机软件中的备份）得到正确更新。（　）

129. 实验室应具有检测和（或）校准物品的标识系统。物品在实验室的整个期间应保留该标识。（　）

130. 当对物品是否适合于检测或校准存在有疑问时，或当物品不符合所提供的描述，或对所要检测或校准规定得不够详尽时，实验室应在开始工作之前问询客户，以得到进一步的说明，并记录下讨论的内容。（）

131. 检测结果只能以书面检测报告或校准证书的方式发布。（　）

132. 除非实验室有充分的理由，否则每份检测报告或校准证书应至少包括下列信息：标题；实验室的名称和地址；检测报告或校准证书的唯一性标识（如系列号）和每一页上的标识；客户的名称和地址；所用方法的标识；检测或校准物品的描述、状态和明确的标识；对结果的有效性和应用，至关重要的检测或校准物品的接收日期和进行检测或校准的日期；如与结果的有效性和应用相关时，实验室或其他机构所用的抽样计划和程序的说明；检测和校准的结果，适当时，带有测量单位；检测报告或校准证书批准人的姓名、职务、签字或等同的标识；相关之处，结果仅与被检测或被校准物品有关的声明。（　）

133. 当需对检测结果作出解释时，除应至少列出的要求外，检测报告中还应包括下列内容：对检测方法的偏离、增添或删节，以及特殊检测条件的信息，如环境条件；需要时，符合（或不符合）要求和（或）规范的声明；适用且需要时，提出的意见和解释；特定方法、客户或客户群体要求的附加信息。（ ）

134. 检测报告和校准证书报告结果时应注意：检测报告和校准证书的硬拷贝也需有页码和总页数；实验室作出未经实验室书面批准，建议不得部分复制和全文复制检测报告或校准证书的声明。（ ）

135. 当需对检测结果作解释时，对含抽样结果在内的检测报告，除应列出的要求外，还应包括下列内容：抽样日期；抽取的物质、材料或产品的清晰标识（适当时，包括制造者的名称、标示的型号或类型和相应的系列号）；抽样地点，包括任何简图、草图或照片；所用抽样计划和程序的说明；抽样过程中可能影响检测结果解释的环境条件的详细信息；与抽样方法或程序有关的标准或规范，以及对这些规范的偏离、增添或删节。（ ）

136. 许多情况下，实验室的检测报告通过与客户直接对话来传达意见和解释也许更为恰当，这种形式简单方便，无须记录。（ ）

137. 当检测报告包含了由分包方所出具的检测结果时，这些结果应予清晰标明。分包方应以书面或电子方式报告结果。（ ）

138. 某些校准目前尚不能严格按照 SI 单位进行溯源，这种情况下，校准应通过建立对适当测量标准的溯源来提供测量的可信度。（ ）

139. 实验室检测的参考标准在调整之后均应校准。（ ）

140. 检测事故发生后三天内，由中心负责人主持，召开事故分析会，对事故的直接责任者作出处理。（ ）

141. 真值，是指在一定条件下，被测量客观存在的实际值。因此，通过精密的测量可以得到。（ ）

142. 测试数据误差的来源有系统误差、随机误差、过失误差。（ ）

143. 在误差分析中，样本平均值与总体平均值误差越大，则准确度越低。（ ）

144. 相对误差通常以百分数表达，虽然能够表示误差的大小和方向，但不能表示测量的精密程度，因此，通常采用绝对误差表示测量误差。（ ）

145. 当测量所得的绝对误差相同时，测量的量大者精度高。（ ）

146. 系统误差可以消除，过失误差明显地歪曲试验结果，可以利用一定的准则从测得的数据中剔除，因此，在误差分析时只考虑随机误差即可。（ ）

147. 随机误差出现的误差数值和正负号没有明显的规律，但完全可以掌握这种误差的统计规律，用概率论与数理统计方法对数据进行分析和处理，以获得可靠的测量结果。（ ）

148. 系统误差有一定的规律，容易识别，并可通过试验或用分析方法掌握其变化规律，在测量结果中加以修正。（ ）

149. 人们通常采用的消除误差的方法是用来消除系统误差。（ ）

150. 将 830 修约到“百”数位的 0.2 单位，得 820。（ ）

151. 将 1158 修约到“百”数位，得 12×10^2。（ ）

152. 拟舍弃数字的最左一位数字为 5，而右面无数字或皆为 0 时，应进一。（ ）

153. 修约 13.456，修约间隔为 1。正确的做法是：13.456→13.46→13.5→14。（ ）

154. 修约报出值 15.5(—)到个数位后进行判定，修约值为 15。（ ）

155. 在测量或计量中取有效数字的位数的准则是：对不需要标明误差的数据，其有效位数应取到最末一位数字为可以数字；对需要标明误差的数据，其有效位数应取到与误差同一数量级。（ ）

156. 测量数据 0.005 020 的有效数字有 2 位。（ ）

157. 在数据的修约规则中 0 为多余数字。（ ）

158. 三位数字 2.5、3.88、0.0357 相加，结果应为 6.42。结果中的第二位小数称为安全数字。（ ）

159. 乘积 $4.231\times0.02\times1.5672=0.13262$。（ ）

160. 对数运算，结果所取对数位数应比真数的有效数字位数多一位。（ ）

161. 表示精度一般取一位有效数字已足够，最多取两位有效数字。（ ）

162. 在所有计算中，常数 e、π 和因子$\sqrt{2}$等数值的有效位数，可认为无限制，需要几位就取几位。（ ）

163. 在质量检验中，总体的标准差一般不易求得，通常取用样本的标准差。（ ）

164. 极差可以反映数据波动范围的大小，计算十分简单，但由于没有充分利用数据的信息，仅适用样本数量较小、一般 $n<10$ 的情况。（ ）

165. 样本的平均值即为真值。（ ）

166. 随机现象的每一种表现或结果称为随机事件。（ ）

167. 随机事件的频率和概率是两个不同的概念。但在通常情况下，通过大量反复试验，把其频率视作概率的近似值。（ ）

168. 一组样本数据的分散程度越大，标准差就越大，其均值与总体均值的偏差就越大。（ ）

169. 绘制直方图的步骤为：收集数据→数据分析与整理→确定组数→确定组界值→统计频数→绘制直方图。（ ）

170. 绘制直方图的过程中，确定的组界值应与原始数据的精度一样。（ ）

171. 正态分布的概率密度函数，总体标准差 σ 愈大，曲线低而宽，随机变量在平均值 μ 附近出现的密度愈小；总体标准差 σ 愈小，曲线高而窄，随机变量在平均值 μ 附近出现的密度愈大。（ ）

172. 精密度、准确度和精确度是一个概念。（ ）

173. 如果测试数据的精密度和准确度均高，则其精确度高。这也是我们在检测工作中力求达到的目标。（ ）

174. 肖维纳特法是根据顺序统计量来确定可疑数据的取舍。（ ）

175. 一元非线性回归可以通过坐标变换转化成线性回归问题来处理。（ ）

176. 只要是规范给定的经验公式，就能广泛地适用于任何实体工程而无须怀疑。（ ）

177. 对试验数据进行分析处理之前，应首先主观判断去掉那些不理想的数据。（ ）

178. 采用 3S 法进行数据的取舍，当测量值与平均值之差大于 2S 时，则该测量值应保留，但需存疑，即使在生产、施工或试验中发现存疑数据变异时，仍不能舍弃。（ ）

179. 采用经验公式法建立公式的步骤是：绘制曲线→分析曲线，确定公式的基本形式→曲线化直→确定公式中的常数→检验确定的公式的准确性。（ ）

180. 采用图示法绘制的曲线，应使曲线两边的点数接近于相等。（ ）

181. 根据测点绘制曲线时，应将测定用折线连接成较光滑的曲线。（ ）

182. 相关系数 r 是描述回归方程线性关系密切程度的指标，r 越接近 1，x 和 y 之间的线性关系越好。（ ）

183. 在一般工程测量中，真值也可以用测量值代替，这时，相对误差称为示值相对误差。（ ）

184. 引用误差 $=\Delta x/x_b$，x_b 为基准值或基值，称为引用值，可以是仪表的量程，也可以是测量范围的下限或其他值。这个值在产品标准或检定中给出，只有当仪表的读数接近其限量时，引用误差才反映测量结果的相对误差。（ ）

185. 示值误差是相对误差的简便实用形式，在多档或连续刻度的仪表中广泛应用。（ ）

186. 批量是指批中所包含的单位产品数，通常用 N 表示。（ ）

187. 按随机取样的方法确定被检测的路基横断面时，不用随机数表中 C 列中的数。（ ）

188. 从批中抽取的单位产品，称为样本单位。（ ）

189. 样本中所包含的样本单位，称为样本大小，通常用 n 表示。（ ）

190. 抽样方案中 N 为批量，n 为批量中随机抽取的样本数，d 为抽出样本中不合格品数，c 为合格判定数，若 $d \geqslant c$，则认为该批产品不合格，应拒绝接受。（ ）

191. 有一个或一个以上的质量特性不符合规定的单位产品，称为不合格品。（ ）

192. 为判断每个提交检查批的批质量是否符合规定要求，所进行的百分之百的检查，称为逐批检查。（ ）

193. 合格判定数和不合格判定数，或合格判定数系列和不合格判定数系列结合在一起，称为判定数组。（ ）

194. 样本大小或样本大小系列，和判定数组结合在一起，称为抽样方案。（ ）

195. 质量检验按性质可分为验收检验和生产检验两大类。（ ）

196. 按检验特性值的属性分类，抽样检验分为计数抽样方案和计量抽样方案。（ ）

197. P_0 为接收上限，P_1 为拒绝下限。对 $P \leqslant P_0$ 的产品批以尽可能高的概率接收；对 $P \geqslant P_1$ 的产品批以尽可能高的概率拒收。P_0、P_1 可由供需双方协商。（ ）

198. 根据《公路水运工程试验检测信用评价办法》，在评价周期内，试验检测人员一个具体行为涉及两项以上违规行为的，以扣分标准高者为准。（ ）

199. 根据《公路水运工程试验检测信用评价办法》，试验检测机构应首先完成信用评价自评，并将自评表报其注册地的省级质监机构。（ ）

200. 根据《公路水运工程试验检测信用评价办法》，工地试验室及现场检测项目应于当年 12 月 31 日前，或工程建设项目（含现场检测项目）结束时完成信用评价自评，并将自评表报省质监机构。（ ）

201. 工地试验室应在母体试验检测机构授权的范围内，在为工程建设项目提供试验检测服务的同时可以对外承揽试验检测业务。（ ）

202. 工地试验室实行授权负责人责任制，授权负责人可以是母体试验检测机构委派的正

式聘用人员或临时聘用人员，且须持有试验检测工程师证书。（ ）

203. 工地试验室实行不合格品报告制度，对于签发的涉及结构安全的产品或试验检测项目不合格报告，工地试验室授权负责人应在3个工作日之内报送试验检测委托方，抄送项目质量监督机构，并建立不合格试验检测项目台帐。（ ）

204. 施工单位、监理单位应根据工程质量安全管理需要或合同约定，在工程现场可自行设立工地试验室，也可委托第三方试验检测机构设立工地试验室。（ ）

205. 工地试验室授权负责人变更，需由母体试验检测机构提出申请，经项目建设单位同意后报项目质监机构备案。（ ）

206. 实验室有计划的内部审核一般一年不少于一次。（ ）

207. 内审员必须经过考试合格后方可担任实验室内审工作。（ ）

208. 实验室管理体系文件层次从上到下越来越具体详细，从上到下每一层都是下面一层的支持文件。（ ）

三、多项选择题

1. 处理因计量器具准确度所引起的纠纷，以（ ）检定的数据为准。

A. 国家计量基准器具　　B. 国家承认的其他计量基准器具

C. 社会公用计量标准器具　　D. 在人民生活中被普遍使用的计量标准器具

2. 生产者、销售者对抽查检验的结果有异议的，可以自收到检验结果之日起十五日内向（ ）申请复检，由受理复检的产品质量监督部门作出复检结论。

A. 实施监督抽查的产品质量监督部门　　B. 平级的其他地区的产品质量监督部门

C. 仲裁部门　　D. 其上级产品质量监督部门

3. 县级以上产品质量监督部门根据已经取得的违法嫌疑证据或者举报，对涉嫌违反本法规定的行为进行查处时，可以行使下列职权：（ ）。

A. 向当事人的法定代表人、主要负责人和其他有关人员调查、了解与涉嫌从事违反本法的生产、销售活动有关的情况

B. 对当事人涉嫌从事违反本法的生产、销售活动的场所实施现场检查

C. 查阅、复制当事人有关的合同、发票、账簿以及其他有关资料

D. 对有根据认为不符合保障人体健康和人身、财产安全的国家标准、行业标准的产品或者有其他严重质量问题的产品，以及直接用于生产、销售该项产品的原辅材料、包装物、生产工具，予以查封或者扣押。

4. 产品质量认证机构应当依照国家规定对准许使用认证标志的产品进行认证后的跟踪检查；对不符合认证标准而使用认证标志的，可以（ ）。

A. 要求其改正　　B. 警告

C. 取消其使用认证标志的资格　　D. 吊销生产许可证

5. 消费者有权就产品质量问题，（ ）。

A. 向产品的生产者查询　　B. 向产品的销售者查询

C. 向工商行政管理部门及有关部门申诉　　D. 向产品质量监督部门申诉

6. 产品质量检验机构、认证机构出具的检验结果或者证明不实，造成(重大)损失的，(　)。

A. 应当承担相应的赔偿责任　　B. 与产品的生产者、销售者承担连带责任

C. 可以撤销其检验资格、认证资格　　D. 吊销营业执照

7. 产品质量监督部门或者其他国家机关违反规定，向社会推荐生产者的产品或者以监制、监销等方式参与产品经营活动的，可以(　)。

A. 由其上级机关或者监察机关责令改正，消除影响

B. 违法收入予以没收

C. 对直接负责的主管人员和其他直接责任人员依法给予行政处分

D. 对直接负责的主管人员和其他直接责任人员依法追究刑事责任

8. 未经总监理工程师签字，(　)。

A. 建筑材料、建筑构配件和设备不得在工程上使用或者安装

B. 施工单位不得进行下一道工序的施工

C. 建设单位不得拨付工程款

D. 建设单位不得进行竣工验收

9. 监理工程师应当按照工程监理规范的要求，采取(　)等形式对建设工程实施监理。

A. 旁站　　B. 巡视　　C. 不定期抽查　　D. 平行检验

10. 县级以上人民政府建设行政主管部门和其他有关部门履行监督检查职责时，有权采取下列措施：(　)。

A. 组织稽查特派员，对建设项目实施监督检查

B. 要求被检查的单位提供有关工程质量的文件和资料

C. 进入被检查单位的施工现场进行检查

D. 发现有影响工程质量的问题时，责令改正

11. 检测机构等级，是依据(　)等基本条件对检测机构进行的能力划分。

A. 检测机构的公路水运工程试验检测水平

B. 主要试验检测仪器设备的配备情况

C. 检测人员的配备情况

D. 试验检测环境

12. 公路工程检测专业分为(　)。

A. 综合类　　B. 材料类　　C. 专项类　　D. 结构类

13. 省质监站负责(　)的等级评定工作。

A. 公路工程综合类乙、丙级　　B. 水运工程材料类乙、丙级

C. 水运工程结构类乙级　　D. 水运工程结构类丙级

14. 检测机构可申报上一等级的评定的条件是：(　)。

A. 已被评为丙级、乙级　　B. 被评为丙级、乙级须满 1 年

C. 具有相应的试验检测业绩　　D. 没有同时申请不同专业、不同类别的其他等级

15. 申请公路水运工程试验检测机构等级评定，应向所在地省质监站提交以下材料：(　)。

A.《公路水运工程试验检测机构等级评定申请书》；申请人法人证书原件及复印件

B. 通过计量认证的，应当提交计量认证证书副本的原件及复印件；检测人员考试合格

证书和聘(任)用关系证明文件原件及复印件

C. 所申报试验检测项目的典型报告(包括模拟报告)及业绩证明

D. 质量保证体系文件

16. 公路水运工程试验检测机构等级评定工作分为(　)。

A. 受理　　B. 资格审查　　C. 初审　　D. 现场评审

17. 专家评审组应当向质监机构出具《现场评审报告》,主要内容包括:(　)。

A. 现场考核评审意见　　B. 公路水运工程试验检测机构等级评分表

C. 现场操作考核项目一览表　　D. 两份典型试验检测报告

18.《公路水运工程试验检测机构等级评定申请书》和《等级证书》由质监总站统一规定格式。《等级证书》应当注明检测机构从事公路水运工程试验检测的(　)。

A. 专业　　B. 类别　　C. 等级　　D. 项目范围

19. 换证复核的重点是(　)。

A. 核查检测机构人员、仪器设备、试验检测项目、场所的变动情况

B. 试验检测工作的开展情况

C. 质量保证体系文件的执行情况

D. 违规与投诉情况

20. 换证复核合格的,予以换发新的《等级证书》;不合格的,质监机构应当责令其在 6 个月内进行整改,整改期内不得承担质量评定和工程验收的试验检测业务。整改期满仍不能达到规定条件的,质监机构可以:(　)。

A. 对不合格的机构进行处罚

B. 根据实际达到的试验检测能力条件重新作出评定

C. 注销《等级证书》

D. 暂缓《等级证书》的注册一年

21. 公路水运工程质量事故鉴定、大型水运工程项目和高速公路项目验收的质量鉴定检测,质监机构应当委托通过计量认证并具有(　)的检测机构承担。

A. 甲级资质　　B. 乙级及以上资质

C. 丙级及以上资质　　D. 或者相应专项能力等级

22. 检测机构应当建立健全档案制度,保证(　)。

A. 档案齐备　　B. 内容详尽

C. 盲样管理　　D. 原始记录和试验检测报告内容必须清晰、完整、规范

23. 质监机构实施监督检查时,有权采取以下措施:(　)。

A. 查阅、记录、录音、录像、照相和复制与检查相关的事项和资料

B. 检查检测机构和检测人员试验检测活动的规范性、合法性和真实性

C. 发现有不符合国家有关标准、规范、规程和本办法规定的试验检测行为时,责令即时改正或限期整改

D. 进入检测机构的工作场地(包括施工现场)进行抽查

24. 质监机构在监督检查中发现检测机构有违反本规定行为的,可以(　)。

A. 予以警告　　B. 限期整改

C. 列入违规记录并予以公示　D. 不再委托其承担检测业务

25. 现场总体考察中，评审组可按试验检测工作流程，查看试验室，重点观察：（　）。

A. 材料初审时发现的疑问　B. 对环境、安全防护等有特殊要求的项目

C. 可能存在的薄弱环节　D. 试验室总体布局、环境、设备管理状况

26. 按现场评审计划分工，评审组成员分别进行专项考核，分为：（　）。

A. 材料组　B. 硬件环境组　C. 软件环境组　D. 技术考核组

27. 档案材料组通过对档案和内业资料的查阅考核申请人的业绩、检测能力、管理的规范性和人员状况。查阅内容包括：（　）。

A. 检测人员考试合格证书

B. 所有强制性试验检测项目的原始记录和试验检测报告或模拟检测报告

C. 试验检测项目适用的标准、规范和规程现行有效

D. 质量保证体系文件；收样、留样和盲样运转记录

28. 硬件环境组通过现场符合性检查，考核检测机构实际状况是否与所申请材料的内容一致，是否满足等级标准的要求。检查的主要内容包括：（　）。

A. 逐项核查仪器设备的数量和运行使用状况，与申请材料是否符合

B. 仪器设备管理状况，核查仪器设备的购货凭证、使用记录、维修记录、检定/校准证书

C. 试验检测场地是否便于集中有效管理

D. 样品的管理条件是否符合要求

29. 现场操作考核方式包括：（　）。

A. 试验检测场地是否便于集中有效管理

B. 考察环境、安全防护等方面的特殊要求

C. 考核检测人员的实际操作过程

D. 通过提问和问卷，随机抽查检测人员

30. 质监总站为通过公路水运工程试验检测业务考试工作的组织和监管部门，负责：（　）。

A. 确定考试大纲，建设和管理考试题库；指导监督各省的考试工作

B. 核发检测员证书；负责动态更新和维护考试合格检测人员的管理数据库

C. 确定考试合格分数线；组织对检测工程师的考卷评判，核发检测工程师证书

D. 制定有关考试工作管理规定并监督落实；建立并维护考试合格人员管理数据库

31. 各省级质监机构为本行政区域内考试工作的组织实施部门，负责：（　）。

A. 制定本行政区域内考试计划，报质监总站核备

B. 发布试验检测工程师和试验检测员考试通知，审查报名考试者资格

C. 组织实施考试，负责监考，承担相应考务工作；组织对检测员的考卷评判

D. 核发检测员证书；负责动态更新和维护考试合格检测人员的管理数据库

32. 公路检测工程师和检测员考试专业科目包括：（　）。

A. 材料、公路　B. 桥梁、隧道

C. 交通安全设施机电工程　D. 地基与基础

33. 水运检测工程师和检测员考试专业科目包括：（　）。

A. 桥梁、隧道　　B. 材料、结构

C. 地基与基础　　D. 机电工程

34. 公路水运工程试验检测业务考试的考试方式是：（　）。

A. 计算机考试　　B. 纸质试卷考试

C. 为质检总局认可的其他方式　　D. 为省站认可的其他方式

35. 采用纸质试卷考试的应（　）。

A. 从题库中随机抽取试题　　B. 经专家审查后组成试卷

C. 人工阅卷　　D. 当场确定考生成绩

36. 参加公路水运工程试验检测业务考试的考生，可在户籍或工作所在地报名，考试实行网上报名。考生同时向考场所在地省质监站提交以下材料：（　）。

A. 公路水运工程试验检测人员考试申请表

B. 本人学历、职称、身份证原件

C. 本人学历、职称、身份证相应复印件

D. 近期小二寸标准证件照片 4 张

37. 下列公路水运工程试验检测业务考试中关于考试违规处理的说法中，正确的是：（　）。

A. 考试作弊者取消当场考试成绩及后续考试资格，当年内不得再次报考

B. 替考、扰乱考场秩序、提供假资料者取消本次考试资格，当年内不得再次报考

C. 考试作弊者取消当场考试成绩及后续考试资格，2 年内不得再次报考

D. 替考、扰乱考场秩序、提供假资料者取消本次考试资格，2 年内不得再次报考

38. 对已取得试验检测人员证书的人员，经查实有弄虚作假骗取考试资格、违规替考等违反考试纪律的人员将：（　）。

A. 首先予以警告

B. 取消其证书资格

C. 2 年内不得再次报考

D. 如再次发现有弄虚作假骗取考试资格、违规替考等违反考试纪律的行为，将会被终身禁止报考

39. 试验室管理制度中规定：工作人员不得在恒温恒湿室内（　）。

A. 喝水　　B. 用湿布擦地

C. 吸烟　　D. 开启门窗

40. 试验室中需要专柜保管的有：（　）。

A. 连接线　　B. 操作手册

C. 原始记录表　　D. 说明书

41. 下列选项中，是试验检测中心办公室的岗位职责的是：（　）。

A. 负责安排检测计划，对外签订检测合同　　B. 文件的收发及保管

C. 检测报告的发送及登记　　D. 样品的收发保管及验后处理

42. 下列选项中，是检测资料室的岗位职责的有：（　）。

A. 保存抽样记录、样品发放记录及处理记录

B. 保管产品技术资料、设计文件、图纸及其他有关资料

C. 负责保管检测报告、原始记录

D. 保存全部文件及有关产品质量检测的政策、法令、法规

43. 下列选项中，是仪器设备室的岗位职责的有：（　）。

A. 制定试验检测仪器设备检定周期表并付诸实践

B. 计量标准器具的计量检定及日常维护保养

C. 大型精密仪器的值班及日常维修

D. 全部试验检测仪器设备的维修及保养等工作

44. 各类人员中，试验检测中心主任的岗位职责有：（　）。

A. 主管中心的人事工作及人员培训考核、提职、晋级工作

B. 考核各类人员的工作质量

C. 协调各部门的工作，使之纳入全面质量管理的轨道

D. 批准经费使用计划、奖金发放计划

45. 试验机构资质要求，检测部门（　）均应有相应的资质等级证书。

A. 管理　　B. 人员　　C. 仪器设备　　D. 机构

46. 质检机构技术负责人应具备的资格：（　）。

A. 工程师以上职称　　B. 具有 10 年以上专业工作经验

C. 具有质量负责人的经历　　D. 精通所管辖的业务

47. 施工企业工地实验室分为（　）。

A. 标段实验室　　B. 中心拌和站试验站

C. 工点试验点　　D. 监理中心试验室

48. 计量标准器具管理制度：（　）。

A. 是质检机构最高实物标准，只能用于量值传递，必须使用时，须检测中心领导批准

B. 由仪器设备室专人负责

C. 保存环境应满足其说明书的要求

D. 操作人员必须持有操作证书，且使用后应做记录

49. 在计量检测中发现仪器设备损坏应进行维修，维修后的仪器设备应按检定结果贴上（　）标志。

A. 合格（绿）　　B. 准用（黄）　　C. 暂停用（黑）　　D. 停用（红）

50. 计量认证与审查认可（验收）的评审标准依据是（　）。

A.《产品质量检验机构计量认证/审查认可（验收）评审准则》（试行）

B.《检测和校准实验室能力的通用要求》

C.《实验室和检查机构资质认定管理办法》

D.《实验室资质认定评审准则》

51. 认证是第三方依据程序对（　）符合规定的要求给予书面保证（合格证书）。

A. 产品　　B. 过程　　C. 服务　　D. 仪器

52. 认可是权威机构对（　）有能力执行特定任务的正式承认。

A. 某一机构　　B. 行政机构　　C. 个人　　D. 集体

53. 实验室间比对是按照预先规定的条件，由两个或多个实验室对相同或类似的被测物品

进行检测的（ ）。

A. 组织　　B. 实施　　C. 评价　　D. 鉴定

54. 确定质量方针、目标和职责，并在质量体系中通过诸如（ ）使其实施全部管理职能的所有活动，称为质量管理。

A. 质量策划　　B. 质量控制

C. 质量保证　　D. 质量改进

55. 质量体系指为实施质量管理所需的（ ）。

A. 组织结构　　B. 程序　　C. 过程　　D. 资源

56. 实验室应按照要求建立和保持能够保证其公正性、独立性并与其检测和/或校准活动相适应的管理体系。管理体系应形成文件，阐明与质量有关的政策，包括（ ），使所有相关人员理解并有效实施。

A. 质量方针　　B. 目标　　C. 承诺　　D. 质量体系

57. 标准物质，具有一种或多种足够均匀和很好地确定了的特性，用以（ ）。

A. 校准测量装置　　B. 评价测量方法

C. 给材料赋值的材料和物质　　D. 评价测量精度

58. 计量基准是指用当代最先进的科学技术和工艺水平，以最高的准确度和稳定性建立起来的专门用以（ ）的特殊量具或仪器装置等。

A. 确定物理量计量单位　　B. 规定

C. 保持　　D. 复现物理量计量单位

59. 根据计量基准的地位、性质和用途，通常分为（ ）。

A. 主基准（一级）　　B. 副基准（二级）

C. 工作基准（三级）　　D. 评定基准（四级）

60. 主基准也称原始基准或国家基准，用来（ ）计量单位，作为统一全国计量值的最高依据。

A. 计算　　B. 校验　　C. 复现　　D. 保存

61. 计量器具定义为复现量值或被测量转换成可直接观测的指标的指示值或等效信息的（ ）。

A. 仪器　　B. 设备　　C. 量具　　D. 装置

62. 计量标准器具的作用是（ ）。

A. 确定计量基准　　B. 复现量值

C. 检定计量标准　　D. 工作计量器具的计量器具

63. 计量标准器具按法律地位分类可分为（ ）。

A. 国家使用的计量标准　　B. 社会公用计量标准

C. 部门使用的计量标准　　D. 企事业单位使用的计量标准

64. 计量是量值准确一致的测量。概括起来，计量工作具有（ ）的基本特点。

A. 准确性　　B. 一致性　　C. 溯源性　　D. 法制性

65. 计量是实现单位统一、量值准确可靠而进行的（ ）活动。

A. 科技　　B. 法制　　C. 管理　　D. 监督

66. 标准不确定度的定义为：以标准(偏)差表示的测量不确定度。有(　)不确定度评定。

A. A类　　B. B类　　C. C类　　D. D类

67. 溯源性概念中，使测量结果或计量标准的值能够与规定的参考标准联系起来，参考标准通常是(　)。

A. 国际计量基(标)准　　B. 国家计量基(标)准

C. 部门计量标准　　D. 工作计量基准

68. 量值溯源要求所有同一特性的测量应该满足(　)条件。

A. 测量单位必须一致

B. 测量方法必须一致

C. 实现这个测量单位的科学原理、程序也必须一致

D. 实现这个测量单位的科学原理也必须一致

69. 量值的传递包括以下(　)活动。

A. 试验　　B. 比对　　C. 检定　　D. 校准

70. 检定是由(　)为确定和保证计量器是否完全满足检定规程的要求而进行的全部工作，是用高一等级准确度计量器具对低一等级的计量器具进行比较。

A. 法定计量部门　　B. 其他法定授权组织

C. 实验室　　D. 国家计量局

71. 检定即验证，查明和确认计量器具是否符合法定要求的程序，包括(　)。

A. 检查　　B. 加标记　　C. 出具检定证书　　D. 纠正

72. 量值的传递指的是把一个物理量单位提高各级基准、标准及相应的辅助手段准确地传递到日常工作中所使用的(　)，以确保量值统一的过程。

A. 精密仪器　　B. 设备　　C. 测量仪器　　D. 量具

73. 有 CMA 标记的检验报告可用于(　)，具有法律效力。

A. 产品质量评价　　B. 成果鉴定

C. 产品性能分析　　D. 司法鉴定

74. 为社会提供公证数据的产品质量检验机构要取得 CMA 认证，必须经省级以上人民政府计量行政部门对其(　)，合格者才能获取 CMA 认证。

A. 计量检定　　B. 能力测试

C. 可靠性考核　　D. 资格认证

75. 检测机构计量认证的内容有(　)。

A. 计量检定、测试设备性能

B. 计量检定、测试设备的工作环境和人员的操作技能

C. 保证量值统一、准确的措施

D. 检测数据公正可靠的管理制度

76. 实验室资质认定评审准则规定：实验室应依法设立或注册，能够承担相应的法律责任，保证(　)从事检测或校准活动。

A. 客观　　B. 公正　　C. 独立　　D. 科学

77. 实验室应建立、实施和维持与其活动范围相适应的质量体系。应将其(　)和指导书制

订成文件，并达到确保实验室检测和(或)校准结果质量所需的程度。

A. 政策　　B. 制度　　C. 计划　　D. 程序

78. 实验室质量体系的方针和目标应在质量手册中予以规定。总体目标应以文件形式写入质量方针声明；质量方针声明应由首席执行者授权发布，至少包括质量体系目标和(　)等内容。

A. 实验室管理层对良好职业行为和为客户提供检测和校准服务质量的承诺

B. 管理层关于实验室服务标准的声明

C. 要求实验室所有与检测和校准活动有关的人员熟悉与之相关的质量文件，并在工作中执行这些政策和程序

D. 实验室管理层对遵循本标准的承诺

79. 建立识别质量体系中文件当前的修订状态和分发的控制清单或等同的文件控制程序的目的是(　)。

A. 便于建立档案　　B. 易于查阅

C. 防止使用无效文件　　D. 防止使用作废文件

80. 实验室质量管理体系所用程序文件应确保(　)。

A. 在对实验室有效运作起重要作用的所有作业场所，都能得到相应文件的授权版本

B. 定期审查文件，必要时进行修订，以保证持续适用和满足使用的要求

C. 及时地从所有使用和发布处撤除无效或作废的文件，或用其他方法确保防止误用

D. 出于法律或知识保存目的而保留的作废文件，应有适当的标记

81. 实验室制定的质量体系文件应有唯一性标识。该标识应包括(　)。

A. 发布日期和(或)修订标识　　B. 页码

C. 总页数或表示文件结束的标记　　D. 发布机构

82. 要求、标书和合同的评审内容除有要求实验室应建立和维持评审客户要求、标书和合同的程序外，还有(　)的内容。

A. 应保存包括任何重大变化在内的评审记录

B. 应包括被实验室分包出去的所有工作

C. 对合同的任何偏离均应通知客户

D. 工作开始后如果需要修改合同，应重复进行同样的合同评审过程，并将所有修改内容通知所有受到影响的人员

83. 检测和校准的分包规定：当实验室由于未预料的或持续性的原因需将工作分包时，应分包给合格的分包方。以下选项中，属于未预料的或持续性的原因的是：(　)。

A. 工作量　　B. 需要更多专业技术

C. 暂不具备能力　　D. 通过长期分包、代理或特殊协议

84. 质量记录应包括(　)。

A. 来自质检机构的审核报告　　B. 原始数据

C. 来自内部审核和管理评审的报告　　D. 纠正措施的记录

85. 记录控制包括(　)程序。

A. 质量记录　　B. 技术记录

C. 评审记录　　D. 数据记录

86. 如可能,实验室对每项检测或校准的记录应包含足够的信息,其目的是(　)。

A. 以便识别不确定度的影响因素

B. 以便开展跟踪审核

C. 保证该检测或校准在尽可能接近原条件的情况下能够复现

D. 保证原始观察记录的准确性

87. 当记录中出现错误时,正确的处理有(　)。

A. 每一错误应划改,不可擦涂掉,以免字迹模糊或消失

B. 将正确值填写在其旁边

C. 对记录的所有改动应有改动人的签名或签名缩写

D. 对电子存储的记录也应采取同等措施,以避免原始数据的丢失或改动

88. 对实验室检测报告所含意见和解释负责的人员,应具备(　)。

A. 相应的资格、培训、经验以及所进行的检测方面的足够知识

B. 制造被检测物品、材料、产品等所用的相应技术知识、已使用或拟使用方法的知识,以及在使用过程中可能出现的缺陷或降级等方面的知识

C. 法规和标准中阐明的通用要求的知识

D. 所发现的对有关物品、材料和产品等正常使用的偏离程度的了解

89. 检测和校准的方法应优先使用(　)发布的最新方法。

A. 国际标准　　B. 区域标准

C. 国家标准　　D. 地方标准

90. 实验室应对(　)方法进行确认,以证实该方法适用于预期的用途。

A. 非标准　　B. 实验室设计(制定)的

C. 超出其预定范围使用的标准　　D. 扩充和修改过的标准

91. 检测和校准方法的确认可以包括对(　)程序的确认。

A. 管理　　B. 抽样　　C. 处置　　D. 运输

92. 测量不确定度评定所需的严密程度取决于(　)因素。

A. 检测方法的要求　　B. 客户的要求

C. 试验人员　　D. 据以作出满足某规范决定的窄限

93. 当利用计算机或自动设备对检测或校准数据控制时,实验室应确保:(　)。

A. 合理的评定应依据对方法性能的理解和测量范围,并利用诸如过去的经验和确认的数据

B. 由使用者开发的计算机软件应被制定成足够详细的文件,并对其适用性进行适当验证

C. 建立并实施数据保护的程序

D. 维护计算机和自动设备以确保其功能正常,并提供保护检测和校准数据完整性所必需的环境和运行条件

94. 实验室应配备正确进行检测和(或)校准所要求的所有(　)设备。

A. 抽样　　B. 测量　　C. 检测　　D. 校准

95. 出现以下情况的设备应停止使用:(　)。

A. 曾经过载或处置不当　　B. 给出可疑结果

C. 已显示出缺陷　　D. 超出规定限度

96. 实验室控制下的需校准的所有设备，只要可行，应使用标签、编码或其他标识表明其校准状态，包括（　）。

A. 上次校准的日期　　B. 再校准日期

C. 使用日期　　D. 失效日期

97. 实验室对检测和校准物品的处置应做到：（　）。

A. 实验室应有用于检测和（或）校准物品的运输、接收、处置、保护、存储、保留和（或）清理的程序，包括为保护检测和（或）校准物品的完整性以及实验室与客户利益所需的全部条款

B. 实验室应具有检测和（或）校准物品的标识系统

C. 在接收检测或校准物品时，应记录异常情况或对检测或校准方法中所述正常（或规定）条件的偏离

D. 实验室应有程序和适当的设施避免检测或校准物品在存储、处置和准备过程中发生退化、丢失或损坏

98. 实验室应有质量控制程序以监控检测和校准的有效性。这种监控应有计划并加以评审，包括的内容有定期使用有证标准物质（参考物质）和（或）次级标准物质（参考物质）进行内部质量控制，及（　）。

A. 参加实验室间的比对或能力验证计划

B. 利用相同或不同方法进行重复检测或校准

C. 对存留物品进行再检测或再校准

D. 分析一个物品不同特性结果的相关性

99. 实验室应（　）报告每一项检测、校准，或一系列的检测或校准的结果，并符合检测或校准方法中规定的要求。

A. 准确　　B. 清晰　　C. 明确　　D. 客观

100. 结果通常应以（　）的形式出具，并且应包括客户要求的、说明检测或校准结果所必需的和所用方法要求的全部信息。

A. 检测报告　　B. 有效证书　　C. 有效报告　　D. 校准证书

101. 报告和证书的格式应设计为适用于所进行的各种检测或校准类型，并尽量减小产生误解或误用的可能性。需注意：（　）。

A. 检测报告或校准证书的编排尤其是检测或校准数据的表达方式，并易于读者理解

B. 检测报告和校准证书的硬拷贝也需有页码和总页数

C. 建议实验室作出未经实验室书面批准不得复制（全文复制除外）检测报告或校准证书的声明

D. 表头需尽可能标准化

102. 当需对检测结果作出解释时，下列（　）情况需要在检测报告中列出评定测量不确定度的声明。

A. 当不确定度与检测结果的有效性或应用有关

B. 客户的指令中有要求

C. 实验室要求校验不确定度

D. 当不确定度影响到对规范限度的符合性

103. 如需对校准结果进行解释时，除应至少列出的要求外，校准证书还应包含的内容有：（ ）。

A. 校准活动中对测量结果有影响的条件

B. 测量不确定度和(或)符合确定的计量规范或条款的声明

C. 测量可溯源证据

D. 特定方法、客户或客户群体要求的附加信息

104. 当包含意见和解释时，实验室应把意见和解释的依据制定成文件。与在检测报告中一样，意见和解释应被清晰标注，且包含的意见和解释可以包括下列（ ）内容。

A. 关于结果符合(或不符合)要求声明的意见

B. 合同要求的履行情况

C. 如何使用结果的建议

D. 用于改进的指导意见

105. 对检测实验室，当测量无法溯源到 SI 单位或与之无关时，与对校准实验室的要求一样，要求测量能够溯源到适当的测量标准，如（ ）。

A. 有证标准物质　　　　B. 约定方法

C. 协议标准　　　　D. 标准方法

106. 下列（ ）情况属于检测责任事故。

A. 样品丢失和损坏

B. 检测方法有误，造成检测结论错误

C. 样品生产单位提供的技术资料丢失或失密

D. 发生人身伤亡

107. 检测事故按经济损失的大小、人身伤亡情况分成（ ）。

A. 小事故　　　　B. 重事故

C. 特大事故　　　　D. 重大事故

108. 真值有（ ）。

A. 理论真值　　　　B. 规定真值

C. 相对真值　　　　D. 标准真值

109. 根据误差表示方法的不同，误差有（ ）。

A. 绝对误差　　　　B. 相对误差

C. 引用误差　　　　D. 示值误差

110. （ ）误差是可以消除的。

A. 系统误差　　　　B. 随机误差

C. 过失误差　　　　D. 偶然误差

111. 误差的来源有（ ）。

A. 装置误差　　B. 环境误差
C. 人员误差　　D. 方法误差

112. 按误差的性质分类，误差可分为(　)。
A. 系统误差　　B. 随机误差
C. 过失误差　　D. 方法误差

113. 消除误差的方法可以从以下(　)方面考虑。
A. 校准测量仪器　　B. 改进或选用适宜的测量方法来消除误差
C. 用修正值消除　　D. 在测量过程中随时消除

114. 固定系统误差消除或减弱的方法有(　)。
A. 交换抵消法　　B. 对称测量法
C. 代替消除法　　D. 半周期偶数测量法

115. 变化系统误差的消除方法有(　)。
A. 交换抵消法　　B. 对称测量法
C. 代替消除法　　D. 半周期偶数测量法

116. 表示数据离散程度的特征量有(　)。
A. 平均值　　B. 极差　　C. 标准偏差　　D. 变异系数

117. 表示数据的集中位置的特征量有(　)。
A. 平均值　　B. 极差　　C. 标准偏差　　D. 中位数

118. 习惯上，通常采用字母(　)表示随机事件。
A. U　　B. V　　C. A　　D. B

119. 样本数据按其性质可分为(　)。
A. 计量值　　B. 计数值　　C. 检测值　　D. 校验值

120. 质量检测工作中，绘制直方图的目的是通过观察图的形状(　)。
A. 判断质量是否稳定　　B. 质量分布状态是否正常
C. 预测不合格率　　D. 统计数据出现的概率

121. 直方图在质量控制中的用途主要有(　)。
A. 估计可能出现的不合格率　　B. 考察工序能力
C. 判断质量分布状态　　D. 判断施工能力

122. 概率分布曲线的形式很多，在公路工程质量检测和评价中，常用的分布有(　)。
A. 正态分布　　B. 二项分布
C. t 分布　　D. 波松分布

123. 下列(　)检测数据属于计量值数据。
A. 强度　　B. 长度　　C. 质量　　D. 不合格品率

124. 常用的可疑数据的取舍方法主要有(　)。
A. 3 倍标准差法　　B. 肖维纳特法
C. 变异系数法　　D. 格拉布斯法

125. 可疑数据的取舍方法可采用(　)。
A. 3 倍标准差法　　B. 肖维纳特法

C. 格拉布斯法　　D. 狄克逊法

126. 测量数据常用的表达方法有(　)。

A. 表格法　　B. 图示法

C. 经验公式法　　D. 数据分析法

127. 如果某一回归方程的相关系数 r 小于临界值 $r(\beta,n-2)$，下列说法(　)成立。

A. 只要 r 不小于 0.90，回归方程仍然可以应用

B. 说明试验误差可能很大

C. 说明回归方程的函数类型可能不正确

D. 增加试验次数 n，r 一定大于临界值 $r(\beta,n-2)$

128. 肖维纳特法虽然改善了拉依达法，但存在着(　)的问题。

A. 当 $n\to\infty$ 时，肖维纳特系数 $k_n\to\infty$，此时所有的异常值都无法舍弃

B. 当试验次数较少时，如 $n<10$，在一组测量数据中即使有异常值也无法舍弃

C. 肖维纳特系数与置信水平之间无明确关系

D. 肖维纳特法不适用测量值服从正态分布的数据取舍

129. 格拉布斯法判定可疑数据取舍，需要以下(　)参数。

A. 标准化顺序统计量 g　　B. 判别可疑数据的临界值 $g_0(\beta,n)$

C. 显著性水平 β　　D. 测量组数 n

130. 绘制直方图需要分析和整理数据，应确定与绘制直方图相关的(　)特征值。

A. 最大值　　B. 标准差　　C. 最小值　　D. 极差

131. 常用表达数据的表格有(　)。

A. 试验检测数据记录表　　B. 数据分析记录表

C. 试验检测结果表　　D. 绘图数据表

132. 图示法的基本要点是(　)。

A. 在直角坐标系中绘制图形时，以横坐标为自变量，以纵坐标为相应的函数

B. 坐标纸的大小与分度的选择应与测量数据的精度相适应

C. 坐标轴应注明分度值的有效数字、名称和单位，必要时要标明试验条件，文字书写方向应与相应的坐标轴平行。若同一图上表示不同数据时，应使用不同的符号加以区分

D. 曲线应平滑，不能用折线绘制

133. 将双曲线$\frac{1}{y}=a+b\,\frac{1}{x}$化直，需要作(　)变换。

A. $y'=\frac{1}{y}$　　B. $x'=\frac{1}{x}$

C. $x'=ax$　　D. $y'=by$

134. 确定经验公式中的常数，一般可采用的方法有(　)。

A. 端值法　　B. 最小二乘法

C. 平均法　　D. 图解法

135. 相对误差分为(　)。

A. 相对真误差　　B. 示值误差
C. 引用误差　　D. 实用误差

136. 引用误差在多档或连续刻度的仪表中广泛应用，其目的是（　）。
A. 为减少误差计算麻烦　　B. 为使测定值接近真值
C. 为划分正确度等级的方便　　D. 为引申示值误差

137. 适用于公路工程的随机抽样的方法主要有（　）。
A. 分段抽样　　B. 分层抽样
C. 单纯随机抽样　　D. 系统抽样

138. 路基路面现场随机取样方法主要包括（　）。
A. 测定区间(或断面)确定方法　　B. 测点位置确定方法
C. 分层抽样方法　　D. 系统抽样方法

139. 路基路面现场确定测定区间或断面，首先要选择确定需检测的路段，它可以是（　）。
A. 路线全程　　B. 一个作业段
C. 一天完成的路段　　D. 指定 1km 的路段

140. 一个抽样方案中应该有（　）。
A. 合格品数　　B. 样本大小
C. 不合格品数　　D. 合格判定数

141. 依据抽样检验评定原理，公路工程也按合格率计分，但对（　）应采用数理统计法计分。
A. 压实度　　B. 弯沉值
C. 水泥混凝土抗折强度　　D. 路面结构层厚度

142. 质量检验按检验数量分类有（　）。
A. 全数检验　　B. 计量值检验
C. 抽样检验　　D. 计数值检验

143. 按检验人员分，质量检验可分为（　）。
A. 自检　　B. 互检
C. 专检　　D. 督检

144. 抽样检测可以按照（　）进行分类。
A. 检验特性值的属性　　B. 抽样方案制定的原理
C. 检验次数　　D. 抽样的方法

145. 按抽样方案制定的原理分类，抽样检验可分为（　）。
A. 标准型抽样方案　　B. 挑选型抽样方案
C. 连续生产型抽样方案　　D. 调整型抽样方案

146. 按检验次数分类，抽样检验可分为（　）。
A. 一次抽样方案　　B. 二次抽样方案
C. 多次抽样方案　　D. 检索抽样方案

147. 一次抽样方案由（　）组成。
A. 合格的概率　　B. 样本大小

C. 不合格判定数　　D. 合格判定数

148. 根据《公路水运工程试验检测信用评价办法》，评价周期内累计扣分分值（　），试验检测人员信用等级为信用较差。

A. 大于等于 20 分　　B. 大于等于 40 分的

C. 小于 40 分的　　D. 大于 40 分的

149. 根据《公路水运工程试验检测信用评价办法》，试验检测机构信用评分对应的信用等级分别为（　）。

A. AA 级：信用评分＞95 分，信用好

B. A 级：85 ＜信用评分≤95 分，信用较好

C. B 级：70＜信用评分≤85 分，信用一般

D. C 级：60 ＜信用评分≤70 分，信用较差

E. D 级：信用评分≤60 分，信用很差

150. 根据《公路水运工程工地试验室及现场检测项目信用评价标准》，以下扣分正确的是（　）。

A. 出虚假数据报告并造成质量标准降低的，扣 100 分

B. 未经母体机构有效授权的，扣 20 分/项

C. 聘用信用很差或无证试验检测人员从事试验检测工作的，或所聘用的试验检测人员被评为信用很差的，扣 5 分/人

D. 报告签字人不具备资格，扣 2 分/份，单次扣分不超过 10 分

151. 设立工地试验室的母体试验检测机构，对工地试验室进行授权的内容包括（　）。

A. 工地试验室可开展的试验检测项目及参数

B. 授权负责人

C. 授权工地试验室的公章

D. 授权期限

152. 工地试验室出具的试验检测报告应加盖工地试验室印章，印章包含的基本信息有（　）。

A. 母体试验检测机构名称

B. 建设项目标段名称

C. 工地试验室

D. 建设项目名称

153. 工地试验室授权负责人信用等级被评为信用较差的，（　）不能担任工地试验室授权负责人。信用等级被评为信用很差的，（　）不能担任工地试验室授权负责人。

A. 2 年内　　B. 1 年内

C. 3 年内　　D. 5 年内

154. 实验室应优先选择（　）。

A. 行业标准　　B. 国家标准

C. 作业指导书　　D. 地方标准

155. 实验室管理体系文件主要由（　）构成。

A. 质量手册

B. 管理程序文件

C. 作业程序文件

D. 记录、表格、报告等文件

156. 对实验室管理体系文件的基本要求包括（　）。

A. 规范性、系统性　　B. 适应性

C. 协调性、统一性　　D. 普遍性

第三部分　练习题答案与题解

一、单项选择题答案

1. A　2. C　3. C　4. B　5. A　6. A　7. A　8. D　9. D　10. B
11. A　12. B　13. C　14. A　15. B　16. A　17. C　18. B　19. B　20. B
21. A　22. C　23. B　24. D　25. A　26. C　27. D　28. D　29. D　30. C
31. A　32. C　33. B　34. A　35. A　36. B　37. B　38. B　39. D　40. A
41. B　42. A　43. C　44. B　45. B　46. D　47. A　48. A　49. D　50. B
51. A　52. C　53. C　54. A　55. B　56. B　57. A　58. B　59. C　60. C
61. B　62. A　63. D　64. A　65. B　66. A　67. A　68. D　69. A　70. C
71. C　72. D　73. D　74. A　75. C　76. B　77. A　78. C　79. C　80. B
81. B　82. D　83. B　84. D　85. C　86. C　87. A　88. B　89. C　90. D
91. A　92. C　93. D　94. D　95. A　96. A　97. B　98. D　99. D　100. C
101. B　102. B　103. A　104. D　105. D　106. D　107. A　108. D　109. B　110. D
111. D　112. A　113. A　114. B　115. D　116. A　117. B　118. D　119. B　120. C
121. D　122. D　123. B　124. C　125. B　126. A　127. D　128. A　129. C　130. D
131. B　132. D　133. A　134. C　135. B　136. A　137. D　138. B　139. C　140. C
141. A　142. B　143. D　144. C　145. A　146. C　147. D　148. B　149. A　150. B
151. B　152. D　153. B　154. C　155. B　156. A　157. A　158. B　159. B　160. D
161. C　162. A　163. D　164. D　165. D　166. D　167. B　168. A　169. A　170. A
171. D

二、判断题答案与题解

1. ×(正确:为社会提供公证数据的产品质量检验机构,必须经省级以上人民政府计量行政部门对其计量检定、测试的能力和可靠性考核合格。)

2. ×(正确:国家监督抽查的产品,地方不得另行重复抽查;上级监督抽查的产品,下级不得另行重复抽查。)

3. √

4. ×(正确:对直接负责的主管人员和其他直接责任人员处一万元以上五万元以下的罚款。)

5. ×(正确:国务院发展计划部门按照国务院规定的职责,组织稽查特派员,对国家出资的重大建设项目实施监督检查。)

6. √

7. √

8. ×（正确：国家对产品质量实行以抽查为主要方式的监督检查制度，抽查的样品应当在市场上或者企业成品仓库内的待销产品中随机抽取。）

9. √

10. ×（正确：评审专家从质监机构建立的试验检测专家库中选取，与申请人有利害关系的不得进入专家评审组。）

11. √

12. √

13. ×（正确：公路工程综合类与水运工程材料类各设 3 个等级。）

14. √

15. ×（正确：《等级证书》有效期为 5 年。）

16. ×（正确：检测机构应提前 3 个月向原发证机构提出换证申请。）

17. ×（正确：在申请等级评定时已经提交过且未发生变化的材料可以不再重复提交。）

18. ×（正确：换证复核以书面审查为主。）

19. √

20. √

21. ×（正确：检测机构名称、地址、法定代表人或者机构负责人、技术负责人等发生变更的，应当自变更之日起 30 日内到原发证质监机构办理变更登记手续。）

22. √

23. ×（正确：《等级证书》不可以租借不可以转让。）

24. √

25. ×（正确：检测机构依据合同承担公路水运工程试验检测业务，不得转包、违规分包。）

26. ×（正确：试验检测报告应当由试验检测工程师审核、签发。）

27. ×（正确：实际能力已达不到《等级证书》能力等级的检测机构，质监机构应当给予整改期限。）

28. √

29. √

30. ×（正确：2 年内不得再次参加考试。）

31. ×（正确：质监总站负责公路工程综合类甲级、公路工程专项类和水运工程材料类及结构类甲级的等级评定工作。）

32. √

33. √

34. ×（正确：公路工程和水运工程考试中，试验检测工程师考试设有公共基础科目和专业科目，试验检测员设有专业科目。）

35. √

36. √

37. √

38. ×（正确：考试作弊者取消当场考试成绩及后续考试资格，并且当年内不得再次报考。）

39. √

40. √
41. ×(正确:带电作业应由 2 人以上操作,并在地面采取绝缘措施。)
42. √
43. ×(正确:应自收到检验结果之日起 15 日内向实施监督抽查的产品质量监督部门及其上级产品质量监督部门申请复检。)
44. √
45. ×(正确:消费者有权向产品的生产者查询;向产品的销售者查询;向工商行政管理部门及有关部门申诉;向产品质量监督部门申诉。)
46. √
47. √
48. ×(正确:监理工程师应当按照工程监理规范的要求,采取旁站、巡视、平行检验等形式,对建设工程实施监理。)
49. √
50. ×(正确:依据检测机构的公路水运工程试验检测水平、主要试验检测仪器设备的配备情况、检测人员的配备情况、试验检测环境等基本条件对检测机构进行的能力划分。)
51. ×(正确:省质监站负责的等级评定工作:公路工程综合类乙、丙级;水运工程材料类乙、丙级;水运工程结构类乙、丙级。)
52. √
53. ×(正确:公路水运工程试验检测机构等级评定工作分为受理、初审和现场评审。)
54. ×(正确:换证复核的重点:核查检测机构人员、仪器设备、试验检测项目、场所的变动情况;试验检测工作的开展情况;质量保证体系文件的执行情况;违规与投诉情况。)
55. ×(正确:质监机构应当委托通过计量认证并具有甲级或者相应专项能力等级的检测机构承担。)
56. √
57. √
58. √
59. √
60. ×(正确:试验室中需要专柜保管的有:操作手册、原始记录表和说明书。)
61. √
62. ×[正确:根据基准的地位、性质和用途,通常分为主基准(一级)、副基准(二级)和工作基准(三级)。]
63. ×(正确:副基准平时用来代替国家基准使用或验证国家基准的变化。)
64. ×(正确:基准本身并不一定正好等于一个计量单位。)
65. √
66. √
67. ×(正确:计量标准器具按准确度等级分类为 1 级、2 级、3 级、4 级、5 级标准砝码。)
68. ×(正确:县级以上地方政府计量部门即可。)
69. √

70. ×（正确：认可是权威机构对某一机构或个人有能力执行特定任务的正式承认。）

71. √

72. √

73. ×（正确：能力验证是利用实验室间比对确定实验室的检测能力。）

74. ×（正确：称为专业判断。）

75. √

76. ×（正确：质量管理指确定质量方针、目标和职责，并在质量体系中通过诸如质量策划、质量控制、质量保证和质量改进使其实施全部管理职能的所有活动。）

77. √

78. √

79. √

80. ×[正确：程序是为进行某项活动所规定的途径（程序文件）。过程是将输入转化为输出的一组彼此相关的资源和活动。]

81. ×（正确：量值溯源指自下而上通过不间断的校准而构成溯源体系。）

82. √

83. √

84. ×（正确：他们具有同等的地位。）

85. √

86. √

87. √

88. √

89. ×（正确：溯源性是计量学的基本概念。）

90. ×（正确：其目的是考核量值的一致性。）

91. ×[正确：上述内容是校准（校验）的定义，不是检定的定义。]

92. √

93. √

94. √

95. ×（正确：校准不判定测量器具合格与否，但当需要时，可确定测量器具的某一性能是否符合预期的要求；检定要对所检的测量器具作出合格与否的结论。）

96. √

97. √

98. √

99. ×（正确：只有取得计量认证合格证书的检测机构，才能够从事检测检验工作，并允许在检验报告上使用 CMA 标记。）

100. √

101. ×（正确：检验实验室是从事检验工作的实验室。校准实验室是从事校准工作的实验室。）

102. √

103.√

104.√

105.×(正确:可以内部制定,也可以来自外部。)

106.√

107.√

108.×(正确:包括以前参加的实验室间比对或能力验证的结果和(或)为确定测量不确定度、检出限、置信限等而使用的已知值样品或物品所做的试验性检测或校准计划的结果。)

109.×(正确:由客户或法定管理机构指定的分包方除外。)

110.√

111.×(正确:实验室应建立和维持识别、收集、索引、存取、存档、存放、维护和清理质量记录和技术记录的程序。)

112.×[正确:应以便于存取的方式存放和保存,记录可存放于任何形式的载体上(如书面文件、硬拷贝或电子媒体)。]

113.√

114.×(正确:质量记录包括来自内部审核和管理评审的报告及纠正措施的记录。原始观察记录、导出数据、开展跟踪审核的足够信息、校准记录、员工记录以及发出的每份检测报告或校准证书的副本均属技术记录。)

115.√

116.√

117.√

118.×(正确:因素,包括人员、设施和环境条件、检测和校准方法及方法的确认、设备、测量的溯源性、抽样、检测和校准物品的处置。)

119.√

120.×(正确:应优先使用以国际、区域或国家标准发布的方法。实验室应确保使用标准的最新有效版本,除非该版本不适宜或不可能使用。必要时,应采用附加细则对标准加以补充,以确保应用的一致性,也可以选择由知名的技术组织或有关科学书籍和期刊公布的,或由设备制造商指定的方法。)

121.×(正确:实验室应对非标准方法、实验室设计(制定)的方法、超出其预定范围使用的标准方法、扩充和修改过的标准方法进行确认,以证实该方法适用于预期的用途。)

122.√

123.√

124.√

125.√

126.√

127.×(正确:无论什么原因,若设备脱离了实验室的直接控制,实验室应确保设备返回后,在使用前对其功能和校准状态进行核查并能显示满意结果。)

128.√

129.√

130. √

131. ×(正确:只要满足要求,检测报告或校准证书可用硬拷贝或电子表子数据传输的方式发布。)

132. ×(正确:当进行检测和(或)校准的地点与实验室的地址不同时,还应列出检测和(或)校准的地点。)

133. ×[正确:还应该有评定测量不确定度的声明(适用时)。]

134. ×(正确:全文复制除外。)

135. √

136. ×(正确:与客户的直接对话需有文字记录。)

137. √

138. √

139. ×(正确:参考标准在任何调整之前或之后均应校准。)

140. ×(正确:应在事故发生后五天内进行。)

141. ×(正确:真值虽然客观存在,但通常是个未知量。)

142. ×(正确:误差的分类包括系统误差、随机误差、过失误差。误差的来源有:装置误差、环境误差、人员误差、方法误差。)

143. √

144. ×(正确:绝对误差不能确切地表示测量所达到的精确程度,相对误差能表示测量的精确程度,因此,通常采用相对误差表示测量误差。)

145. √

146. ×(正确:在误差分析时只考虑系统误差和随机误差。)

147. √

148. √

149. √

150. ×(正确:得 840。)

151. √

152. ×(正确:若所保留的末位数字为奇数则进一,为偶数则舍弃。)

153. ×(正确:正确的做法:13.456→13)

154. √

155. √

156. ×(正确:有 4 位有效数字。)

157. ×(正确:0 不是多余数字。)

158. √

159. ×[正确:0.02 的有效位数最少(1 位),其他数取 2 位,积也取 2 位,即为 $4.2\times0.02\times1.6=0.13$。]

160. ×(正确:对数运算,结果所取对数位数与真数的有效数字位数相等。)

161. √

162. √

163. √

164. √

165. ×(正确:总体的平均值即为真值,样本的平均值为真值的近似值。)

166. √

167. √

168. ×(正确:分散程度越大,标准差就越大,其均值与总体均值的偏差不一定越大。)

169. ×(正确:应为收集数据→数据分析与整理→确定组数和组距→确定组界值→统计频数→绘制直方图。)

170. ×(正确:为避免数据恰好落在组界上,组界值应比原始数据的精度高一些。)

171. √

172. ×(正确:三者不是一个概念。精密度描述随机误差,准确度描述系统误差,精确度综合描述随机误差和系统误差。)

173. √

174. ×[正确:肖维纳特法判别可疑数据舍弃的标准为:$|x_i-\overline{x}|/S\geqslant k_n$(肖维纳特系数)。]

175. √

176. ×(正确:规范给定的经验公式不能无怀疑地广泛适用。)

177. ×(正确:应采用现有的可疑数据的剔除方法对可疑的试验数据进行取舍,不能主观判断。)

178. ×(正确:若在生产、施工或试验中发现存疑数据变异时,该值应舍弃。)

179. √

180. √

181. ×(正确:不能用折线连接测点,应考虑曲线应尽可能地通过或接近所有的点。当应用移动曲尺时,应顾及到所绘制的曲线与实测值之间的误差平方和最小。)

182. ×(正确:r 的绝对值越接近 1,x 和 y 之间的线性关系越好。)

183. √

184. √

185. ×(正确:引用误差是相对误差的简便实用形式,在多档或连续刻度的仪表中广泛应用。)

186. √

187. √

188. ×(正确:从批中抽取用于检查的单位产品,称为样本单位。)

189. ×(正确:样本中所包含的样本单位数,称为样本大小 n。)

190. ×(正确:若 $d>c$,则认为该批产品不合格。)

191. √

192. ×(正确:为判断每个提交检查批的批质量是否符合规定要求,所进行的百分之百的检查或从批中抽取样本的检查,称为逐批检查。)

193. √

194. √
195. √
196. √
197. √
198. √
199. √
200. ×（正确：将自评表报项目业主）
201. ×（正确：不得对外承揽试验检测业务）
202. ×（正确：只能是正式聘用人员）
203. ×（正确：2个工作日内报送试验检测委托方）
204. √
205. √
206. √
207. ×（正确：内审员应当经过培训，具备了风审员的资格）
208. ×（正确：从下到上每一层都是上面一层的支持文件）

三、多项选择题答案

1. AC	2. AD	3. ABCD	4. AC	5. ABCD
6. AC	7. ABC	8. CD	9. ABD	10. BCD
11. ABCD	12. AC	13. ABCD	14. ABC	15. ABCD
16. ACD	17. ABCD	18. ABCD	19. ABCD	20. BC
21. AD	22. AD	23. ACD	24. ABCD	25. ABCD
26. ABD	27. ABCD	28. ABCD	29. CD	30. ACD
31. ABCD	32. ABC	33. BC	34. AB	35. ABC
36. ABCD	37. AD	38. BC	39. ABCD	40. BCD
41. ABCD	42. ABCD	43. ABCD	44. ABCD	45. BCD
46. ABD	47. ABC	48. ABCD	49. ABD	50. ABC
51. ABC	52. AC	53. ABC	54. ABCD	55. ABCD
56. ABC	57. ABC	58. BCD	59. ABC	60. CD
61. ACD	62. CD	63. BCD	64. ABCD	65. ABC
66. AB	67. AB	68. AC	69. BCD	70. AB
71. ABC	72. CD	73. ABD	74. ABC	75. ABCD
76. ABC	77. ABCD	78. ABCD	79. BCD	80. ABCD
81. ABCD	82. ABCD	83. ABCD	84. CD	85. AB
86. AC	87. ABCD	88. ABCD	89. ABC	90. ABCD
91. BCD	92. ABD	93. BCD	94. ABC	95. ABCD

96. ABD	97. ABCD	98. ABCD	99. ABCD	100. AD
101. AD	102. ABD	103. ABC	104. ABCD	105. ABC
106. ABCD	107. ABD	108. ABC	109. AB	110. AC
111. ABCD	112. ABC	113. BCD	114. AC	115. BD
116. BCD	117. AD	118. CD	119. AB	120. ABC
121. ABCD	122. AC	123. ABC	124. ABD	125. ABCD
126. ABC	127. BC	128. AC	129. ABCD	130. ACD
131. AC	132. ABCD	133. AB	134. ABCD	135. ABC
136. AC	137. BCD	138. AB	139. ABC	140. BD
141. ABCD	142. AC	143. ABC	144. ABC	145. ABCD
146. ABC	147. BCD	148. AD	149. ABCDE	150. ABD
151. ABCD	152. ABC	153. AD	154. ABD	155. ABCD
156. ABC				

第四部分　模拟试题

一、单项选择题

（总共30道题，每题1分，共计30分）

1. 为社会提供公证数据的产品质量检验机构，必须经（　）以上人民政府计量行政部门对其计量检定、测试的能力和可靠性考核合格。

A. 省级　　B. 市级　　C. 县级　　D. 乡（镇）级

2.（　）按照国务院规定的职责，对国家重大技术改造项目实施监督检查。

A. 国务院发展计划部门　　B. 建设行政主管部门或者其他有关部门

C. 国务院铁路、交通、水利等有关部门　　D. 国务院经济贸易主管部门

3.《建设部工程质量管理条例》中规定：违反本条例规定，施工单位在施工中偷工减料的，使用不合格的建筑材料、建筑构配件和设备的，或者有不按照工程设计图纸或者施工技术标准施工的其他行为的，责令改正，处工程合同价款（　）的罚款。

A. 4%以上6%以下　　B. 2%以上4%以下

C. 6%以上8%以下　　D. 8%以上10%以下

4. 在质检机构等级评定中，公路工程综合类与水运工程材料类各设（　）个等级。

A. 1　　B. 2　　C. 3　　D. 4

5.《等级证书》有效期为（　）年。

A. 3　　B. 5　　C. 7　　D. 10

6. 取得《等级证书》的检测机构，可设立（　），承担相应公路水运工程的试验检测业务，并对其试验检测结果承担责任。

A. 工地施工实验室　　B. 工地建筑实验室

C. 工地流动实验室　　D. 工地临时实验室

7. 因为违反《公路水运工程试验检测管理办法》被注销考试合格证书的检测人员（　）内不得再次参加考试。

A. 1年　　B. 2年　　C. 3年　　D. 5年

8. 质检机构人员配置应根据所进行的业务范围进行，各类工程技术人员、工程师以上人员，不得低于（　）%。

A. 20　　B. 30　　C. 50　　D. 60

9. 取得《等级证书》的检测机构必须在每年的（　）将当年的试验检测工作情况报告向相应质监机构备案。

A. 12月初　　B. 11月底　　C. 12月底　　D. 12月中旬

10. 检测事故发生后（　）内，由发生事故部门填写事故报告单，报告办公室。

A. 3天　　B. 5天　　C. 1周　　D. 10天

11. 计量标准器具的准确度（　）计量标准，是用于检定计量标准或工作计量器具的计量

器具。

A. 高于　　B. 低于　　C. 等于　　D. 低于或等于

12. 计量是量值准确一致的(　)。

A. 测量　　B. 校验　　C. 检定　　D. 比对

13. 能力验证是利用实验室间(　)确定实验室的检测能力。

A. 考试　　B. 考核　　C. 比对　　D. 对比

14. 溯源性指任何一个测量结果或计量标准的值,都能通过一条具有规定不确定度的连续比较链,与(　)联系起来。

A. 标准物质　　B. 量值传递

C. 计量基准　　D. 测量标准

15. 比对是在规定条件下,对相同准确度等级的同类基准、标准或工作计量器具之间的量值进行比较,其目的是考核量值的(　)。

A. 准确性　　B. 精密度　　C. 一致性　　D. 误差

16. CMA 是(　)的英文缩写。为社会提供公证数据的产品质量检验机构,必须经省级以上人民政府计量行政部门对其计量检定、测试的能力和可靠性考核合格,才能获取 CMA 认证。

A. 国际计量认证　　B. 中国计量认证

C. 计量合格证　　D. 计量资格证

17. 实验室应建立和维持程序来控制构成其(　)的所有文件(内部制定或来自外部的),诸如规章、标准、其他规范化文件、检测和(或)校准方法,以及图纸、软件、规范、指导书和手册。

A. 质量体系　　B. 管理体系

C. 文件体系　　D. 文件程序

18. 校准实验室通过不间断的校准链或比较链与相应测量的 SI 单位基准相连接,以建立测量标准和测量仪器对(　)的溯源性。

A. 国家测量标准　　B. 次级标准

C. 计量基准　　D. SI

19. 原始记录如果需要更改,作废数据应画(　),将正确数据填在上方,盖更改人印章。

A. 一条斜线　　B. 一条水平线

C. 两条斜线　　D. 两条水平线

20. 当无限多次重复性试验后,所获得的平均值为(　)。

A. 测量结果－随机误差　　B. 真值＋系统误差

C. 测量结果－系统误差　　D. 真值

21. 将 50.28 修约到个数位的 0.5 单位,得(　)。

A. 50　　B. 50.3　　C. 50.0　　D. 50.5

22. 采用摆式摩擦仪测定沥青混凝土路面甲乙两路段的摩擦摆值的算术平均值分别为 56.4、58.6,标准差分别为 4.21、4.32,则抗滑稳定性(　)。

A. 甲＞乙　　B. 乙＞甲

C. 甲＝乙　　D. 无法比较

23. 对于单边置信区间：$x<\mu+u_{1-\beta}\cdot\sigma, x>\mu-u_{1-\beta}\cdot\sigma$，在公路工程检验和评价中，$u$ 称为（ ），取值与公路等级有关。

A. 置信系数　　B. 保证率

C. 标准差　　D. 保证率系数

24. 采用 3S 法确定可疑数据取舍的判定公式为（ ）。

A. $|x_i-\overline{x}|\geqslant 3S$　　B. $|x_i-\overline{x}|>3S$

C. $|x_i-\overline{x}|\leqslant 3S$　　D. $|x_i-\overline{x}|<3S$

25. 当相关系数 r（ ）时，x 和 y 之间符合直线函数关系，称 x 与 y 完全相关。

A. $=+1$　　B. $=-1$　　C. $=\pm1$　　D. 接近 1

26. 采用经验公式表达数据，在回归分析中称之为（ ）。

A. 经验公式　　B. 回归公式

C. 回归方程　　D. 经验方程

27. 理论分析和工程实践表明，（ ）确定的回归方程偏差最小。

A. 端值法　　B. 最小二乘法

C. 平均法　　D. 线性回归法

28. 某仪表的精确度等级为 R，则（ ）。

A. 示值误差为 $R\%$　　B. 引用误差为 $R\%$

C. 相对误差为 $R\%$　　D. 绝对误差为 R

29. 抽样标准是指抽样检验采用（ ）。

A. 系统抽样　　B. 分层抽样

C. 单纯随机抽样　　D. 随机抽样

30. 合格判定数定义为作出批合格判断样本中所允许的（ ）。

A. 最大合格品数　　B. 最大不合格品数

C. 最小合格品数　　D. 最小不合格品数

二、判断题

（总共 30 道题，每题 1 分，共计 30 分）

1. 建设部工程质量管理条例中规定，施工单位在施工中偷工减料的，使用不合格的建筑材料、建筑构配件和设备的行为的，责令改正，处工程合同价款 2%以上 4%以下的罚款。（ ）

2. 质监机构的评定结果，应当通过交通主管部门指定的报刊、信息网络等媒体向社会公示，公示期不得少于 7 天。（ ）

3. 对于特殊情况，《等级证书》可以临时借用。（ ）

4. 检测机构依据合同承担公路水运工程试验检测业务，当工作范围较大时可以按规定转包。（ ）

5. 质监总站不定期地开展全国检测机构的比对试验。（ ）

6. 如果计量器具准确度引起纠纷，以国家计量基准器具和社会公用计量标准器具检定的数据为准。（ ）

7. 产品质量认证机构应当依照国家规定对准许使用认证标志的产品进行认证后的跟踪检

查;对不符合认证标准而使用认证标志的,应取消其使用资格,并要求其改正。( )

8. 检测机构等级,是主要依据试验检测仪器设备的配备情况对检测机构进行的能力划分。( )

9. 公路水运工程质量事故鉴定、大型水运工程项目和高速公路项目验收的质量鉴定检测,质监机构应当委托通过计量认证并具有甲级资质的检测机构承担。( )

10. 根据基准的地位、性质和用途,通常分为一级、二级、三级和四级4个基准。( )

11. 质量体系为实施质量管理的组织结构、职责、程序、过程和资源。( )

12. SI基本单位为:长度(米)、质量(千克)、时间(秒)、电流(安[培])、热力学温度(开[尔文])、物质的量(摩[尔])、发光强度(坎[德拉])7个单位。( )

13. 比对是在规定条件下,对相同准确度等级的同类基准、标准或工作计量器具之间的量值进行的比较。其目的是考核量值的误差。( )

14. 校准和检定一样,要对所检的测量器具作出合格与否的结论。( )

15. 所有对社会出具公正数据的产品质量监督检验机构及其他各类实验室必须取得中国计量认证,即CMA认证。( )

16. 实验室应具有检测和(或)校准物品的标识系统。物品在实验室的整个期间应保留该标识。( )

17. 检测结果只能以书面检测报告或校准证书的方式发布。( )

18. 当检测报告包含了由分包方所出具的检测结果时,这些结果应予清晰标明。分包方应以书面或电子方式报告结果。( )

19. 真值,是指在一定条件下,被测量客观存在的实际值。因此,通过精密的测量可以得到。( )

20. 在误差分析中,样本平均值与总体平均值误差越大,则准确度越低。( )

21. 随机误差出现的误差数值和正负号没有明显的规律,但完全可以掌握这种误差的统计规律,用概率论与数理统计方法对数据进行分析和处理,以获得可靠的测量结果。( )

22. 三位数字2.5、3.88、0.0357相加,结果应为6.42。结果中的第二位小数称为安全数字。( )

23. 表示精度一般取一位有效数字已足够,最多取两位有效数字。( )

24. 一组样本数据的分散程度越大,标准差就越大,其均值与总体均值的偏差就越大。( )

25. 正态分布的概率密度函数,总体标准差σ愈大,曲线低而宽,随机变量在平均值μ附近出现的密度愈小;总体标准差σ愈小,曲线高而窄,随机变量在平均值μ附近出现的密度愈大。( )

26. 精密度、准确度和精确度是一个概念。( )

27. 采用图示法绘制的曲线,应使曲线两边的点数接近于相等。( )

28. 在一般工程测量中,真值也可以用测量值代替,这时,相对误差称为示值相对误差。( )

29. 抽样方案中N为批量,n为批量中随机抽取的样本数,d为抽出样本中不合格品数,c为合格判定数。若$d \geqslant c$,则认为该批产品不合格,应拒绝接受。( )

30. 质量检验按性质可分为验收检验和生产检验两大类。（　）

三、多项选择题　（总共20道题，每题2分，共计40分；每道题有2个或2个以上正确答案，选项全部正确得满分，选项部分正确按比例得分，出现错误选项该题不得分）

1. 处理因计量器具准确度所引起的纠纷，以（　）检定的数据为准。

A. 国家计量基准器具　B. 国家承认的其他计量基准器具

C. 社会公用计量标准器具　D. 在人民生活中被普遍使用的计量标准器具

2. 监理工程师应当按照工程监理规范的要求，采取（　）等形式，对建设工程实施监理。

A. 旁站　B. 巡视　C. 不定期抽查　D. 平行检验

3. 公路水运工程质量事故鉴定、大型水运工程项目和高速公路项目验收的质量鉴定检测，质监机构应当委托通过计量认证并具有（　）的检测机构承担。

A. 甲级资质　B. 乙级及以上资质

C. 丙级及以上资质　D. 或者相应专项能力等级

4. 按现场评审计划分工，评审组成员分别进行专项考核，分为：（　）。

A. 材料组　B. 硬件环境组

C. 软件环境组　D. 技术考核组

5. 下列选项中，是仪器设备室的岗位职责的有：（　）。

A. 制订试验检测仪器设备检定周期表并付诸实践

B. 计量标准器具的计量检定及日常维护保养

C. 大型精密仪器的值班及日常维修

D. 全部试验检测仪器设备的维修及保养等工作

6. 在计量检测中发现仪器设备损坏应进行维修，维修后的仪器设备应按检定结果贴上（　）标志。

A. 合格（绿）　B. 准用（黄）　C. 暂停用（黑）　D. 停用（红）

7. 认证是第三方依据程序对（　）符合规定的要求给予书面保证（合格证书）。

A. 产品　B. 过程　C. 服务　D. 仪器

8. 实验室间比对是按照预先规定的条件，由两个或多个实验室对相同或类似的被测物品进行检测的（　）。

A. 组织　B. 实施　C. 评价　D. 鉴定

9. 根据计量基准的地位、性质和用途，通常分为（　）。

A. 主基准（一级）　B. 副基准（二级）

C. 工作基准（三级）　D. 评定基准（四级）

10. 标准不确定度的定义为以标准偏差表示的测量不确定度。有（　）不确定度评定。

A. A类　B. B类　C. C类　D. D类

11. 记录控制包括（　）程序。

A. 质量记录　B. 技术记录

C. 评审记录　D. 数据记录

12. 检测事故按经济损失的大小、人身伤亡情况分成(　)。

A. 小事故　　B. 重事故

C. 特大事故　　D. 重大事故

13. (　)误差是可以消除的。

A. 系统误差　　B. 随机误差

C. 过失误差　　D. 偶然误差

14. 表示数据离散程度的特征量有(　)。

A. 平均值　　B. 极差

C. 标准偏差　　D. 变异系数

15. 直方图在质量控制中的用途主要有(　)。

A. 估计可能出现的不合格率　　B. 考察工序能力

C. 判断质量分布状态　　D. 判断施工能力

16. 常用的可疑数据的取舍方法主要有(　)。

A. 3 倍标准差法　　B. 肖维纳特法

C. 变异系数法　　D. 格拉布斯法

17. 测量数据常用的表达方法有(　)。

A. 表格法　　B. 图示法

C. 经验公式法　　D. 数据分析法

18. 如果某一回归方程的相关系数 r 小于临界值 $r(\beta,n-2)$，下列说法(　)成立。

A. 只要 r 不小于 0.90，回归方程仍然可以应用

B. 说明试验误差可能很大

C. 说明回归方程的函数类型可能不正确

D. 增加试验次数 n，r 一定大于临界值 $r(\beta,n-2)$

19. 路基路面现场随机取样方法主要包括(　)。

A. 测定区间(或断面)确定方法　　B. 测点位置确定方法

C. 分层抽样方法　　D. 系统抽样方法

20. 按检验次数分类，抽样检验可分为(　)。

A. 一次抽样方案　　B. 二次抽样方案

C. 多次抽样方案　　D. 检索抽样方案

第五部分　模拟试题答案

一、单项选择题答案

1. A　2. D　3. B　4. C　5. B　6. D　7. B　8. A　9. C　10. A
11. B　12. A　13. C　14. C　15. C　16. B　17. A　18. D　19. D　20. B
21. D　22. B　23. D　24. B　25. C　26. C　27. B　28. B　29. D　30. B

二、判断题答案

1. √　2. √　3. ×　4. ×　5. √　6. √　7. √　8. ×　9. ×　10. ×
11. √　12. √　13. ×　14. ×　15. √　16. √　17. ×　18. √　19. ×　20. √
21. √　22. √　23. √　24. ×　25. √　26. ×　27. √　28. √　29. ×　30. √

三、多项选择题答案

1. AC　2. ABD　3. AD　4. ABD　5. ABCD
6. ABD　7. ABC　8. ABC　9. ABC　10. AB
11. AB　12. ABD　13. AC　14. BCD　15. ABCD
16. ABD　17. ABC　18. BC　19. AB　20. ABC

《公　路》

第一部分　考试大纲及考试说明

一、公路考试大纲

(一)考试目的与要求

通过考试,检验考生了解、熟悉和掌握公路工程质量检验评定标准、沥青混合料与水泥混凝土、路面基层与基层材料、路基路面现场试验检测等方面的基本原理(工程师)、方法(工程师)、实际操作(工程师和检测员)的熟练程度。

(二)考试主要内容

1. 公路工程质量检验评定标准

(1)工程质量评定

①对于试验检测工程师

了解:分项、分部、单位工程的概念及划分方法。

熟悉:制定公路工程质量检验评定标准的目的和适用范围;关键项目、规定值和极值等概念。

掌握:检验评定程序;分项工程质量检验内容;工程质量评分方法;工程质量等级评定;分项工程计分规定。

②对于试验检测员

了解:分项、分部、单位工程的概念及划分方法;关键项目、规定值和极值等概念,检验评定程序;工程质量评分方法;工程质量等级评定。

熟悉:分项工程质量检验内容;分项工程计分规定。

掌握:公路工程质量检验评定标准的目的和适用范围。

(2)路基土石方工程、排水工程和挡土墙、防护及其他砌筑工程

①对于试验检测工程师

了解:软土地基处治、土工合成材料处治层的基本要求;土方路基、石方路基的外观鉴定;软土地基处治、土工合成材料处治层的实测项目;管节预制、管 道基础及管节安装、检查(雨水)井砌筑、土沟、浆砌排水沟、盲沟的基本要求和外观鉴定;挡土墙和砌石工程的基本要求和外观鉴定;其他分项工程的基本要求。

熟悉:一般规定;土方路基、石方路基的基本要求和实测项目;软土地基处治、土工合成材料处治层的实测关键项目;管节预制、管道基础及管节安装、检 查(雨水)井砌筑、土沟、浆砌排水沟、盲沟的实测项目;墙背填土的基本要求;挡土墙和砌石工程的实测项目;其他分项工程的实测关键项目。

掌握:土方路基、石方路基的实测关键项目;管节预制、管道基础及管节安装、检查(雨水)井砌筑、土沟、浆砌排水沟、盲沟的实测关键项目;挡土墙、墙背填土和砌石工程的实测关键

项目。

②对于试验检测员

了解:土方路基、石方路基、软土地基处治的基本要求，土方路基、石方路基的外观鉴定；软土地基处治的实测项目，管节预制、管道基础及管节安装、检查（雨水）井砌筑、土沟、浆砌排水沟的基本要求和外观鉴定；挡土墙和砌石工程的基本要求和外观鉴定；其他工程的关键实测项目。

熟悉:一般规定；土方路基、石方路基的实测项目；软土地基处治的实测关键项目；排水工程的一般规定，管节预制、管道基础及管节安装、检查（雨水）井砌筑、土沟、浆砌排水沟的实测项目；墙背填土的基本要求；挡土墙和砌石 工程的实测项目。

掌握:土方路基、石方路基的实测关键项目，管节预制、管道基础及管节安装、检查（雨水）井砌筑、土沟、浆砌排水沟实测关键项目；挡土墙、墙背填土和砌石工程的实测关键项目。

(3)路面工程

①对于试验检测工程师

了解:水泥混凝土面层、沥青混凝上面层和沥青碎（砾）石面层的外观鉴定；沥青贯入式面层、沥青表面处治面层的基本要求、实测项目；基层的一般规定、分类、外观鉴定；路缘石、路肩的基本要求、实测项目和外观鉴定。

熟悉:一般规定；水泥混凝土面层、沥青混凝土面层的基本要求和实测项目；基层的基本要求、实测项目。

掌握:水泥混凝土面层、沥青混凝土面层的实测关键项目及压实度、厚度、弯沉、抗滑性能等的检查和评定方法；基层的实测关键项目及压实度、厚度、强 度等的检查和评定方法。

②对于试验检测员

了解:水泥混凝土面层、沥青混凝土面层的外观鉴定；沥青贯入式面层、沥青表面处治面层的实测项目；路缘石、路肩的实测项目和外观鉴定；基层检验 评定的一般规定。

熟悉:一般规定；水泥混凝土面层、沥青混凝土面层的实测项目；基层的基本要求、实测项目。

掌握:水泥混凝土面层、沥青混凝土面层的实测关键项目及压实度、厚度、弯沉、抗滑性能（构造深度、摩擦系数）的常规检查方法；基层的实测关键项目及 压实度、厚度、强度等的检查方法。

2.沥青混合料和水泥混凝土

①对于试验检测工程师

了解:沥青混合料类型及其特点，沥青混合料高温稳定性、低温抗裂性、水稳定性的概念；沥青混合料各项技术指标概念及所代表的含义。

熟悉:沥青混合料中沥青用量表示方法，沥青含量和油石比的概念及二者之间的换算方法，马歇尔试件不同密度定义，常用密度检测方法；车辙试验的目的及操作步骤；针对不同粒径矿料与沥青的两种黏附性试验方法；水泥混凝土原材料要求；影响水泥混凝土强度和工作性的因素；水泥混凝土凝结时间测试。

掌握:马歇尔试件成型方法；确定一个标准马歇尔试件混合料用量计算方法；马歇尔试件毛体积密度、表观密度及最大相对理论密度试验步骤；马歇尔稳定度试验步骤及结果评定方法;沥青混合料目标配合比设计步骤;水泥混凝土配合比设计步骤;水泥混凝土强度试验;水泥混凝土工作性试验。

②对于试验检测员

了解:沥青混合料类型及其特点;沥青混合料高温稳定性、低温抗裂性、水稳定性的概念;沥青混合料各项技术指标概念。

熟悉:沥青混合料中沥青用量表示方法,沥青含量和油石比的概念及二者之间的换算方法;马歇尔试件常用密度试验方法;车辙试验的操作步骤;矿料与沥青的黏附性试验方法;水泥混凝土原材料要求;影响水泥混凝土强度和工作性的因素;水泥泥凝土凝结时间测试;沥青混合料目标配合比设计步骤;水泥混凝土配合比设计。

掌握:马歇尔试件成型方法,影响试件制备的关键因素;确定一个标准马歇尔试件混合料用量计算方法:马歇尔试件毛体积密度、表现密度及最大相对理 论密度试验操作步骤;马歇尔稳定度试验操作步骤;水泥泥凝土强度试验;水泥混凝土工作性试验。

3.路面基层和基层材料

①对于试验检测工程师

了解:基层的类型、级配要求、适用范围;半刚性基层材料的水泥、石灰、粉煤灰、土等原材料技术要求;理论计算法确定半刚性基层材料的最大干密度;顶面法测定室内抗压回弹模量试验。

熟悉:基层混合料组成设计的目的和要点;有效氧化钙和氧化镁含量试验步骤;EDTA 滴定法的目的、适用范围试验步骤;烘干法测定含水量的试验目的、适用范围;无侧限抗压强度试验方法;劈裂强度试验方法;承载比(CBR)试验方法;确定最大干密度的试验方法。

掌握:EDTA 滴定法的试验步骤;烘干法测定无机结合料稳定土含水率试验步骤;无机结合料稳定土的击实试验步骤与计算;无侧限抗压强度试验试件的制备与养生、强度测试及要求;劈裂强度试验试件的制备与养生;顶面法测定室内抗压回弹模量的试验步骤。

②对于试验检测员

了解:基层材料的类型、适用范围、级配要求;半刚性基层材料的水泥、石灰、粉煤灰、土等原材料技术要求;混合料组成设计的目的和要点。

熟悉:EDTA 滴定法的目的与适用范围;烘干法测定含水率的适用范围,无侧限抗压强度试验方法、强度要求,确定最大干密度的试验方法;有效氧化钙 和氧化镁含量试验的操作步骤。

掌握:EDTA 滴定法的试验步骤;烘干法测定无机结合料稳定土含水率试验步骤;无机结合料稳定土的击实试验步骤与计算;无侧限抗压强度试验试件的制备与养生。

4.公路路基路面现场测试

(1)几何尺寸

①对于试验检测工程师

了解:雷达波测试路面结构层厚度试验的基本原理。

熟悉:挖坑法和钻芯法检测路面结构层厚度试验的适用范围。

掌握:挖坑法试验和钻芯法试验的测试步骤。

②对于试验检测员

了解:常用路面结构层厚度试验方法及其适用范围。

熟悉:挖坑法、钻芯法检测厚度的要点。

掌握:挖坑法、钻芯法的测试步骤和填补要点。

(2)压实度

①对于试验检测工程师

了解:无核密度仪测定压实度的适用范围和试验步骤。

熟悉:现场灌砂法、环刀法、钻芯法密度试验方法的适用范围与应注意的问题;核子密度仪试验的适用范围和测试步骤。

掌握:压实度概念;标定灌砂筒下部圆锥体内砂质量的测试步骤;灌砂法标定量砂单位质量的测试步骤;灌砂法测定现场密度的测试步骤与计算;环刀法测定现场密度的测试步骤与计算;钻芯法测定沥青面层密度的测试步骤。

②对于试验检测员

了解:核子密度仪试验的适用范围与试验要点。

熟悉:压实度概念;现场密度试验方法与适用范围;灌砂法、环刀法试验应注意的问题,钻芯法测定沥青面层密度的测试步骤。

掌握:标定灌砂筒下部圆锥体内砂质量的测试步骤;灌砂法标定量砂单位质量的测试步骤;灌砂法测定现场密度的测试步骤与计算;环刀法测定现场密度的测试步骤与计算。

(3)平整度

①对于试验检测工程师

了解:车载式颠簸累积仪法和激光平整度仪试验的适用范围、仪器设备和试验结果处理。

熟悉:平整度的概念、常用测试指标;3m 直尺和连续式平整度仪试验方法的适用范围、仪器设备、试验结果处理。

掌握:3m 直尺试验和连续式平整度仪试验方法的测试步骤。

②对于试验检测员

了解:车载式颠簸累积仪和车载式激光平整度仪试验的适用范围和仪器设备。

熟悉:平整度的概念、常用检测设备及指标;3m 直尺试验、连续式平整度仪试验的适用范围、仪器设备、试验结果处理及注意事项。

掌握:3m 直尺和连续式平整度仪的测试步骤。

(4)强度和模量

①对于试验检测工程师

了解:贝克曼梁法测试回弹模量试验的目的、适用范围与试验步骤;承载板法测试回弹模量的目的与适用范围;土基现场 CBR 值要求。

熟悉:回弹模量的常用试验方法;土基现场 CBR 值试验方法。

掌握:承载板法测试回弹模量试验的测试步骤与要点。

②对于试验检测员

了解:贝克曼梁法测试回弹模量的目的、适用范围与测试步骤;承载板法测试回弹模量的目的与适用范围;土基现场 CBR 值试验方法;回弹模量的常用试验方法。

熟悉:承载板法测试回弹模量的测试步骤。

(5)承载能力

①对于试验检测工程师

了解:自动弯沉仪测定路面弯沉试验的适用范围和测试步骤,落锤弯沉仪测定弯沉试验方法的适用范围和测试步骤。

熟悉:弯沉值的概念;贝克曼梁法测试弯沉的目的与适用范围;弯沉测试车轴载的要求;贝克曼梁弯沉仪组成。

掌握:贝克曼梁法测试弯沉的测试步骤及计算。

②对于试验检测员

了解:弯沉值的概念,贝克曼梁法测试弯沉的目的、准备工作和适用范围。

熟悉:弯沉测试车(BZZ—100)的要求;贝克曼梁弯沉仪组成;贝克曼梁法测试弯沉的计算方法。

掌握:贝克曼梁法测试弯沉的测试步骤。

(6)水泥混凝土强度

①对于试验检测工程师

熟悉:水泥混凝土路面芯样劈裂强度试验步骤。

掌握:水泥混凝土路面芯样检查内容。

②对于试验检测员

了解:水泥混凝土路面芯样劈裂强度试验步骤。

(7)抗滑性能

①对于试验检测工程师

了解:路面抗滑性能的概念及其影响因素;摆式仪试验的测试原理;单、双轮式横向力系数测试系统、车载式激光构造深度仪试验的适用范围、设备要求、测试步骤及其测试数据处理。

熟悉:手工铺砂法、摆式仪法试验的适用范围;摆式仪测试摆值的温度修正;摆式仪测试中橡胶片的要求。

掌握:手工铺砂法试验的测试步骤与计算;摆式仪试验的测试步骤。

②对于试验检测员

了解:路面抗滑性能的概念;单、双轮式横向力系数测试系统试验,车载式激光构造深度仪试验的适用范围、设备要求、测试步骤及其测试数据处理。

熟悉:手工铺砂试验和摆式仪试验的适用范围;摆式仪测试摆值的温度修正;路面抗滑性能检测中应注意的问题。

掌握:手工铺砂试验方法与计算;摆式仪测试中橡胶片的要求;摆式仪试验方法的测试步骤。

(8)渗水

①对于试验检测工程师

了解:沥青路面渗水系数概念。

熟悉:沥青路面渗水试验的目的与适用范围。

掌握:沥青路面渗水测试步骤。

②对于试验检测员

熟悉:沥青路面渗水试验的目的与适用范围。

掌握:沥青路面渗水测试步骤。

(9)错台

①对于试验检测工程师

了解:路面错台概念。

熟悉:路面错台的试验方法。

②对于试验检测员

了解:路面错台概念。

熟悉:路面错台的试验方法。

(10)车辙

①对于试验检测工程师

了解:沥青路面车辙概念,车辙深度的常用试验方法。

熟悉:横断面尺测定车辙深度的测试步骤与计算。

②对于试验检测员

了解:沥青路面车辙概念;车辙深度的常用试验方法。

熟悉:横断面尺测定车辙深度的测试步骤与计算。

(11)施工控制

①对于试验检测工程师

了解:热拌沥青混合料施工温度、沥青混合料质量总量、沥青喷洒法施工沥青用量和半刚性基层透层油渗透深度试验的目的与适用范围。

熟悉:热拌沥青混合料施工温度试验的测试步骤。

掌握:沥青喷洒法施工沥青用量试验的测试步骤与计算,半刚性基层透层油渗透深度试验的测试步骤与计算。

②对于试验检测员

了解:热拌沥青混合料施工温度测试方法、沥青混合料质量总量检验方法、沥青喷洒法施工沥青用量测试方法和半刚性基层透层油渗透深度测试方法的目的与适用范围。

熟悉:热拌沥青混合料施工温度测试步骤。

掌握:沥青喷洒法施工沥青用量的测试步骤与计算,半刚性基层透层油渗透深度的测试步骤与计算。

(三)主要参考书目

1. 中华人民共和国行业标准. 公路工程技术标准(JTG B01—2003). 北京:人民交通出版社,2003.

2. 中华人民共和国行业标准. 公路路基设计规范(JTG D30—2004). 北京:人民交通出版社,2004

3. 中华人民共和国行业标准. 公路工程质量检验评定标准　第一册　土建工程(JTG F80/1—2004). 北京:人民交通出版让,2004.

4. 中华人民共和国行业标准. 公路工程沥青及沥青混合料试验规程(JTJ 052—2000). 北京:人民交通出版社,2000.

5. 中华人民共和国行业标准. 公路工程无机结合料稳定材料试验规程(JTG E51—2009). 北京:人民交通出版社,2009.

6. 中华人民共和国行业标准. 公路沥青路面施工技术规范(JTG F40—2004). 北京:人民交通出版社,2004.

7. 中华人民共和国行业标准. 公路沥青路面设计规范(JTG D50—2006). 北京:人民交通出版社,2006.

8. 中华人民共和国行业标准. 公路水泥混凝土路面设计规范(JTG D40—2003). 北京:人民交通出版社,2003.

9. 中华人民共和国行业标准. 公路路基路面现场测试规程(JTG E60—2008). 北京:人民交通出版社,2008.

10. 交通专业人员资格评价中心. 公路水运工程试验检测人员考试用书. 北京:人民交通出版社,2010.

二、公路考试说明

1. 考试题型

《公路》考试题型共有四种形式:单选题、判断题、多选题和问答题。

(1)单选题:每道题目有四个备选项,要求参考人员通过对题干的审查理解,从四个备选项中选出唯一的正确答案。每题1分。

(2)判断题:每道题目列出一个可能的事实,通过审题给出该事实是正确还是错误的判断。每题1分。

(3)多选题:每道题目所列备选项中,有2个或2个以上正确答案,每题2分。选项全部正确得满分,选项部分正确按比例得分,出现错误选项该题不得分。

(4)问答题:分为试验操作题、简答题、案例分析题和计算题等,每题10分。

2. 科目设置

《公路》每套试卷设置单选题30道、判断题30道、多选题20道、问答题5道试题。总计150分,90分合格,考试时间150分钟。

3.《公路》考试内容比例

《公路》科目考试包括:公路工程质量检验评定标准25%、沥青混合料与水泥混凝土20%、路面基层与基层材料20%、路基路面现场试验检测35%。

第二部分　练　习　题

一、单项选择题

1. 公路工程质量检验评分的评定单元为（　）。

A. 单位工程　B. 分部工程　C. 分项工程　D. 单项工程

2. 根据现行《公路工程质量检验评定标准》的划分，（　）为分部工程。

A. 软土地基　B. 小桥　C. 基层　D. 大型挡土墙

3. 当分项工程加固、补强后，评分值为 86 分，该分项工程可评为（　）。

A. 优良　B. 合格　C. 不合格　D. 无法评定

4. 进行沥青混凝土路面施工，每日需对生产的混合料进行抽验，矿料级配、沥青含量、马歇尔稳定度等结果的合格率应不小于（　）%。

A. 80　B. 85　C. 90　D. 95

5. 分部工程和单位工程采用（　）评分方法。

A. 合格率评分法　B. 数理统计评分方法

C. 加权平均计算法　D. 外观缺陷扣分法

6. 评定为不合格的分项工程，经加固、补强或返工、调测，满足设计要求后，可以重新评定其质量等级，但计算分部工程评分值时，按其复评分值的（　）%计算。

A. 75　B. 95　C. 80　D. 90

7.《公路工程质量检验评定标准》不适用于下列哪项工程（　）。

A. 新建二级公路　B. 改建三级公路

C. 改建一级公路改建　D. 高速公路大修

8. 分项工程质量检验评定中，对于涉及结构安全和使用功能的重要实测项目，其合格率不得低于（　），且其检测值不得超过规定极值，否则必须进行返工处理。

A. 85%　B. 70%　C. 90%　D. 80%

9. 根据设计任务、施工管理和质量检验评定的需要，应在（　）将建设项目划分为单位工程、分部工程和分项工程。

A. 施工阶段　B. 施工准备阶段

C. 竣工验收阶段　D. 质量检验评定阶段

10. 对建设项目进行分项的顺序是（　）。

A. 单位工程，分部工程，单项工程　B. 单位工程，分部工程，分项工程

C. 分部工程，分项工程，单位工程　D. 分项工程，分部工程，单位工程

11. 具有独立施工条件的工程可划分为（　）。

A. 单位工程　B. 分部工程　C. 单项工程　D. 分项工程

12. 按路段长度或施工任务划分的工程项目是（　）。

A. 单位工程　　B. 分部工程　　C. 分项工程　　D. 工序工程

13. 按不同的施工方法、材料、工序进行划分的是(　)。

A. 单位工程　　B. 分项工程　　C. 分部工程　　D. 工序工程

14. 工程质量检验评分以(　)为单元,采用 100 分制进行。

A. 分项工程　　B. 分部工程

C. 工序工程　　D. 合同段或标段划分

15. 分项工程质量检验内容中,具有质量否决权的是(　)。

A. 基本要求　　B. 外观检测　　C. 几何尺寸　　D. 压实度或强度

16. 公路路肩可作为(　)的一个分项工程进行检查评定。

A. 路基工程　　B. 桥涵工程　　C. 路面工程　　D. 附属工程

17. 路面拦水带应纳入(　)分项工程进行质量评定。

A. 路基工程　　B. 桥涵工程　　C. 路面工程　　D. 路缘石

18. 分项工程质量检验内容中,(　)对施工质量具有关键作用,经检查不符合要求时不得进行工程质量的检验和评定。

A. 基本要求　　B. 外观检测　　C. 几何尺寸　　D. 压实度或强度

19. 涉及结构安全和使用功能的重要实测项目为关键项目,其合格率不得低于(　)。

A. 85%　　B. 90%　　C. 95%　　D. 100%

20. 对于涉及结构安全的使用功能的重要实测项目,属于工厂加工制造的交通工程安全设施及桥梁金属构件其合格率不低于(　)。

A. 85%　　B. 90%　　C. 95%　　D. 100%

21. 对于涉及结构安全的使用功能的重要实测项目,对于机电工程其合格率要求为(　)。

A. 85%　　B. 90%　　C. 95%　　D. 100%

22. 水泥混凝土面层应按(　)进行质量评定。

A. 分项工程　　B. 分部工程　　C. 单位工程　　D. 单项工程

23. 下列检查项目中,不属于分项工程中的关键项目的是(　)。

A. 弯沉值　　B. 压实度　　C. 路面结构厚度　　D. 路面横向力系数

24. 评定为不合格的分项工程,经加固、补强或返工、调测,满足设计要求后,可以重新评定其质量等级,但计算分部工程评分值时按其复评分值的(　)计算。

A. 75%　　B. 80%　　C. 95%　　D. 90%

25. 对某一工程项目进行检查评定时发现,某一合同段的一座中桥不合格,则该工程项目应评为(　)。

A. 不合格

B. 进行总体评分,确定是否合格

C. 可以评该合同段不合格,但工程项目是合格的

D. 该中桥不影响合同段及该工程项目评定

26. 公路工程质量检验评定的依据为(　)。

A. 设计规范　　B. 施工规范

C. 质量检验评定标准　　D. 试验规程

27. 二灰砂砾基层应按(　)进行质量评定。
A. 单位工程　B. 单项工程　C. 分部工程　D. 分项工程
28. 沥青面层应按(　)进行质量评定。
A. 分项工程　B. 分部工程　C. 单项工程　D. 单位工程
29. 公路路基土方压实度按(　)设定。
A. 两档　B. 三档　C. 四档　D. 五档
30. 高速公路上路床的压实度规定值是96%，其极值是(　)。
A. 96%　B. 94%　C. 92%　D. 91%
31. 小于路基压实度规定值(　)个百分点的测点，应按总检查点的百分率计算减分值。
A. 1　B. 2　C. 3　D. 4
32. 三、四级公路修筑沥青混凝土或水泥混凝土路面时，其路基压实度采用(　)标准。
A. 高速公路、一级公路　B. 二级公路
C. 三、四级公路　D. 按合同文件
33. 路基边坡坡面平顺、稳定，不得亏坡，曲线圆滑。不符合要求时，单向累计长度(　)。
A. 每50m减1～2分　B. 每100m减1～2分
C. 每50m减2～3分　D. 每100m减2～3分
34. 石方路基应采用振动压路机分层碾压，压至填筑层顶面石块稳定，(　)无明显高程差异。
A. 15t以上压路机振压两遍　B. 15t以上压路机振压三遍
C. 20t以上压路机振压两遍　D. 20t以上压路机振压三遍
35. 石方路基进行压实项目的检测方法是(　)。
A. 环刀法　B. 核子仪检测　C. 灌砂法　D. 查施工记录
36. 高速公路、一级公路石方路基中线偏位检测的规定值是(　)。
A. 20mm　B. 50mm　C. 80mm　D. 100mm
37. 二级及二级以下公路石质路基的平整度规定值是(　)。
A. 10mm　B. 20mm　C. 30mm　D. 40mm
38. 石方路基实测项目中的关键项目是(　)。
A. 压实　B. 中线偏位　C. 弯沉　D. 无关键项目
39. 一级公路土方路基下路床(路槽底面以下30～80cm范围)的压实度标准为(　)。
A. 96%　B. 95%　C. 94%　D. 90%
40. 级配碎石联结层应按(　)进行质量评定。
A. 单位工程　B. 单项工程　C. 分部工程　D. 分项工程
41. 土方路基施工段落较短时，压实度要点点符合要求，此要求为(　)。
A. 规定值　B. 规定极值
C. 规定值－2个百分点　D. 规定值－1个百分点
42. 土方路基平整度常用(　)测定。
A. 3m直尺法　B. 连续平整度仪法　C. 颠簸累积仪法　D. 水准仪法
43. 碎石桩实测项目中的关键项目有(　)。
A. 1个　B. 2个　C. 3个　D. 4个

44. 粉喷桩实测项目中的关键项目是(　)。

A. 桩径　　B. 桩长　　C. 单桩喷粉量　　D. 强度

45. 对土方路基质量评定影响最大的指标是(　)。

A. 压实度　　B. 平整度　　C. 宽度　　D. 纵断高程

46. 目前,对于土方路基压实度,最大干密度的确定方法是(　)。

A. 击实试验法　　B. 振动试验法　　C. 马歇尔试验法　　D. 理论计算法

47. 当弯沉代表值小于设计弯沉值(或竣工验收弯沉值)时,其得分为(　)。

A. 100 分　　B. 规定的满分　　C. 合格率×规定分　　D. 零分

48. 贝克曼梁的杠杆比一般为(　)。

A. 1∶1　　B. 1∶2　　C. 1∶3　　D. 1∶4

49. 根据《公路工程质量检验评定标准》规定,某等级公路土基压实度标准为 95%,当某测点的压实度为 92.5%时,判定该测点(　)。

A. 优良　　B. 合格　　C. 不合格并扣分　　D. 不合格并返工

50.《公路工程质量检验评定标准》规定,如果高速公路土方路基上路堤的压实度标准为 94%,则单点的极值标准为(　)。

A. 94%　　B. 92%　　C. 90%　　D. 89%

51. 按《公路工程质量检验评定标准》规定,如果土方路基路床的压实度标准为 95%,需扣分的测点压实度应小于(　)。

A. 95%　　B. 93%　　C. 90%　　D. 88%

52. 路堤施工段落短时,分层压实度应点点符合要求,且实际样本数量不少于(　)。

A. 3 个　　B. 5 个　　C. 6 个　　D. 10 个

53. 在排水工程的管节预制中,发现有蜂窝麻面,深度超过(　)的必须处理。

A. 0.3cm　　B. 0.5cm　　C. 1cm　　D. 2cm

54. 进行排水工程管道基础及管节安装时,基础混凝土强度达到(　)MPa 以上时,方可进行管节铺设。

A. 1.5　　B. 2.5　　C. 4　　D. 5

55. 排水工程的管道基础及管节安装实测项目中,抹带的宽度及厚度检查的频率为(　)。

A. 2%　　B. 5%　　C. 10%　　D. 15%

56. 检查井砌筑实测项目中井盖与相邻路面高差所占权值为(　)。

A. 1　　B. 2　　C. 3　　D. 无此项目

57. 下列排水工程项目中需要设置反滤层的是(　)。

A. 排水圆管管节抹带　　B. 土排水沟

C. 盲沟　　D. 浆砌排水沟

58. 排水泵站(沉井)实测项目中的混凝土强度是关键项目,其权值为(　)。

A. 1　　B. 2　　C. 3　　D. 无此项目

59. 挡土墙平均墙高超过(　)且墙身面积不小于(　)时,作为大型挡土墙评定。

A. 6m,1000m^2　　B. 8m,1200m^2　　C. 6m,1200m^2　　D. 8m,1000m^2

60. 无机结合料稳定类基层质量检验时,需检测(　)。

A. 立方体抗压强度　　B. 无侧限抗压强度
C. 抗折强度　　D. 劈裂强度

61. 路面结构层厚度的评定采用（　）作为否决指标。
A. 平均值　　B. 平均值的置信下限
C. 平均值的置信上限　　D. 单点极值

62. 水泥混凝土路面是以（　）龄期的强度为评定依据。
A. 7d　　B. 14d　　C. 28d　　D. 90d

63. 测定高速公路沥青混凝土面层抗滑摩擦系数，应优先采用（　）。
A. 摆式仪法　　B. 制动距离法
C. 摩擦系数测试车法　　D. 铺砂法

64. 半刚性基层的下列四个实测项目中，规定权值最大的是（　）。
A. 压实度　　B. 平整度　　C. 宽度　　D. 横坡

65. 连续式平整度仪测定平整度时，其技术指标是（　）。
A. 最大间隙　　B. 标准偏差　　C. 单向累计值　　D. 国际平整度指标

66. 测定二灰稳定碎石基层压实度，应优先采用（　）。
A. 环刀法　　B. 灌砂法　　C. 蜡封法　　D. 核子密度仪法

67. 交工验收时，（　）需检测弯沉、平整度、抗滑性能等。
A. 沥青混凝土面层　　B. 水泥混凝土面层
C. 半刚性基层　　D. 土方路基

68. 厚度实测项目权值为 3 的半刚性基层类型是（　）。
A. 二灰土底基层　　B. 水泥稳定砂砾基层
C. 石灰碎石土基层　　D. 二灰碎石基层

69. 高温条件下用摆式仪测定的沥青面层摩擦系数比低温条件下测得的摩擦摆值（　）。
A. 大　　B. 小　　C. 一样　　D. 不一定

70. 半刚性基层的下列四个实测项目中，规定权值为 2 的是（　）。
A. 压实度　　B. 平整度　　C. 宽度　　D. 横坡

71. 高速、一级公路沥青路面表面层的摩擦系数宜在竣工后的（　）采用摩擦系数测定车测定。
A. 第 1 个夏季　　B. 第 1 个冬季
C. 第 1 个雨季　　D. 第 1 个最不利季节

72. 水泥混凝土路面应检测强度，此强度是指（　）。
A. 抗压强度　　B. 抗拉强度　　C. 抗弯拉强度　　D. 抗剪强度

73. 沥青混凝土面层交工验收时，高速公路需检测、而二级公路不需检测的项目是（　）。
A. 压实度　　B. 弯沉　　C. 厚度　　D. 抗滑

74. 核子密度仪直接透射法测定路面结构层的密度时，应在结构层表面打孔，孔深应（　）要求测定的深度。
A. 等于　　B. 略深于　　C. 浅于　　D. 略浅于

75. 路面基层完工后应及时浇洒透层油或铺筑下封层，透层油透入深度不小于（　）。

A. 3mm　B. 5mm　C. 6mm　D. 10mm

76. 土基现场 CBR 值测试试验中，试验贯入前，先在贯入杆上施加(　)荷载后，将测力计及百分表调零。

A. 15N　B. 30N　C. 45N　D. 60N

77. 土基现场 CBR 值测试试验中，载重车的后轴重不小于(　)kN。

A. 50　B. 60　C. 80　D. 100

78. 用承载板测定土基回弹模量试验时，用千斤顶开始加载到预压(　)MPa，稳压 1min。

A. 0.02　B. 0.03　C. 0.05　D. 0.08

79. 在半刚性基层透层油渗透深度测试时，应在透层油基本渗透或喷洒()小时后，随机选取芯样位置，进行钻芯取样。

A. 5　B. 10　C. 24　D. 48

80. 用贝克曼梁测定土基回弹模量值，合格测点的算术平均值为 95.5(0.01mm)，计算得到的标准差为 12.5(0.01mm)，那么计算代表弯沉值为(　)(0.01mm)。

A. 58　B. 83　C. 108　D. 120.5

81. 自动弯沉仪测定路面弯沉时，对所记录的各试验点测值进行数理统计分析，得到贝克曼梁测值和自动弯沉仪测值之间的相关关系方程，相关系数 R 不得小于(　)。

A. 0.5　B. 0.8　C. 0.9　D. 0.95

82. 下列仪具与材料中不属于落锤式弯沉仪组成的是(　)。

A. 荷载发生装置　B. 弯沉检测装置

C. 运算及控制装置　D. 贝克曼梁

83. 手工铺砂法测定路面构造深度，所使用量砂筒的容积为(　)mL。

A. 15　B. 25　C. 50　D. 100

84. 用摆式仪测定路面摩擦系数，所测定的抗滑值用以评定路面或路面材料试件在(　)状态下的抗滑能力。

A. 干燥　B. 中湿　C. 潮湿　D. 浸泡

85. 进行无机结合料稳定材料温缩试验时，试件尺寸为 100mm×100mm×400mm 的梁式试件，所适用的土类是(　)。

A. 细粒土　B. 中粒土　C. 粗粒土　D. 黏性土

86. 进行沥青路面渗水系数测试时，第一次和第二次计时的水量差为(　)mL。

A. 200　B. 300　C. 400　D. 500

87. 进行沥青路面车辙测试时，针对内外侧轮迹带的车辙深度 D_1 和 D_2，以(　)作为断面的车辙深度。

A. 其中最小值　B. 两者平均值

C. 其中最大值　D. 两者之差值

88. 按《公路路基路面现场测试随机选点方法》进行选点时，所用到的硬纸片共(　)块。

A. 20　B. 28　C. 30　D. 50

89. 在规定的荷载作用下，路基或路面表面产生的总垂直变形值或垂直回弹变形值，称为(　)。

A. 摆值　B. 车辙　C. 弯沉　D. CBR 值

90. 采用路面钻芯机或路面切割机在现场钻取或切割路面的代表性试样时，钻孔钻取芯样的直径不宜小于最大集料粒径的(　)倍。

A. 2　B. 3　C. 4　D. 2.5

91. 测定路基路面各部分的宽度时，用钢尺沿中心线垂直方向水平量取，以(　)表示。

A. mm　B. cm　C. m　D. dm

92. 用灌砂筒测定压实度时，向灌砂筒内装砂至距筒顶的距离为(　)mm 左右。

A. 5　B. 10　C. 15　D. 20

93. 灌砂法测定压实度时，对灌砂筒下部圆锥体内砂的质量标定，需重复测定(　)次。

A. 2　B. 3　C. 4　D. 5

94. 用灌砂法测定压实度时，试验报告中各种材料的干密度均应精确至(　)g/cm^3。

A. 0.5　B. 0.1　C. 0.01　D. 0.001

95. 公路工程中使用的核子密湿度仪，其密度的测定误差不大于(　)g/cm^3。

A. 0.01　B. 0.03　C. 0.05　D. 0.1

96. 使用核子密湿度仪测定土基或基层材料的压实密度及含水率时，打洞后用直接透射法所测定的层厚不宜大于(　)cm。

A. 20　B. 25　C. 30　D. 40

97. 采用环刀法测定压实度，对于无机结合料稳定细粒土，其龄期不宜超过(　)天。

A. 1　B. 2　C. 3　D. 7

98. 采用环刀法用人工取土器取土前，需擦净环刀，称取环刀质量，准确至(　)g。

A. 0.01　B. 0.1　C. 0.2　D. 5

99. 用 3m 直尺测定平整度，连续测定(　)尺时，应报告平均值、不合格尺数、合格率。

A. 5　B. 8　C. 10　D. 15

100. 用 3m 直尺测定平整度时，所用塞尺的刻度读数分辨率应小于或等于(　)mm。

A. 0.05　B. 0.1　C. 0.2　D. 1

101. 用连续平整度仪测定平整度时，每一计算区间的路面平整度以该区间测定结果的(　)表示。

A. 最大值　B. 最小值　C. 平均值　D. 标准差

102. 用连续平整度仪测定平整度时，所选取的测定位置应距车道标线(　)cm。

A. 20～30　B. 30～50　C. 50～80　D. 80～100

103. 用车载式颠簸仪测定平整度时，测得的平整度指标是(　)。

A. VBI　B. IBI　C. IBI　D. CBR

104. 用车载式激光平整度仪测定平整度时，采集的数据是路面相对高程值，应用标准程序计算(　)作为报告结果。

A. VBI　B. IBI　C. IBI　D. CBR

105. 用承载板测定土基回弹模量时，需要用后轴重不小于 60kN 的载重汽车作为加载设施，汽车轮胎的充气压力为(　)MPa。

A. 0.4　B. 0.5　C. 0.6　D. 0.7

106. 用贝克曼梁测定路基路面回弹模量时，计算土基回弹模量所用的公式为 $E_1=\frac{2p\delta}{L_1}(1-\mu^2)\alpha$，其中的 α 叫弯沉系数，其取值为（ ）。

A. 0.356　B. 0.365　C. 0.217　D. 0.712

107. 下列说明 EDTA 滴定法化学原理正确的是（ ）。

A. 先用 5%的 NH_4Cl 弱酸溶出水泥稳定材料中的 Ca^{2+}。然后用 EDTA 二钠标准溶液夺取 Ca^{2+}。EDTA 二钠标准溶液的消耗量与相应的水泥剂量存在近似线性关系

B. 先用 10%的 NH_4Cl 弱酸溶出水泥稳定材料中的 Ca^{2+}。然后用 EDTA 二钠标准溶液夺取 Ca^{2+}。EDTA 二钠标准溶液的消耗量与相应的水泥剂量存在近似线性关系

C. 先用 10%的 NaOH 碱性溶液溶出水泥稳定材料中的 Ca^{2+}。然后用 EDTA 二钠标准溶液夺取 Ca^{2+}。EDTA 二钠标准溶液的消耗量与相应的水泥剂量存在近似线性关系

D. 先用 5%的 NaOH 碱性溶液溶出水泥稳定材料中的 Ca^{2+}。然后用 EDTA 二钠标准溶液夺取 Ca^{2+}。EDTA 二钠标准溶液的消耗量与相应的水泥剂量存在近似线性关系

108. EDTA 滴定法试验时，用移液管吸取溶液时，在放松食指让溶液自由流出后，应等流完后再等（ ）秒，才算移液完成。

A. 5　B. 10　C. 15　D. 20

109. EDTA 滴定法试验中，对锥形瓶摇动旋转时，应（ ）。

A. 向同一个方向旋转　B. 先顺时针，后逆时针方向，交替进行

C. 先逆时针，后顺时针方向，交替进行　D. 没有严格规定

110. EDTA 滴定法试验过程中，溶液的颜色有明显的变化过程，颜色变化是（ ）。

A. 紫色变为玫瑰红色，最终变为蓝色

B. 蓝色变为玫瑰红色，最终变为紫色

C. 蓝色变为紫色，最终变为玫瑰红色

D. 玫瑰红色变为紫色，最终变为蓝色

111. 在进行石灰有效氧化钙测定中，应将研磨所得的石灰样品通过（ ）的筛。

A. 0.25mm(方孔筛)　B. 0.25mm(圆孔筛)

C. 0.15mm(方孔筛)　D. 0.15mm(圆孔筛)

112. 进行石灰有效氧化钙测定时，应采用四分法将生石灰、熟石灰缩减数量到（ ）。

A. 生石灰 20 克左右，熟石灰 10 余克　B. 生石灰 10 余克，熟石灰 20 克左右

C. 生石灰和熟石灰均为 20 克左右　D. 生石灰和熟石灰均为 10 余克

113. 单独测定石灰中的有效氧化钙含量和氧化镁含量时，进行滴定所采用的溶液是（ ）。

A. 测定氧化钙含量采用盐酸标准液，测定氧化镁含量采用 EDTA 二钠标准液

B. 测定氧化钙含量采用 EDTA 二钠标准液，测定氧化镁含量采用盐酸标准液

C. 测定氧化钙含量采用EDTA二钠标准液＋盐酸标准液

D. 测定氧化镁含量采用EDTA二钠标准液＋盐酸标准液

114. 测定石灰中的有效氧化钙含量及有效氧化镁含量时，滴定停止的标志是（ ）。

A. 测定氧化钙含量时为粉红色显著消失，测定氧化镁含量时为酒红色变为蓝色

B. 测定氧化钙含量时为粉红色变为蓝色，测定氧化镁含量时为酒红色变为紫色

C. 测定氧化钙含量时为粉红色变为紫色，测定氧化镁含量时为粉红色变为蓝色

D. 测定氧化钙含量时为紫色显著消失，测定氧化镁含量时为酒红色显著消失

115. 公路工程无机结合料稳定材料试验规程中，石灰有效氧化钙和氧化镁简易测定方法适用于（ ）。

A. 氧化钙含量低于5%的低钙石灰

B. 氧化镁含量低于5%的低镁石灰

C. 氧化钙含量低于10%的低钙石灰

D. 氧化镁含量低于10%的低镁石灰

116. 混凝土坍落度试验，要求混凝土拌和物分三层装入坍落度筒，每层插捣（ ）次。

A. 15　　B. 20　　C. 25　　D. 50

117. 坍落度试验适用于公称最大粒径不大于31.5mm，坍落度不小于（ ）mm的混凝土。

A. 5　　B. 10　　C. 15　　D. 20

118. 当混凝土拌和物的坍落度大于220mm时，用钢尺测量混凝土扩展后最终的最大直径和最小直径，在二者之差小于（ ）mm的条件下，用其算术平均值作为坍落扩展度值。

A. 20　　B. 30　　C. 40　　D. 50

119. 塑性混凝土的坍落度范围为（ ）。

A. 小于10mm　　B. 大于160mm　　C. 100～150mm　　D. 10～90mm

120. 水泥混凝土试件成型后，应在成型好的试模上覆盖湿布，并在室温20℃±5℃、相对湿度大于（ ）的条件下静置1～2d，然后拆模。

A. 40%　　B. 50%　　C. 75%　　D. 95%

121. 将混凝土试件的成型侧面作为受压面置于压力机中心并对中，施加荷载时，对于强度等级为C30～C60的混凝土，加载速度取（ ）MPa/s。

A. 0.3～0.5　　B. 0.5～0.8　　C. 0.8～1.0　　D. 1.0

122. 混凝土抗折试验时，对于强度等级小于C30的混凝土，加载速度应为（ ）MPa/s。

A. 0.02～0.05　　B. 0.05～0.08　　C. 0.08～0.10　　D. 0.10

123. 混凝土抗压强度或者抗折强度的试验结果，均以三个试件测定值的算术平均值作为测定结果。若两个测定值与中值的差超过中值的（ ），该组试验结果作废。

A. 5%　　B. 10%　　C. 15%　　D. 20%

124. 选择压力机合适的加载量程，一般要求达到的最大破坏荷载应在所选量程的（ ）之间。

A. 50%左右　　B. 30%～70%　　C. 20%～80%　　D. 10%～90%

125. 混凝土抗压强度标准试件的尺寸为（ ）。

A. 50mm×50mm×50mm　　B. 100mm×100mm×100mm

C. 150mm×150mm×150mm　　D. 200mm×200mm×200mm

126. 桥用 C40 的混凝土，经设计配合比为水泥：水：砂：碎石＝380：175：610：1300，采用相对用量可表示为（ ）。

A. 1：1.61：3.42；$W/C=0.46$　　B. 1：0.46：1.61：3.42

C. 1：1.6：3.4；$W/C=0.46$　　D. 1：0.5：1.6：3.4

127. 在水泥强度等级确定的情况下，混凝土的水灰比越大，其强度（ ）。

A. 不变　　B. 越小　　C. 越大　　D. 不定

128. 水泥混凝土抗压强度试验结果要求，当三个试件中任何一个测值与中值的差值超过中值的（ ）时，则取中值为测定值。

A. 10％　　B. 15％　　C. 20％　　D. 25％

129. 在拌制混凝土过程中掺入外加剂能改善混凝土的性能，一般掺量不大于水泥质量的（ ）。

A. 1％　　B. 2％　　C. 3％　　D. 5％

130. 水泥混凝土抗折强度试验标准试件尺寸为（ ）。

A. 100mm×100mm×400mm　　B. 100mm×100mm×550mm

C. 150mm×150mm×400mm　　D. 150mm×150mm×550mm

131. 水泥混凝土抗折强度是以标准尺寸的梁形试件，在标准养护条件下达到规定龄期后，采用（ ）加荷方式进行弯拉破坏试验，并按规定的计算方法得到的强度值。

A. 三分点　　B. 双点　　C. 单点　　D. 跨中

132. 进行水泥混凝土抗折强度试验，首先应擦干试件表面，检查试件，如发现试件中部（ ）长度内有蜂窝等缺陷，则该试件废弃。

A. 1/2　　B. 1/3　　C. 1/4　　D. 1/5

133. 水泥混凝土路面应优先选用（ ）。

A. 硅酸盐水泥　　B. 普通水泥　　C. 矿渣水泥　　D. 粉煤灰水泥

134. 为保证混凝土的强度，选用粗集料的最大粒径不得大于结构截面最小尺寸的（ ），同时不得超过钢筋间最小净距的（ ）。

A. 1/4，3/4　　B. 3/4，1/4　　C. 1/4，1/2　　D. 1/2，1/4

135. 影响混凝土强度的决定性因素是（ ）。

A. 集料的特性　　B. 水灰比　　C. 水泥用量　　D. 浆集比

136. 混凝土的强度等级是以立方体抗压强度标准值确定的，其含义即为具有（ ）保证率的抗压强度。

A. 85％　　B. 90％　　C. 95％　　D. 98％

137. 一组混凝土试件的抗压强度试验结果分别为 40.4MPa、48.0MPa、52.2MPa，确定该组混凝土的抗压强度值应为（ ）MPa。

A. 46.7　　B. 48.0　　C. 46.9　　D. 46.8

138. 采用相对用量表示法表示水泥混凝土的配合比，如 1：2.34：3.76：0.52，其中 1 为（ ）的比值。

A. 细集料　　B. 粗集料　　C. 水　　D. 水泥

139. 路面水泥混凝土配合比设计以（ ）为指标。

A. 抗压强度　B. 抗弯拉强度　C. 抗弯强度　D. 抗劈拉强度

140. 按现行规范要求水泥混凝土试模应定期进行自检，自检周期宜为（　）个月。

A. 一　B. 三　C. 四　D. 六

141. 测定水泥混凝土凝结时间的试验方法，采用（　）。

A. 针入度法　B. 压入法　C. 贯入阻力法　D. 流动度法

142. 一般，坍落度小于（　）的新拌混凝土，采用维勃稠度仪测定其工作性。

A. 20mm　B. 15mm　C. 10mm　D. 5mm

143. 当水泥一定时，水泥混凝土的水灰比越大，获得的强度（　）。

A. 越小　B. 越大　C. 无变化　D. 不一定

144. 一组三个标准混凝土梁形试件，经抗折试验，测得的极限破坏荷载分别是 35.52kN、37.65kN、43.53kN，则最后的试验结果是（　）MPa。

A. 4.74　B. 5.80　C. 5.02　D. 5.14

145. 已知标准差法适用于在较长时间内混凝土的生产条件保持一致，且同一品种混凝土的强度性能保持稳定的混凝土质量评定。评定时应以连续（　）试件组成一个验收批。

A. 三块　B. 三组　C. 九块　D. 六组

146. 某地夏季炎热，冬季温暖且雨量充沛，则该地气候分区可划分为（　）。

A. 1—3—2　B. 1—3—2　C. 2—4—1　D. 1—4—1

147. 密级配沥青混凝土混合料采用连续型或间断型密级配沥青混合料，空隙率大致在（　）之间。

A. 2%～10%　B. 3%～6%　C. 4%～6%　D. 3%～12%

148. 开级配沥青混凝土混合料的空隙率往往大于（　）。

A. 12%　B. 15%　C. 18%　D. 20%

149. 工程中常用的（　）是典型的密实—悬浮结构。

A. 沥青混凝土　B. 沥青碎石　C. 排水沥青碎石　D. 沥青玛蹄脂碎石

150. 沥青混凝土和沥青碎石的区别在于（　）不同。

A. 剩余空隙率　B. 矿粉用量　C. 集料最大粒径　D. 油石比

151. 密实—悬浮结构采用（　），这种沥青混合料的高温稳定性较差。

A. 连续型密级配　B. 连续型开级配　C. 间断型密级配　D. 间断型开级配

152. SMA 沥青混合料采用间断型密级配形成（　）结构，减缓了夏季高温车辙的形成和冬季低温开裂的出现，是一种良好的路面结构类型。

A. 悬浮—密实　B. 骨架—空隙　C. 密实—骨架　D. 骨架—悬浮

153. 沥青混合料车辙试验的评价指标为（　）。

A. 稳定度　B. 残留稳定度　C. 动稳定度　D. 残留强度比

154. 车辙试验的目的是检验沥青混合料的（　）性能。

A. 抗滑　B. 抗裂　C. 抗疲劳　D. 热稳定

155.（　）方法用来检测沥青混合料的水稳定性。

A. 冻融劈裂试验　B. 车辙试验

C. 马歇尔稳定度试验　D. 饱水率试验

156. 动稳定度指将沥青混合料制成 300mm×300mm×50mm 的标准试件，在 60℃的温度条件下，以轮压(　)MPa 的轮子，在同一轨迹上作一定时间的反复行走，形成一定的车辙深度，计算试件变形 1mm 所需试验车轮行走的次数。

A. 0.5　B. 0.6　C. 0.7　D. 0.8

157. SMA 改性沥青玛蹄脂碎石混合料的动稳定度的技术标准要求不小于(　)次/mm。

A. 600　B. 800　C. 1500　D. 3000

158. 测定沥青混合料水稳定性的试验是(　)。

A. 渗水系数试验　B. 吸水率试验

C. 残留稳定度试验　D. 马歇尔稳定度试验

159. 沥青混合料马歇尔稳定度试验，要求试件加载速度为(　)。

A. 1m/min±0.1mm/min　B. 5m/min±0.5mm/min

C. 10m/min±1mm/min　D. 50m/min±5mm/min

160. 沥青混合料稳定度的试验温度是(　)。

A. 50℃　B. 60℃　C. 65℃　D. 80℃

161. 制备一个标准马歇尔试件，大约需要称取(　)热拌沥青混合料。

A. 1000g　B. 1200g　C. 1500g　D. 2000g

162. 沥青混合料标准马歇尔试件的高度要求为(　)。

A. 63.5mm±1.3mm　B. 65.5mm±1.5mm

C. 95.3mm±1.3mm　D. 95.3±2.5mm

163. 当已知沥青混合料的密度时，可根据马歇尔试件的标准尺寸计算并乘以(　)作为制备一个马歇尔试件所需要的沥青混合料的数量。

A. 1.03　B. 1.05　C. 1.13　D. 1.15

164. 制备一组马歇尔试件的个数一般为(　)。

A. 3 个左右　B. 4 个左右　C. 3～6　D. 4～6

165. 对于集料吸水率不大于 3%的沥青混合料，其理论最大相对密度采用(　)测定。

A. 蜡封法　B. 水中重法　C. 真空法　D. 表干法

166. 测定吸水率不大于 2%的沥青混合料的毛体积密度，可采用(　)方法。

A. 蜡封　B. 水中重　C. 真空　D. 表干

167. 测定马歇尔试件稳定度，要求从恒温水槽中取出试件至测出最大荷载值时的时间不得超过(　)s。

A. 20　B. 30　C. 40　D. 60

168. 用于高速公路和一级公路的密级配沥青混凝土，制作马歇尔试件时两面应各击(　)次。

A. 25　B. 50　C. 75　D. 125

169. 一组马歇尔试件的个数为 5 个，则 5 个测定值中，某个数值与其平均值之差大于标准差(　)倍时，该测定值应予舍弃。

A. 1.15　B. 1.46　C. 1.67　D. 1.82

170. 计算残留稳定度需要测定浸水(　)后的马歇尔稳定度。

A. 24h　　B. 48h　　C. 3d　　D. 7d

171. m_a、m_f、m_w 分别表示沥青混合料试件的空中干质量、表干质量和水中质量，若水的密度取 $1g/cm^3$，则下列说法正确的是（　）。

A. m_f-m_a 为毛体积；m_a-m_w 为表观体积

B. m_f-m_a 为表观体积；m_a-m_w 为毛体积

C. m_f-m_w 为表观体积；m_a-m_w 为毛体积

D. m_f-m_w 为毛体积；m_a-m_w 为表观体积

172. 采用真空法测定沥青混合料的理论最大相对密度，若抽气不干净，或试样不干燥，测得的结果将分别（　）。

A. 偏小、偏大　　B. 偏小、偏小　　C. 偏大、偏大　　D. 偏大、偏小

173. 测定沥青混合料的毛体积密度，称取试件水中质量时，应把试件置于网篮中浸水约（　）min。

A. 2～3　　B. 3～5　　C. 5～7　　D. 7～10

174. 随沥青含量增加，沥青混合料试件的稳定度将（　）。

A. 保持不变　　B. 呈抛物线变化　　C. 递减　　D. 递增

175. 随沥青含量增加，沥青混合料试件的空隙率将（　）。

A. 无变化规律　　B. 呈抛物线变化　　C. 递减　　D. 递增

176. 沥青混合料中常用填料大多是采用石灰岩或（　）中的强基性岩石经磨细得到的矿料。

A. 岩浆岩　　B. 变质岩　　C. 无风化岩　　D. 花岗岩

177. 沥青与粗集料的粘附性试验，下列说法正确的是（　）。

A. 对于最大粒径大于 13.2mm 的集料应采用水浸法

B. 对于最大粒径大于 13.2mm 的集料应采用水煮法

C. 对于最大粒径不大于 13.2mm 的集料应采用水煮法

D. 对于相同料源既有大于又有小于 13.2mm 的集料，应取大于 13.2mm 的集料以水浸法为准

178. 当采用水泥、石灰等作沥青混合料填料时，其用量不宜超过矿料总量的（　）%。

A. 1　　B. 2　　C. 3　　D. 4

179. 一般情况下，最佳沥青用量 OAC 可以取（　）。

A. OAC_1　　B. OAC_2

C. OAC_1～OAC_2 的中值　　D. OAC_{min}～OAC_{max}的中值

180. 沥青混合料中使用碱性填料的原因是可以与沥青形成较为发达的（　）。

A. 结构沥青　　B. 自由沥青　　C. 沥青层　　D. 沥青胶浆

181. 高速公路、一级公路沥青路面不宜使用（　）作为填料。

A. 碱性矿粉　　B. 消石灰粉　　C. 水泥　　D. 粉煤灰

182. AC－13 型细粒式沥青混合料，经过马歇尔试验确定的最佳油石比为 5.1%，换算后最佳沥青含量为（　）。

A. 4.8%　　B. 4.9%　　C. 5.1%　　D. 5.4%

183. 沥青路面试验路铺筑属于(　)阶段。

A. 施工准备　B. 沥青混合料摊铺　C. 沥青混合料压实　D. 沥青混合料运输

184. 确定沥青混合料生产配合比时，一般需要适当调整热料仓供料比，直至关键筛孔的通过率与标准级配相应筛孔通过率中值的误差不超过规定值(　)为止。

A. 2.36mm 筛孔为±1%，其余筛孔为±2%

B. 2.36mm 筛孔为±2%，其余筛孔为±1%

C. 0.075mm 筛孔为±1%，其余筛孔为±2%

D. 0.075mm 筛孔为±2%，其余筛孔为±1%

185. 采用离心分离法测定沥青混合料中沥青的含量，同一试样至少平行试验两次，取平均值作为试验结果。两次试验结果的差值应小于 0.3%；当大于 0.3%，但小于 0.5%时，应补充平行试验一次，以三次试验的平均值作为试验结果，三次试验的最大值与最小值之差不得大于(　)。

A. 0.5%　B. 0.3%　C. 0.2%　D. 0.1%

186. 下列混合料中(　)应为综合稳定类基层材料。

A. 石灰土　B. 石灰粉煤灰土　C. 水泥稳定碎石　D. 水泥粉煤灰土

187. 细粒土的最大粒径小于 10mm，且其中小于 2mm 的颗粒含量不小于(　)%。

A. 95　B. 90　C. 80　D. 98

188. 采用水泥稳定碎石土时，宜掺入一定剂量的石灰进行综合稳定，混合料组成设计应按照(　)进行。

A. 当水泥用量占结合料总质量的 30%以下时，应按石灰稳定类进行混合料组成设计

B. 当水泥用量占结合料总质量的 50%以下时，应按石灰稳定类进行混合料组成设计

C. 当石灰用量占结合料总质量的 50%以上时，应按石灰稳定类进行混合料组成设计

D. 当水泥用量占结合料总质量的 5%以上时，应按水泥稳定类进行混合料组成设计

189. 以下各类土中(　)适合用石灰稳定。

A. 塑性指数为 9 的土　B. 有机质含量为 11%的粘性土

C. 硫酸盐含量为 0.9%的粘性土　D. 塑性数指数 17，有机质含量 3%的土

190. 对于塑性指数大于 17 的土宜采用(　)稳定。

A. 石灰　B. 水泥　C. 粉煤灰　D. 矿渣

191. 采用集中厂拌法施工时，水泥稳定细粒土中水泥的最小剂量为(　)%。

A. 3　B. 4　C. 5　D. 6

192. 在石灰稳定土类混合料组成设计中，为了确定不同灰剂量混合料的最佳含水量和最大干密度，至少应做(　)个不同石灰剂量混合料的击实试件。

A. 3　B. 5　C. 6　D. 7

193. 为了提高石灰工业废渣的早期强度，可外加(　)水泥。

A. 2%～3%　B. 3%～4%　C. 1%～2%　D. 3%～5%

194. 水泥稳定碎石采用集中厂拌法施工时，实际采用的水泥剂量可以比设计时确定的剂量(　)。

A. 增加 0.5%　B. 减小 0.5%　C. 增加 1%　D. 增加 2%

195. 某实验室需要含水率为15%的二灰土1 500g，混合料的配合比为石灰：粉煤灰：土＝10：20：70，其中含有干石灰（　）g。

A. 81　　B. 130　　C. 150　　D. 90

196. 在有效氧化钙测定中，将酚酞指示剂加入试样溶液中，溶液呈（　）色。

A. 黄　　B. 红　　C. 玫瑰红　　D. 粉红

197. 石灰的最主要技术指标是（　）。

A. 活性氧化钙含量　　C. 活性氧化镁含量

C. 活性氧化钙加氧化镁含量　　D. 碳酸钙含量

198. 氧化镁含量为（　）是划分钙质石灰和镁质石灰的界限。

A. 5%　　B. 10%　　C. 15%　　D. 20%

199. EDTA 滴定法可快速测定石灰土中石灰的剂量，滴定前将钙红指示剂加入溶液中，溶液呈（　）色。

A. 玫瑰红　　B. 黄　　C. 红　　D. 蓝

200. 在进行无机结合料稳定粗粒土含水率测定时，应取多少试样进行粉碎称量（　）。

A. 500g　　B. 1000g　　C. 2000g　　D. 200g

201. 某实验室进行石灰土的含水率试验，含水率的计算值为5.186%，表示正确的是（　）。

A. 5.2%　　B. 5.20%　　C. 5.19%　　D. 5%

202. 进行无机结合料稳定土含水率试验时，当冷却试验连续两次称量的差不超过原试样的（　）时，认为样品已烘干。

A. 0.2%　　B. 0.1%　　C. 0.5%　　C. 0.4%

203. 无机结合料稳定土击实试验，在（　）情况时可按照规范的公式对最佳含水量和最大干密度进行校正。

A. 任何情况　　B. 超粒径百分含量小于30%时

C. 超粒径百分含量大于30%时　　D. 超粒径百分含量为5%～30%时

204. 对于黏性土击实试验，试样浸润时间一般为（　）。

A. 12～24h　　B. 6～12h　　C. 4h　　D. 2h

205. 击实试验中，至少制备（　）不同含水率的试样。

A. 6个　　B. 5个　　C. 3个　　D. 12个

206. 对于无机结合料稳定中粒土击实试验，2次平行试验的精度要求为（　）。

A. 最大干密度的差值不超过0.05g/cm³，最佳含水率差值不超过0.5%

B. 最大干密度的差值不超过0.08g/cm³，最佳含水率差值不超过0.5%

C. 最大干密度的差值不超过0.05g/cm³，最佳含水率差值不超过1.0%

D. 最大干密度的差值不超过0.08g/cm³，最佳含水率差值不超过0.5%（最佳含水率小于10%）或1.0%（最佳含水率大于10%）

207. 无机结合料稳定材料无侧限抗压强度试验中，保持试件的形变速率是（　）。

A. 50mm/min　　B. 10mm/min　　C. 1mm/min　　D. 0.5mm/min

208. 无机结合料稳定材料无侧限抗压试件在养护期间，中试件的质量损失不应超过（　）。

A. 4g　　B. 3g　　C. 2g　　D. 1g

209. 对于石灰粉煤灰稳定粗粒土，使用的无侧限抗压试模高与直径相同，尺寸为（ ）。

A. 175mm　　B. 150mm　　C. 100mm　　D. 125mm

210. 无机结合料稳定土无侧限抗压强度试验，当偏差系数 $C_v=10\%\sim15\%$ 时，则需要（ ）试件。

A. 6 个　　B. 9 个　　C. 13 个　　D. 15 个

211. 在进行石灰稳定土无侧限抗压强度试验时，试件养生时间应为（ ）。

A. 6d　　B. 7d　　C. 14d　　D. 28d

212. 无机结合料稳定土小试件的间接抗拉强度计算公式为（ ）。

A. $R=0.012526P/H$　　B. $R=0.006263P/H$

C. $R=0.004178P/H$　　D. $R=0.00051P$

213. CBR 值是指试料贯入量为（ ）时，单位压力对标准碎石压入相同贯入量时标准荷载强度的比值。

A. 7mm　　B. 2.5mm　　C. 1mm　　D. 2mm

214. 在 CBR 试验中，当 $CBR_5>CBR_{2.5}$ 时，则试验需要重做，如果结果仍然如此，应（ ）。

A. 采用 CBR_5　　B. 采用 $CBR_{2.5}$　　C. $CBR_{2.5}$ 和 CBR_5　　D. 不采用任何值

215. 按照《公路路基路面现场测试规程》，灌砂法中量砂的粒径范围为（ ）。

A. 0～1.0mm　　B. 0.3～0.6mm　　C. 0.075～1.0mm　　D. 0.6～1.0mm

216. 在灌砂过程中，如果储砂筒内的砂尚在下流时即关闭开关，则压实度结果将比正常结果（ ）。

A. 偏大　　B. 偏小　　C. 一样　　D. 无规律

217. 用灌砂法测定压实度，对于水泥、石灰、粉煤灰等无机结合料稳定土，可按下式计算干密度 $\rho_d=\frac{m_d}{m_b}\times\gamma_s$，式中 m_d 表示（ ）。

A. 试坑中取出的稳定土的烘干质量　　B. 试坑中取出的稳定土的湿质量

C. 填满试坑所用的砂的质量　　D. A、B、C 均不正确

218. 使用核子密度湿度仪测定密度前应与灌砂法的结果进行标定，对同一种路面厚度及材料类型，使用前至少测定（ ）处，以求取两种方法测定密度的相关关系。

A. 15　　B. 25　　C. 35　　D. 30

219. 路面钻芯取样法采取芯样的直径宜不小于最大集料粒径的（ ）。

A. 3 倍　　B. 4 倍　　C. 5 倍　　D. 6 倍

220. 测试巨粒路基土的标准密度适宜采用（ ）来测定。

A. 轻型击实法　　B. 重型击实法　　C. 振动台法　　D. 压实法

221. 灌砂时检测厚度应为（ ）。

A. 整个碾压层厚　　B. 碾压层厚上部　　C. 碾压层厚下部　　C. 碾压层厚中部

222. 用大灌砂筒测定中粒土的现场密度时，需要测定土的含水率，取样的数量为（ ）。

A. 不少于 500g　　B. 不大于 500g　　C. 不少于 1 000g　　D. 不大于 1 000g

223. 结合《公路工程质量检验评定标准》规定，检测级配碎石基层压实度应优先采用（ ）。

A. 环刀法　　B. 灌砂法　　C. 钻芯取样法　　D. 核子密度仪法

224. 测定沥青混合料试件密度时，蜡封法适用于以下哪种情况（　）。

A. 吸水率小于 2%　　B. 开级配沥青混合料

C. 吸水率大于 2%　　D. 以上 3 种情况均不适用

225. 如果沥青路面压实度为 100%时的空隙率为 4%，则压实度是 98%时空隙率为（　）%。

A. 5　　B. 6　　C. 7　　D. 8

226. 真空法测定沥青混合料的理论最大相对密度，若抽气不干净，测得的结果将（　）；若试样不干燥，结果将（　）。

A. 偏小，偏大　　B. 偏小，偏小　　C. 偏大，偏大　　D. 偏大，偏小

227. 沥青面层压实度计算式，$K=\rho_s/\rho_0\times100\%$，其中 ρ_0 表示（　）。

A. 标准密度　　B. 试件视密度或毛体积密度

C. 马歇尔密度　　D. 钻孔取样密度

228. 以下什么方法适用于现场土基表面，通过逐级加载、卸载的方法测出每级荷载下相应的土基回弹变形，经计算求得土基回弹模量。（　）

A. 贝克曼梁法　　B. 承载板法　　C. CBR 法　　D. 贯入仪法

229. 承载板法测定的土基回弹模量可作为（　）。

A. 路面质量评定用　　B. 路面设计参数使用

C. 路基设计参数用　　D. 路基质量评定用

230. 土基回弹模量 E_0 的单位是（　）。

A. MN　　B. kN　　C. kg　　D. MPa

231. 用承载板测试土基回弹模量，在逐级加载卸载过程中应（　）。

A. 加载后稳定 1min，卸载后稳定 1min　　B. 加载后稳定 2min，卸载后稳定 1min

C. 加载后稳定 1min，卸载后稳定 2min　　D. 加载卸载后均不需要稳定

232. 下列有关承载能力和强度的说法中，正确的是（　）。

A. 回弹模量越大，表示承载能力越小　　B. 回弹弯沉值越大，表示承载能力越小

C. CBR 值越大，表示路基强度越小　　D. CBR 越大，表示回弹弯沉越大

233. 用 30cm 直径承载板测定土基回弹模量值，测得各级承载板压力值总和为 3.5MPa，相应回弹变形值总和为 1.875cm，土基泊松比为 0.30，则土基回弹模量为（　）。

A. 25　　B. 30　　C. 35　　D. 40

234. 影响路面设计厚度的设计参数是土基的（　）。

A. 弯沉值　　B. 回弹模量　　C. 强度　　D. CBR 值

235. 用承载板法测定土基回弹模量，当回弹变形值超过（　）时即可停止加载。

A. 0.5mm　　B. 1mm　　C. 1.5mm　　D. 2mm

236. 用贝克曼梁法测定高速公路土基回弹弯沉时，加载车的后轴轴载一般为（　）。

A. 60kN　　B. 80kN　　C. 100kN　　D. 120kN

237. 路面回弹弯沉的温度修正可根据查图法进行，修正后的路面回弹弯沉公式为（　）。

A. $L_r=\overline{L}+Z_aS$　　B. $L_T=(L_1-L_2)\times2$

C. $L_T=(L_1-L_2)\times4$　　D. $L_{20}=L_T\times K$

238. 用贝克曼梁法单侧测定路表面回弹弯沉，已知百分表初读数为 15，加载后读数为 55，

卸载后读数为 10，单位均为 0.01mm，则回弹弯沉值为(　)。

A. 40　　B. 45　　C. 80　　D. 90

239. 设计弯沉在性质上是指(　)。

A. 总变形　　B. 回弹变形　　C. 残余变形　　D. 黏性变形

240. 用回弹弯沉值表示路基路面的承载能力，回弹弯沉值越大表示路基路面的承载能力(　)。

A. 越大　　B. 越小　　C. 不变　　D. 没有关系

241. 在测试路面回弹弯沉时，应将测头位置放在测试轴的前方(　)cm。

A. 2～3　　B. 3～4　　C. 3～5　　D. 3～6

242. 对于水泥混凝土面层，其基层质量必须符合检验评定标准中的规定，并应进行基层(　)测定，验算的基层整体模量应满足设计要求。

A. 回弹模量　　B. 厚度　　C. 压实度　　D. 弯沉

243. 自动弯沉仪测定的弯沉为(　)。

A. 静态回弹弯沉　　B. 静态总弯沉　　C. 动态回弹弯沉　　D. 动态总弯沉

244. 沥青路面回弹弯沉在最好在路面(　)测试，否则应考虑季节影响系数。

A. 竣工　　B. 竣工后

C. 竣工后第一个最不利季节　　D. 竣工后第一冬季

245. 弯沉仪前后臂长度比为(　)。

A. 1∶2　　B. 1∶3　　C. 2∶1　　D. 3∶1

246. 当路面温度超过 20℃±2℃范围时，沥青面层厚度大于(　)cm 的沥青路面，回弹弯沉值应进行温度修定。

A. 8　　B. 6　　C. 10　　D. 5

247. 进行回弹弯沉值温度修定的方法有(　)。

A. 查图法　　B. 经验计算法

C. 查图法和经验计算法　　D. 查表法

248. 贝克曼梁法适用于土基、厚度(　)的粒料整层表面，用弯沉仪测试各点的回弹弯沉值，通过计算求得该材料回弹模量值的试验。

A. 不大于 1m　　B. 不小于 1m　　C. 不大于 0.5m　　D. 不小于 0.5m

249. 测定半刚性基层沥青路面回弹弯沉时，宜采用(　)弯沉仪。

A. 2.4m　　B. 3.6m　　C. 4.8m　　D. 5.4m

250. 弯沉值的单位以(　)计。

A. 0.01mm　　B. 1mm　　C. 0.1mm　　D. 0.01m

251. 在进行水泥混凝土芯样劈裂强度试验时，记录破坏荷载应精确至(　)。

A. 0.01kN　　B. 0.02kN　　C. 0.05kN　　D. 0.1kN

252. 水泥混凝土路面强度的控制指标是弯拉或劈裂强度，现多用(　)来代替。

A. 劈裂强度　　B. 抗拉强度　　C. 抗压强度　　D. 抗剪强度

253. 路面的平整度与(　)有着一定的联系。

A. 路面抗滑性能　　B. 路面各结构层次的平整状况

C. 路面结构厚度　　D. 路面结构形式

254. 用 3m 直尺检测路面平整度时，将有高度标线的塞尺塞进间隙处，量记最大间隙的高度，精确至（　）。

A. 0.2mm　　B. 0.5mm　　C. 0.1mm　　D. 没有要求

255. 当进行路基路面工程质量检查验收或路况评定时，3m 直尺测定的标准位置为（　）。

A. 行车道中心线　　B. 行车道一侧车轮轮迹带

C. 行车道左边缘　　D. 行车道右边缘

256. 使用连续式平整度仪测定路面平整度时，牵引平整度仪的车速应均匀，速度宜为（　）。

A. 5km/h，最大不得超过 12km/h　　B. 8km/h，最大不得超过 15km/h

C. 10km/h，最大不得超过 16km/h　　D. 15km/h，最大不得超过 20km/h

257. 连续式平整度仪法测定路面平整度时，一个计算区间的路面平整度为该区间测定结果的（　）表示。

A. 最大间隙　　B. 标准差　　C. 单向累计值　　D. 国际平整度指数

258. 采用颠簸累积仪法测定路面平整度时，测试速度以（　）为宜。

A. 32km/h　　B. 48km/h　　C. 64km/h　　D. 80km/h

259. 颠簸累积仪法测定路面平整度，测试结果 VBI（　），说明路面平整性越差。

A. 越大　　B. 越小　　C. 没有关系　　D. 以上均不对

260. 国际平整度指数 IRI 与标准差的关系是（　）。

A. σ=0.61IRI　　B. σ=0.40IRI　　C. σ=0.51IRI　　D. σ=0.35IRI

261. 检验高速公路表面层的摩擦系数，可采用摩擦系数测定车测定（　）。

A. 纵向摩擦力系数　　B. 横向摩擦力系数

C. 20℃时的摆值　　D. 以上均不对

262. 使用摆式仪测某点抗滑值，5 次读数分别为 57、58、59、57、58，则该点抗滑值为（　）摆值。

A. 57　　B. 57.8　　C. 58　　D. 59

263. 摆式摩擦仪调零允许误差为（　）BPN。

A. ±1　　B. ±2　　C. ±3　　D. 0

264. 用摆式仪测试路面抗滑性能时，同一处平行测定的次数要求为（　）。

A. 不少于 3 次　　B. 不少于 2 次　　C. 不少于 5 次　　D. 不少于 4 次

265. 用铺砂法测定路面表面构造深度，若细砂没有摊铺好，表面留有浮动余砂或用的砂过粗，则试验结果（　）。

A. 表面留有浮动余砂，试验结果偏大；若用的砂过粗，试验结果偏大

B. 表面留有浮动余砂，试验结果偏小；若用的砂过粗，试验结果偏小

C. 表面留有浮动余砂，试验结果偏大；若用的砂过粗，试验结果偏小

D. 表面留有浮动余砂，试验结果偏小；若用的砂过粗，试验结果偏大

266. 铺砂法适用于（　）构造深度。

A. 测定沥青路面及水泥混凝土路面表面　　B. 测定沥青路面表面

C. 测定水泥混凝土路面表面　　D. 测定基层表面

267. 手工铺砂法以 3 次测定的平均值作为构造深度，以下数据表示正确的是（　）。

A. 0.15mm　B. 0.1mm　C. 0.10mm　D. <0.2mm

268. 摆式仪测定路面抗滑值时，需要校核滑动长度，滑动长度应达到(　)标准。

A. 120mm　B. 126mm　C. 130mm　D. 136mm

269. 我国高速、一级公路水泥混凝土路面一般路段的抗滑构造深度规定为(　)。

A. 不小于 0.6mm 且不大于 1.1mm　B. 不小于 0.5mm 且不大于 1.0mm

C. 不小于 0.7mm 且不大于 1.1mm　D. 不小于 0.8mm 且不大于 1.2mm

270. 渗透系数测试应(　)。

A. 在路面竣工一年后进行　B. 在路面竣工半年后进行

C. 在路面施工结束后进行　D. 在施工过程测试

271. 雷达检测车的检测厚度数据精度一般为深度的(　)。

A. 2%～6%　B. 2%～5%　C. 1%～3%　D. 2%～4%

272. 对于高速公路上路床，路基填料最小强度 CBR 要求为(　)。

A. 8%　B. 6%　C. 5%　D. 4%

273. 含水率试验方法(烘干法)所采用烘箱量程不小于(　)℃。

A. 100　B. 110　C. 115　D. 105

274. 含水率试验方法(烘干法)测定稳定细粒土时，所采用天平的感量为(　)g。

A. 0.001　B. 0.01　C. 0.02　D. 0.05

275. 含水率试验方法(砂浴法)不适用的土类是(　)g。

A. 粘性土　B. 砂性土　C. 有机质土　D. 粉性土

276. 根据《》公路工程无机结合料稳定材料试验规程》(JTG E51—2009)，采用烘干法对含有石膏的土在烘干时，则试样应该在不超过(　)℃的温度下烘干，并尽可能烘更长时间。

A. 110　B. 100　C. 90　D. 80

277. 根据《公路工程无机结合料稳定材料试验规程》(JTG E51—2009)，采用烘干法测定含水率时，当冷却试样连续两次称量的差(每次间隔 4h)不超过原试样质量的(　)%时，即认为样品已烘干。

A. 0.1　B. 0.5　C. 1　D. 2

278. 含水率试验方法(酒精法)测定细粒土时，对酒精至少燃烧(　)遍。

A. 2　B. 3　C. 4　D. 5

279. 无机结合料稳定材料击实试验方法中对于试验集料的公称最大粒径宜控制在(　)mm 以内(方孔筛)。

A. 25　B. 32.5　C. 37.5　D. 42.5

280. 按无机结合料稳定材料取样方法，在生产配合比阶段要采用四分法分料，并且取料总质量应大于取料后每份质量的(　)倍。

A. 2～3　B. 3～4　C. 2～4　D. 3～5

281. 根据《公路工程无机结合料稳定材料试验规程》(JTG E51—2009)，对于水泥稳定材料，应在水泥(　)进行击实试验。

A. 水化前　B. 水化中间

C. 水化后　D. 水化前或水化中间

282. 无机结合料稳定材料击实试验方法所采用的大型击实筒为(　)。

A. 内径 152mm，高 170mm　　B. 套环高 55mm

C. 筒内垫块高 47.5mm　　D. 击实体积为 997cm3

283. 根据公路工程无机结合料稳定材料试验规程，石灰未消化残渣含量测定方法中，所测定残渣含量是指存留在(　)方孔筛上的残渣占试样的百分率。

A. 1mm　　B. 2.36mm　　C. 5mm　　D. 10mm

284. 无机结合料稳定材料击实试验，在测定风干含水率时，对于细粒土，试样质量应不少于(　)。

A. 100g　　B. 500g　　C. 1 000g　　D. 50g

285. 无机结合料稳定材料击实试验，对试模的内径和高进行测量时，采用的工具是(　)。

A. 钢尺　　B. 卷尺　　C. 塞尺　　D. 游标卡尺

286. 无机结合料稳定材料击实试验，在测定风干含水率时，对于粗粒土，试样质量应不少于(　)。

A. 100g　　B. 500g　　C. 1 000g　　D. 2 000g

287. 无机结合料稳定材料击实试验，需测定风干含水量，对选取试样的数量有限制要求，(　)。

A. 细粒土 50g，中粒土 500g，粗粒土 5 000g

B. 细粒土 100g，中粒土 1 000g，粗粒土 2 000g

C. 细粒土 200g，中粒土 1 000g，粗粒土 2 000g

D. 细粒土 100g，中粒土 1 000g，粗粒土 5 000g

288. 进行无机结合料稳定材料击实试验，在做击实试验的前(　)，需取有代表性的试料测风干含水率。

A. 1 天　　B. 12 小时　　C. 4 小时　　D. 2 小时

289. 当无机结合料稳定材料击实试验击实完成后，应(　)。

A. 扭动并取下套环，用刮土刀削刮上边缘，拆除底板，取走垫块，齐筒顶刮平试样

B. 刮土刀沿套环内壁削挖，扭动并取下套环，齐筒顶刮平试样，拆除底板，取走垫块

C. 扭动并取下套环，用刮土刀削刮上边缘，齐筒顶刮平试样，取走垫块，拆除底板

D. 刮土刀沿套环内壁削挖，扭动并取下套环，拆除底板，齐筒顶刮平试样，取走垫块

290. 在无机结合料稳定材料击实试验中，当试样中大于规定最大粒径的超尺寸颗粒的含量为(　)时，需对试验所得最大干密度和最佳含水率进行校正。

A. 5～10%　　B. 10～20%　　C. 5～30%　　D. 10～30%

291. 无机结合料稳定材料击实试验的试验结果，两次重复性试验结果要求为(　)。

A. 对于细粒土，最大干密度差不应超过 0.05g/cm^3，最佳含水率大于 10 时，差不应超过 0.5%

B. 对于中粒土，最大干密度差不应超过 0.08g/cm^3，最佳含水率大于 10 时，差不应超过 1%

C. 对于粗粒土，最大干密度差不应超过 0.08g/cm^3，最佳含水率小于 10 时，差不应超过 1%

D. 对于中粗粒土，最大干密度差不应超过 0.08g/cm³，最佳含水率大于 10 时，差不应超过 0.5%

292. 进行无侧限抗压强度试验，所制成的无机结合料稳定材料试件尺寸为（　）。

A. 径高比为 1∶1 的圆柱形试件

B. 15cm×15cm×15cm 的立方体试件

C. 15cm×55cm×15cm 的梁式试件

D. 径高比为 1∶2 的圆柱体试件

293. 石灰稳定土试件制备时，若采用生石灰粉时，必须与土拌和后一起进行浸润，浸润时间不应少于（　）小时。

A. 1　　B. 3　　C. 5　　D. 7

294. 无机结合料稳定材料试件制备时，一般要求成型后试件的压实度不超过标准压实度的（　）%。

A. +1　　B. −0.5　　C. ±1　　D. ±0.5

295. 符合无机结合料稳定材料温缩试验要求的试件尺寸是（　）。

A. 10cm×10cm 的圆柱形试件

B. 15cm×15cm×15cm 的立方体试件

C. 15cm×15cm×45cm 的梁式试件

D. 10cm×10cm×40cm 的梁式试件

296. 进行无机结合料稳定材料试件制备时，梁试件的公称最大粒径范围可以到（　）mm。

A. 19.5mm　　B. 23.6mm　　C. 26.5mm　　D. 31.5mm

297. 无机结合料稳定材料养生试验方法中的标准养生条件是（　）。

A. 南方地区为 25±2℃，北方 20±2℃，湿度≥90%

B. 南方地区为 25±2℃，北方 20±2℃，湿度≥95%

C. 南方地区和北方地区均为 20±2℃，湿度≥95%

D. 南方地区和北方地区均为 25±2℃，湿度≥90%

298. 无机结合料稳定材料快速养生试验方法中的养生条件是（　）。

A. 温度为 60±1℃，湿度≥90%

B. 温度为 50±1℃，湿度≥90%

C. 温度为 60±1℃，湿度≥95%

D. 温度为 50±1℃，湿度≥95%

299. 进行无机结合料稳定材料弯拉强度试验时，对被测试件施加的压力应在量程的（　）范围内。

A. 10%～90%　　B. 20%～80%

C. 30%～90%　　D. 10%～80%

300. 无机结合料稳定材料劈裂回弹模量试验方法中，所确定的劈裂回弹模量以对应（　）倍劈裂强度的模量为准。

A. 0.1　　B. 0.15　　C. 0.25　　D. 0.35

301. 测定无机结合料稳定材料劈裂回弹模量时，对于无机结合料稳定粗粒土，应制备于（　）

个试件，并且要求模量试验结果的变异系数不超过 15%。

A. 6　　B. 9　　C. 13　　D. 19

302. 在无机结合料稳定材料弯拉回弹模量试验方法中，压力机控制的加载速率为（　）。

A. 0.5mm/min　　B. 1mm/min　　C. 2mm/min　　D. 5mm/min

二、判断题

1. 实测项目的规定极值是指任一单个检测值都不能突破的极限值，不符合要求时该实测项目为不合格。（　）

2. 大中修工程的质量检验评定标准为《公路工程质量检验评定标准》（　）

3. 由于施工单位、工程监理单位和建设单位在工程质量监管体系中的作用不同，因此，对工程项目的划分应有所侧重。（　）

4. 互通式立体交叉的路基、路面、交通安全设施按公路全线纳入相应单位工程。（　）

5. 桥梁工程按特大桥、大桥、中桥、小桥分别作为一个单位工程。（　）

6. 分部工程通常都具有独立施工条件。（　）

7. 每 10km 或每标段路基工程可以作为单位工程。（　）

8. 土工合成材料处治层在进行路基土石方工程评分时，其权值为 1。（　）

9. 按路段长度划分的分部工程，高速公路、一级公路宜取低值，二级及二级以下公路可取高值。（　）

10. 施工单位应对各分项工程按《公路工程质量检验评定标准》所列基本要求和实测项目进行自检。（　）

11. 工程监理单位应按规定要求对工程质量进行平行检验。（　）

12. 涉及结构安全和使用功能的重要实测项目为关键项目的检测值超过规定极值时，必须进行返工处理。（　）

13. 平整度是重要的检测项目，故应采用数理统计的方法进行评定。（　）

14. 对规定检查项目采用现场抽样方法，按照规定频率和计分方法对分项工程的施工质量直接进行检测计分。（　）

15. 对于路基路面的压实度、弯沉值、路面结构层厚度、水泥混凝土抗压和抗弯拉强度、半刚性材料强度及路面横向力系数等检查项目，应按要求采用有关数理统计方法进行评定计分。（　）

16. 分项工程的施工资料和图表残缺，有伪造涂改现象，不予检验和评定。（　）

17. 工程建设项目的质量等级是根据单位工程的优良率评定的。（　）

18. 加筋挡土墙应作为分部工程进行质量评定。（　）

19. 某合同段所含单位工程均合格，且工程质量鉴定得分为 95 分，质量等级应评定为合格。（　）

20. 小桥、涵洞工程属于路基单位工程中的主要分部工程。（　）

21. 设计高程大于地面高程时，为挖方路基。（　）

22. 路面结构层厚度评定中，保证率的取值与公路等级有关。（　）

23. 根据《公路工程质量检验评定标准》规定，当土方路基施工路段较短时，分层压实度必须点点符合要求，且实际样本数不小于6个。（ ）

24. 高等级公路土方路基压实质量控制，应采用重型击实试验。（ ）

25. 水泥混凝土路面抗滑性能常用摩擦系数来表示。（ ）

26. 建设单位应通过抽验方法对工程监理单位所做的工程质量评分及等级进行确定。（ ）

27. 路基检验评定段的压实度代表值 K 小于压实度标准值，则该评定路段压实度为不合格，评为0分。（ ）

28. 路基压实度须分层检测，但可只按上路床的检查数据计分。（ ）

29. 路基的所有检查项目均在路基顶面进行检查测定。（ ）

30. 对公路路基进行压实度测定时，采用核子仪检验时，应与环刀法进行标定试验。（ ）

31. 路基除压实度指标需分层检测外，其他检查项目均在路基完成后对路基顶面进行检查测定。（ ）

32. 压实度评定时，高速公路、一级公路的保证率比二级公路的小。（ ）

33. 高速公路土方路基上路床的压实度应不小于93%。（ ）

34. 土方路基验收实测项目有压实度、弯沉、平整度等指标。（ ）

35. 当基层厚度的代表值偏差满足要求但存在超过极值偏差的测点时，厚度这项指标评为0分。（ ）

36. 只要有一点压实度小于规定极值，则认为该路段的压实质量不合格。（ ）

37. 高速公路土方路基平整度常采用3m直尺法测定。（ ）

38. 砂桩实测项目中的桩长是关键项目。（ ）

39. 粉喷桩实测项目中桩长和强度是关键项目。（ ）

40. 虽然连续平整度仪法测试速度快，结果可靠，但是一般不用于路基平整度测定。（ ）

41. 现行《公路工程质量检验评定标准》规定，路肩工程应按路基工程的分项工程进行检查评定。（ ）

42. 核子密度仪法测定路基路面压实度，结果比较可靠，可作为仲裁试验。（ ）

43. 盲沟的实测项目中，没有权值是2的。（ ）

44. 盲沟的实测项目只有两个，它们是沟底高程和断面尺寸。（ ）

45. 盲沟的排水层应采用石质坚硬的较小粒料填筑。（ ）

46. 浆砌排水沟的沟底高程规定值的原则是只低不高。（ ）

47. 浆砌排水沟的砌体内侧、外侧及沟底应平顺。（ ）

48. 排水工程的浆砌排水沟基础的缩缝应与墙身缩缝错开适当距离。（ ）

49. 排水工程中的土沟边坡应贴坡平整。（ ）

50. 排水工程的土沟检查项目中包含边棱直顺度。（ ）

51. 排水工程的管道基础混凝土表面平整密实，正面蜂窝不得超过该表面积的1%。（ ）

52. 排水工程的排水管必须做渗漏试验。（ ）

53. 管道内的管口缝，当管径大于1000mm时，应在管内作整圈勾缝。（ ）

54. 路面拦水带应纳入路缘石分项工程。（ ）

55. 悬臂式挡土墙的泄水孔坡度应向内，并且无堵塞现象。（ ）

56. 砌体挡土墙砌筑时，不应分层错缝。浆砌时要坐浆挤紧。（ ）

57. 钢筋混凝土结构或构件工程项目中，应包含构件安装分项工程，但不包含钢筋加工分项工程。（ ）

58. 水泥混凝土路面上加铺沥青面层的复合式路面，两种结构均需进行检查评定。（ ）

59. 水泥混凝土强度的快速无破损检测方法不适宜作为仲裁试验或其测试结果不宜作为工程验收的最终依据。（ ）

60. 对于水泥混凝土路面，必须检测回弹弯沉。（ ）

61. 半刚性基层材料强度是指无侧限抗压强度。（ ）

62. 弯沉指标评定结果只有两种，即 100 分或零分。（ ）

63. 半刚性基层交工验收时需进行弯沉测定。（ ）

64. 核子密度仪采用直接透射法测定路面结构层压实度时，孔深应略小于结构层厚度。（ ）

65. 水泥混凝土上加铺沥青面层的复合式路面，沥青面层应检测路表弯沉。（ ）

66. 用摆式仪测定路面的抗滑性能时，滑动长度越大，摆值就越小。（ ）

67. 路面结构层厚度检测，一般应与压实度灌砂法或钻芯取样法一起进行。（ ）

68. 当沥青混凝土面层平整度用 3m 直尺检测的合格率为 96%，则平整度的评分值 96。（ ）

69. 沥青路面竣土验收时，弯沉值检测应在施工结束后立即进行。（ ）

70. 分层铺筑的高速公路沥青面层，应分别检查沥青面层总厚度和上面层厚度。（ ）

71. 石灰稳定土基层交工验收时，含水量作为实测项目之一，需进行检测和评定。（ ）

72. 干砌挡土墙断面尺寸实测项目的得分应大于等于 90 分，否则为不合格。（ ）

73. 悬臂式和扶臂式挡土墙混凝土表面出现非受力裂缝，若设计未规定时，缝宽超过 0.15mm必须处理。（ ）

74. 板桩式挡土墙应按桥梁工程的有关规定进行评定。（ ）

75. 对于抗滑桩，当无破损检测桩的质量有缺陷，但经过设计单位确认仍可使用时，可不预扣分。（ ）

76. 按取样方法进行现场取样，对钻孔或被切割的路面坑洞，应采用同类型材料填补压实。（ ）

77. 进行路面混合料试样现场取样时，可不整层取样，但必须保持试样不破碎。（ ）

78. 进行路基路面纵断面高程测试时，测记测定点的高程读数，以 m 表示，准确至 0.003m。（ ）

79. 进行路基路面中线偏位测量时，按设计坐标放出的位置与施工单位所定的施工位置点距离为 S，该长度 S 沿横断面方向的投影即为中线偏位。（ ）

80. 路基路面纵断面高程测试报告中实测高程与设计高程的差值，低于设计高程为负，高于设计高程为正。（ ）

81. 钻孔取芯法测定厚度时，从芯样中取对称的两点测定，取其平均值作为该层的厚度。（ ）

82. 几何数据测试系统测定路面横坡试验方法中，承载车每行驶 3 000km 或者更换轮胎必须进行距离标定。（ ）

83. 用灌砂法测定压实度时，无论表面平整粗糙与否，均需清扫表面后，放置基板进行测试。( )

84. 用灌砂法测定压实度时，当取出的量砂湿度变化或掺有杂质时，应重新烘干、过筛，风干使其与空气的湿度达到平衡后再用。( )

85. 用灌砂法测定压实度时，每换一次量砂，都必须测定松方密度，为加快试验进度，灌砂筒下部圆锥体内砂的数量可不必重新标定。( )

86. 核子密湿度仪测定土基或基层材料的压实密度及含水率时，打洞后用直接透射法所测定的层厚不宜大于 50cm。( )

87. 核子密湿度仪在使用前至少测定 30 处，求取两种不同方法测定的密度的相关关系，其相关系数 R 应不小于 0.90。( )

88. 连续平整度仪测定平整度时，每一计算区间的路面平整度以该区间测定结果的标准差表示。( )

89. 车载式颠簸仪测定平整度试验方法中，测得的平整度指标数值叫 IRI。( )

90. 车载式激光平整度仪采集的数据是路面相对高程值，应以 100m 为计算区间按标准程序计算 VBI 值。( )

91. 手工铺砂法测定路面构造深度试验时，所用的量砂筒容积为 50mL。( )

92. 采用 EDTA 滴定法测定水泥和石灰含量时，对于龄期 7 天以内的无机结合料稳定材料，可不进行龄期校正。( )

93. EDTA 滴定法对水泥稳定材料的龄期修正应以小时计，石灰及二灰修正以天计。( )

94. 采用 EDTA 滴定法，应在水泥终凝之前测定水泥含量，石灰剂量的测定应在路拌后尽快测试。( )

95. EDTA 滴定法适用于工地快速测定水泥和石灰稳定材料中水泥和石灰的剂量，及用于工地现场检查拌和和摊铺的均匀性，不能用于测定水泥和石灰综合稳定材料中结合料的剂量。( )

96. 根据公路工程无机结合料稳定材料试验规程，在石灰有效氧化钙和氧化镁测定方法中，盐酸标准液的浓度采用摩尔浓度表示。( )

97. 根据公路工程无机结合料稳定材料试验规程，石灰有效氧化钙和氧化镁简易测定方法适用于氧化镁含量在 8%以下的低镁石灰。( )

98. 根据公路工程无机结合料稳定材料试验规程，采用石灰有效氧化钙和氧化镁简易测定方法，滴定所用的溶液是盐酸标准溶液和 EDTA 标准溶液两种溶液。( )

99. 根据公路工程无机结合料稳定材料试验规程，进行含水率试验时，对有机质土尽量采用烘干法，并适当降低烘箱温度。( )

100. 无机结合料稳定材料击实试验方法是一种静态试验方法。( )

101. 无论采用击实试验方法，还是采用振动试验方法，试验的目的为提供最佳含水率和最大干密度两个工程参数。( )

102. 无机结合料稳定材料振动压实试验方法适用于粗集料含量较大的稳定材料。( )

103. 无机结合料稳定材料振动压实试验方法要求研究单位必须采用，工程单位可参考使

用。（ ）

104.进行无机结合料稳定材料击实试验时，风干试料需要碾碎，土团均应碾碎到能通过2.36mm的筛孔。（ ）

105.进行无机结合料稳定材料击实试验时，水泥应在土样击实前逐个加入，加有水泥的试样拌和后，应在2h内完成击实过程，否则应予作废。（ ）

106.无机结合料稳定材料试件的规格一般分三种，根据稳定材料粒径的大小而选择，稳定材料的粒径越大，试件的尺寸也越大。（ ）

107.进行无机结合料稳定材料室内抗压回弹模量试验（顶面法）的试件数量要求是：对于细粒土，至少6个试件，中粒土至少9个试件，粗粒土至少15个试件。（ ）

108.《无机结合料稳定材料养生方法》中对于试件质量损失的规定，无论养生期是7天，90天还是180天，质量损失的规定都是一致的。（ ）

109.《无机结合料稳定材料养生方法》中所指的试件质量损失包括含水率的减少，试验过程中有微量混合料掉落损失等。（ ）

110.目前无机结合料稳定材料的无侧限抗压强度采用的试件规格为为径高1∶1的圆柱体，此规格试件容易产生顶端应力紊乱现象，采用径高比为1∶1.5或1∶2的圆柱体可减少此现象。（ ）

111.采用相同直径，相同材料所得的无机结合料稳定材料试件，随着高度的增加，其强度逐渐增大。（ ）

112.进行无机结合料稳定材料无侧限抗压强度试验，如不能保证试验结果的变异系数小于规范的规定值时，允许按误差10%和90%概率重新计算所需试件数量，增加试件数量并另做新试验，新试验结果与老试验结果一并重新进行统计评定，直到变异系数满足规范规定。（ ）

113.进行无机结合料稳定材料的无侧限抗压强度、间接抗拉强度试验所采用的试件类型一样，均有三种，对于不同类型试件，两种试验方法所要示的每组试件的数目也是对应相同的。（ ）

114.无机结合料稳定材料弯拉强度试验方法中，由于大梁试件的成型难度较大，在试验室不具备成型条件时，中梁试件的最大粒径可放宽到26.5mm。（ ）

115.无机结合料稳定材料弯拉回弹模量试验方法中，所安装的位移传感器用于测量跨中横向变形，安装于试件跨中的一侧。（ ）

116.水泥混凝土配合比有单位用量和相对用量两种表示方法。（ ）

117.混凝土抗折强度试验，一组三个标准试件的极限破坏荷载分别是33.50kN、34.24kN、39.67kN，则最后的试验结果是4.77MPa。（ ）

118.混凝土的最佳砂率是指在水泥浆用量一定的条件下，能够使新拌混凝土的流动性最大的砂率。（ ）

119.当混凝土拌和物的坍落度大于220mm时，应采用坍落度扩展法测定稠度。（ ）

120.采用标准养护的混凝土试件，拆模后可放在温度为20℃±2℃的不流动的水中进行养护。（ ）

121.目前，在工地和试验室，通常采用测定拌和物的流动性，并辅以直观经验评定黏聚性

和保水性三方面结合的方法反映混凝土拌和物的和易性。( )

122. 当混凝土拌和物的坍落度小于 220mm 时,需要测量坍落扩展度值表示其和易性。( )

123. 塑性混凝土的坍落度范围为 10～90mm。( )

124. 混凝土拌和物的维勃稠度值越大,其坍落度也越大。( )

125. 混凝土坍落度试验规定筒高与坍落后试件最高点之间的高差作为坍落度。( )

126. 混凝土用粗集料的最大粒径不得超过结构尺寸的四分之一。( )

127. 混凝土中掺入减水剂,如果保持工作性和强度不变的条件下,可节约水泥的用量。( )

128. 对混凝土拌和物流动性大小起决定作用的是用水量的大小。( )

129. 混凝土立方体抗压强度试验的标准养护条件为:温度 20℃±1℃,相对湿度 95%以上。( )

130. 大流动性混凝土的坍落度要求大于 200mm。( )

131. 水泥混凝土强度试验中,应始终缓慢匀速加荷,直至试件破坏,记录破坏时的极限荷载。( )

132. 混凝土抗折强度试验的三个试件中,如有一个断面位于加荷点外侧,则取另外两个试件测定值的算术平均值作为测定结果,并要求这两个测点的差值不大于其中较小测值的15%。( )

133. 水泥混凝土流动性大说明其和易性好。( )

134. 普通混凝土的抗压强度与其水灰比呈线性关系。( )

135. 计算混凝土的水灰比时,要考虑使用水泥的实际强度。( )

136. 混凝土的抗压强度以三个试件的平均值为测量值,如果任一个测值与中值差超出中值 15%时,则该组试验无效。( )

137. 为节约水泥,采用高强度等级水泥配制低强度等级混凝土,强度和耐久性都能满足要求。( )

138. 在结构尺寸和施工条件允许的前提下,粗集料的粒径尽可能选择的大一些,可以节约水泥。( )

139. 流动性大的混凝土比流动性小的混凝土得到的强度低。( )

140. 混凝土配合比设计中,水灰比是依据水泥强度和粗集料的种类确定的。( )

141. 试验室试拌调整得到的混凝土的基准配合比,不一定能够满足强度要求。( )

142. 路面混凝土的设计指标采用抗折强度。( )

143. 现场配制混凝土时,如果不考虑集料的含水率,会降低混凝土的强度。( )

144. 采用质量法计算混凝土的砂石用量时,必须考虑混凝土的含气率。( )

145. 水泥混凝土配合比设计,试拌时发现坍落度不能满足要求,应在保持水灰比不变的条件下,调整水泥浆用量,直到符合要求为止。( )

146. 沥青碎石属于开级配沥青混合料。( )

147. 沥青玛蹄脂碎石是工程中常用的骨架—空隙结构。( )

148. 密实—悬浮结构采用连续型密级配,沥青混合料获得的粘聚力和内摩擦角均小( )。

149. 沥青碎石属于骨架—空隙结构,具有较好的高温稳定性,但耐久性较差。( )

150. 沥青混合料夏季产生车辙主要是由于高温时抗拉强度不足或塑性变形过大而产生的

推挤等现象。（ ）

151.我国现行密级配沥青混凝土马歇尔试验技术标准中控制高温稳定性的指标有稳定度和流值。（ ）

152.影响沥青混合料施工和易性的首要因素是施工条件的控制。（ ）

153.在沥青拌和厂取样时，应将专用容器装在拌和机卸料斗下方，每放一次料取一次样，连续取几次，混合即可。（ ）

154.制备沥青混合料试件时，应先将各种矿料置于拌和机中拌和均匀后再加入沥青。（ ）

155.击实马歇尔试件，应先按四分法从四个方向用小铲将混合料铲入已备好的试模中，再用插刀沿周边插捣 10 次，中间 15 次。插捣后将沥青混合料表面整平成凸圆弧面。（ ）

156.当缺乏运动黏度测定条件时，制备沥青混合料试件的拌和与压实温度可按现行规范提供的参考表选用。针入度小、稠度大的沥青取低限；针入度大、稠度小的沥青取高限；一般取中值。（ ）

157.制作标准马歇尔试件高度若不符合 62.5mm±1.3mm 的要求时应作废。（ ）

158.沥青混合料试件的高度变化会影响稳定度的试验结果，而对流值无影响。（ ）

159.蜡封法适用于测定吸水率小于 2%的沥青混合料试件的毛体积密度。（ ）

160.对于沥青混合料试件，若能用水中重法测定其表观密度，则也可用表干法测定其毛体积密度，而且两种方法的测试结果会比较接近。（ ）

161.在进行沥青混合料试件的密度测定时，一般地说，蜡封法测定的毛体积密度比表干法测得的准确。（ ）

162.沥青混合料马歇尔稳定度试验，一组试件的数量最少不得少于 4 个。（ ）

163.测定稳定度，若马歇尔试件两侧高度差大于 2mm 时，试件应作废。（ ）

164.测定标准马歇尔试件的稳定度时，应先将试件在 60℃±1℃恒温水槽中保温 60min。（ ）

165.马歇尔稳定度试验的温度越高，测定的稳定度值愈大，流值愈小。（ ）

166.在马歇尔试验仪中读取稳定度应准确至 0.01kN，流值应准确至 0.01mm。（ ）

167.真空法测定沥青混合料的理论最大相对密度，若抽气不干净，测得的结果将偏小；若试样不干燥，测得的结果将偏大。（ ）

168.测定沥青混合料毛体积相对密度和表观相对密度的主要区别是计算体积时采用了不同状态下试件质量。（ ）

169.测定沥青混合料的毛体积密度，若称取试件水中质量时，天平读数持续变化，不能很快达到稳定，则应增加试件浸水时间。（ ）

170.我国现行标准规定采用马歇尔稳定度试验来评价沥青混合料的高温稳定性。（ ）

171.沥青混合料残留稳定度指标是指试件浸水 7d 后的稳定度。（ ）

172.考虑到夏季材料膨胀和沥青路面抗车辙能力的提高等因素，沥青混合料空隙率一般不小于 3%。（ ）

173.采用离心分离法测定沥青混合料中沥青含量，如果忽略泄漏入抽提液中矿粉的质量，则测得结果较实际值大。（ ）

174.沥青混合料配合比设计可分为矿质混合料组成设计和沥青最佳用量确定两部分。（ ）

175.随沥青含量增加，沥青混合料试件的饱和度和流值将按相似的曲线递增。（ ）

176. 压实沥青混合料，矿料及沥青以外的空隙(包括矿料自身内部的孔隙)的体积占试件总体积的百分率称为沥青混合料试件的空隙率。( )

177. 沥青混合料拌和过程中，如发现某热料仓溢料或待料，说明冷热料仓供料比不匹配，应适当调整相应冷料仓的流量。( )

178. 沥青路面施工时，若混合料的加热温度过高或过低时，易造成沥青路面泛油现象。( )

179. 沥青混合料中粗集料是指粒径大于 2.36mm 的碎石、破碎砾石、筛选砾石及矿渣等集料。( )

180. 在用表干法测定压实沥青混合料密度试验时，当水温不为 25℃时，沥青芯样密度应进行水温修正。( )

181. 在拌和厂及施工现场采集沥青混合料拌和成品制备标准马歇尔试件时，当集料公称最大粒径大于 31.5 ㎜时，也可利用直接法，但一组试件的数量应增加至 6 个。( )

182. 热拌沥青混合料的细集料可使用石屑，但在高速公路、一级公路中，石屑用量不宜超过天然砂及机制砂的用量。( )

183. SMA 沥青混合料在拌和时应适当延长拌和时间。( )

184. 沥青混合料车辙试验是在规定条件下，测量试件每增加 1mm 变形需要行车的次数。( )

185. 确定沥青混合料生产配合比时，若出现与标准级配范围中值出入较大的情况，还须适当调整热料仓供料比，直至关键筛孔的通过率与标准级配相应筛孔通过率中值的误差不超过规定值为止。这里，关键筛孔指 0.075mm、2.36mm、4.75mm、最大公称粒径对应的筛孔以及最大公称粒径与 4.75mm 中间的筛孔。( )

186. 干燥的磨细消石灰或生石灰粉作为矿料的一部分，可以增大沥青混合料的抗剥离性能。( )

187. 塑性指数为 12～15 的粘性土适合用石灰粉煤灰稳定。( )

188. 半刚性基层、底基层材料的组成设计主要是根据强度标准，通过试验选取原材料，确定最佳结合料剂量。( )

189. 无机结合料稳定土无侧限抗压强度试验，试件养生时间应为 28d。( )

190. 无机结合料稳定土无侧限抗压强度试验，试件养生期间试件质量损失是指从试件上掉下的混合料质量。( )

191. 石灰稳定细粒土可以作高速公路的基层。( )

192. 无机结合料稳定土材料组成设计中，试件的平均抗压强度应满足 $\overline{R} \geqslant R_d/(1-1.645C_v)$ 的要求。( )

193. 有效钙在 20%以上的等外灰，即使混合料的强度能够满足要求也不能使用。( )

194. 快硬水泥、早强水泥可以用于水泥稳定基层材料中。( )

195. 硫酸盐含量超过 2.5%的土，不能用水泥稳定。( )

196. 在制作 EDTA 标准曲线时，应准备 5 种不同水泥(石灰)剂量的试样，每种 1 个样品。( )

197. 当所配置的 EDTA 溶液用完后，应按照同样的浓度配置 EDTA 溶液，但不需要重作标准曲线。( )

198. 氯化铵简称为 EDAT。( )

199. 由于水中的钙镁离子会消耗 EDTA 溶液，因此在制作标准曲线时，应使用干混合料。（ ）

200. 当测定无机结合料稳定土含水率试验时，如果土中有石膏，则试样应该在不超过80℃的温度下烘干。（ ）

201. 无机结合料稳定土含水率测定的标准方法是烘干法。（ ）

202. 击实试验时，首先将风干试样用铁锤捣碎。（ ）

203. 击实试验的原理与压缩试验的原理一样都是土体受到压密。（ ）

204. 影响击实效果的主要因素只有土的含水率。（ ）

205. 做击实试验，击实筒可以放在任何地面上。（ ）

206. 无机结合料稳定土的无侧限抗压强度试验，制件所用的试模内径两端尺寸有所不同。（ ）

207. EDTA 滴定法快速测定石灰剂量试验中，将钙红指示剂加入到待滴定溶液中，溶液呈纯蓝色。（ ）

208. 无机结合料稳定土击实试验，根据击实功的不同，可分为轻型和重型两种试验方法。（ ）

209. 对于无机结合料稳定土击实试验，当粒径达到 25mm 时，适合用丙法。（ ）

210. 在制备水泥稳定土无侧限抗压强度试件时，拌和均匀加有水泥的混合料应在 1h 内制成试件。（ ）

211. 无侧限抗压强度试件养生温度，在北方地区保持 20℃±2℃。（ ）

212. 半刚性基层材料设计中，以无侧限抗压强度平均值作为设计参数。（ ）

213. 某灰土层 7d 强度标准为 0.80MPa，抽样检测时得到的强度平均值为 0.85MPa，尽管如此，强度也可能不合格。（ ）

214. 无机结合料稳定土的间接抗拉强度试验的试件制备方法与无侧限抗压强度的试件制备方法不同。（ ）

215. 现场密度检测方法中，核子法可以用作仲裁或评定验收试验。（ ）

216. 对于含有粒料的稳定土及松散性材料不能用环刀法测定现场密度。（ ）

217. 对于二灰碎石基层可采用重型击实试验所得到的最大干密度作为标准干密度。（ ）

218. 对于填石路堤应采用灌砂法来检测压实度。（ ）

219. 灌砂法适应于现场测定基层（或底基层）、砂石路面、沥青表面处治、沥青贯入式面层和路基土的密度和压实度，但不适宜于填石路堤的压实度检测。（ ）

220. 灌砂试验时，每换用一次量砂，都必须测定砂的松方密度。（ ）

221. 灌砂法测定密度时，下部可以略小于上部，以有利于灌砂。（ ）

222. 无黏聚性自由排水土的最大干密度的适宜测定方法是振动方法。（ ）

223. 沥青混合料面层的施工压实度是指按规定方法测得的混合料试样的毛体积密度与标准密度之比，以百分率表示。（ ）

224. 钻芯取样法测定路面厚度时，钻头的标准直径为 ϕ100mm，对基层材料有可能损坏试件时，也可用直径为 ϕ150mm 的钻头。（ ）

225. 环刀法适用于细粒土及无机结合料稳定细粒土的密度测试。（ ）

226. 灌砂法测定密度时试坑深度应为整个碾压层厚度。（ ）

227.采用核子密度湿度仪测定沥青混合料面层的压实密度时采用透射法。( )

228.灌砂筒中倒圆锥体内砂的数量不随量砂的改变而变化,原有标定数据可以使用。( )

229.当试坑材料组成与击实试验的材料有较大差异时,仍以击实试验结果作为最大干密度。( )

230.土的密实程度通常指单位体积中固体颗粒的含量。( )

231.表干法适用于测定吸水率大于2%的各种沥青混合料密度。( )

232.灌砂试验时地表面处理平否不影响试验结果。( )

233.用环刀法测得的密度是环刀内土样所在深度范围内的平均密度,它可以代表整个碾压层的平均密度。( )

234.核子仪用直接透射法测定密度时,应按要求将放射源棒放下插入已预先打好的孔内。( )

235.核子仪用散射法测定密度时,应在表面用钻杆打孔。( )

236.路基和路面基层、底基层的现场密度检测采用重、轻型击实试验为准。( )

237.和填隙碎石一样,对级配碎石基层和底基层压实状况的评定也采用固体体积率指标。( )

238.由沥青混合料实测最大密度计算压实度时,应进行空隙率折算后作为标准密度。( )

239.对于沥青碎石稳定基层,密度可采用蜡封法、体积法、表干法和水中重法。( )

240.对于沥青混合料试件,若能用水中重法测定其表观密度,则也可用表干法测定其毛体积密度,而且两种方法的测试结果会比较接近。( )

241.在进行沥青混合料试件的密度测定时,蜡封法测定的毛体积密度比表干法测得的准确。( )

242.用蜡封法测定沥青混合料的毛体积密度,如果石蜡的温度过高,进入开口空隙的蜡就越多,试验结果就会偏大。( )

243.承载板法适用于室内测定土基回弹变形值,并经过计算求得土基回弹模量。( )

244.贝克曼梁弯沉测试标准车应根据公路等级选择,二级公路应采用后轴10t的BZZ-100标准车。( )

245.水泥混凝土上加铺沥青面层的复合式路面,沥青面层不必检查弯沉。( )

246.对于沥青面层,若在非不利季节测定弯沉值时,应考虑季节影响系数。( )

247.弯沉是指在汽车荷载作用下,路基或路面表面轮隙位置产生的总垂直变形或垂直回弹变形值。( )

248.用两台弯沉仪同时进行左右轮弯沉值测定时可用左右两轮的平均值作为计算弯沉值。( )

249.当采用长度为3.6m的弯沉仪对半刚性基层沥青路面进行弯沉测定时,应对弯沉进行支点变形修正。( )

250.计算代表弯沉值时,所有测得数据全部列入计算。( )

251.弯沉是反映路基或路面压实程度的指标。( )

252.用贝克曼梁测定弯沉时,测得的结果必须进行温度修正。( )

253.当进行土基回弹模量测试时,可以不进行预压直接进行加载测试。( )

254. 计算 CBR 值时，标准压强（当贯入量为 5.0mm 时）为 10.5MPa。（ ）

255. 水泥混凝土路面芯样外观检查应详细描述有无裂缝、接缝、分层、麻面或离析等情况。（ ）

256. 快速无破损检测方法可以代替水泥混凝土钻芯的劈裂强度试验结果。（ ）

257. 水泥混凝土快速无破损检测方法不适宜作为仲裁试验或工程验收的最终依据。（ ）

258. 连续式平整度仪不适用于有较多坑槽、破损严重的路面。（ ）

259. 车载式颠簸累积仪测量车辆在路面通行时后轴与车厢之间的单向位移累积值表示路面平整度。（ ）

260. 车载式颠簸累积仪适用于已有较多坑槽、破损严重的路面上测定。（ ）

261. 3m 直尺测定法有单尺测定最大间隙及等距离连续测定两种，前者常用于施工质量控制与检查验收。（ ）

262. 单杆检测路面的平整度计算，以 3m 直尺与路面的最大间隙为测定结果。连续测定 10 尺时，只要 10 个最大间隙的平均值合格就可以满足要求。（ ）

263. 使用连续式平整度仪法，在选择测试路段的路面测试地点与 3m 直尺法相同。（ ）

264. 连续式平整度仪法可用人力拖拉或汽车牵引。（ ）

265. 连续式平整度仪的标准长度为 5m。（ ）

266. 反应类平整度测试设备所测得的指标是驾驶员和乘客直接感受到的平整度指标。（ ）

267. 国际平整度指数 IRI 与颠簸累积值 VBI_V 的相关关系是 $IRI=a+bVBI_V$。（ ）

268. 手工铺砂法是目前测定路面构造深度常用的方法。（ ）

269. 摆式仪测定路面抗滑值，使用前必须进行标定。（ ）

270. 摆式仪测定路面抗滑值，当路面试验温度不是 20℃时，应进行温度修正。（ ）

271. 摆式仪测定沥青路面和水泥混凝土路面的抗滑值，用以评定路面在各种状态下的抗滑能力。（ ）

272. 用摆式仪测试摆值同一处平行测定不少于 3 次，3 个测点间距 2～5m。（ ）

273. 用摆式仪测试摆值同一处平行测定不少于 3 次，每一处均取 3 次测定结果的平均值作为试验结果，精确至 2BPN。（ ）

274. 路面的抗滑摆值是指用标准的手提式摆式摩擦系数测定仪测定的路面在干燥条件下对摆的摩擦阻力。（ ）

275. 路表构造深度是指一定面积的路表面凹凸不平的开口孔隙的平均深度。（ ）

276. 沥青面层与水泥混凝土路面板的厚度检测应用钻孔法测定。（ ）

277. 用挖坑法测定路面结构厚度时，开挖面积应尽量的大。（ ）

278. 用挖坑法测量路面结构厚度时，用钢尺或卡尺等量具在坑的中部位置垂直伸至坑底，测量距离作为检查层的厚度，精确至 0.1cm。（ ）

279. 激光构造度仪适宜的检测速度为 3～5km/h。（ ）

280. 激光构造深度仪所测的构造深度可以直接用于判断路面的抗滑性能。（ ）

281. 激光平整度仪也被称为激光断面类测试仪。（ ）

282. 自动弯沉仪测定的弯沉值可以直接用于路基、路面强度评定。（ ）

283. 落锤式弯沉仪（FWD）测定的是路面动态弯沉，并用来反算路面的回弹模量。（ ）

284. 路面雷达测试系统是一种接触性、破坏性路面厚度测试技术。( )

285. 通常无机结合料稳定材料的干缩系数比温缩系数大得多。( )

286. 采用仪表法进行无机结合料稳定材料的温缩试验，在安置试件时，要将试件的光面朝上，安放到收缩仪上，装置好千分表，其表头应在贴好的玻璃片中间位置。( )

287. 沥青混合料的压实温度一次检测不得小于3个测点，取平均值作为测试温度。( )

288. 在运料车上测试沥青混合料的温度时，温度计插入深度不小于200mm，注视温度变化直至不再继续上升为止，读记温度，准确至1℃。( )

289. 高速公路和一级公路宜采用间歇式拌和机生产沥青混合料，此时应进行沥青混合料的总量检验。( )

三、多项选择题

1. 属于工程项目质量保证资料的有( )。
   A. 原材料质量检验结果　B. 隐蔽工程施工记录
   C. 混合料配合比试验数据　D. 大桥施工监控资料

2. 下列工程中可为单位工程的是( )。
   A. 一条公路的路基工程　B. 一个合同段的路基工程
   C. 一个合同段的排水工程　D. 一个合同段的交通安全设施

3. 下列工程中不可为单位工程的是( )。
   A. 一座中桥　B. 隧道总体
   C. 一个合同段的支挡防护工程　D. 一个合同段的所有小桥

4. 进行分部工程划分时，按1～3km路段划分的是( )。
   A. 路基土石方工程　B. 涵洞、通道
   C. 大型挡土墙　D. 路面工程

5. 分项工程质量检验的内容包括( )。
   A. 基本要求　B. 实测项目
   C. 外观鉴定　D. 质量保证资料

6. ( )可依据《公路工程质量检验评定标准》对公路工程质量进行检测评定。
   A. 质量监督部门　B. 质量检测机构
   C. 建设单位　D. 总监理工程师

7. 下列项目中属于分项工程的有( )。
   A. 桥面　B. 涵洞
   C. 砌筑工程　D. 软土地基

8. 下列项目中属于分项工程的有( )。
   A. 挡土墙　B. 锚喷支护
   C. 路基工程　D. 路面工程

9. 在分部工程中，按( )及路段长度和工序等划分为若干个分项工程。
   A. 施工方法　B. 材料

C. 施工特点　　D. 结构部位

10. 下列项目中属于分项工程的有（　）。

A. 排水工程　　B. 通道

C. 小桥　　D. 路肩

11. 下列各分项工程，（　）为主要工程。

A. 防护工程　　B. 引道工程

C. 基础及下部构造　　D. 桥面

12. 实测项目检测评分常采用如下（　）方法。

A. 数理统计法　　B. 合格率法

C. 专家评分法　　D. 监理人员评分法

13.《公路工程质量检验评定标准》为交通部行业标准，其适用范围可以是（　）。

A. 新建二级公路　　B. 改建二级公路

C. 新建高速、一级公路　　D. 三级公路改建工程

14. 某合同段施工单位以分部工程进行施工控制的有（　）。

A. 交通标志工程　　B. 小桥工程

C. 涵洞工程　　D. 排水工程

15. 在建设项目中，根据业主下达的任务和签订的合同，必须具备（　）条件才可成为单位工程。

A. 规模较大　　B. 独立施工

C. 独立成本计算　　D. 一定量的人员

16. 分部工程质量等级分为（　）。

A. 合格　　B. 良好

C. 不合格　　D. 优秀

17. 以下检查项目中，要求采用有关数理统计方法进行评定计分的是（　）。

A. 压实度　　B. 弯沉值

C. 路面厚度　　D. 混凝土强度

18. 分项工程质量检查评分内容有（　）。

A. 实测项目　　B. 资料不全

C. 外观缺陷　　D. 基本要求

19. 对于工程外表状况应进行全面检查，较严重的外观缺陷，应（　）。

A. 减分　　B. 整修处理

C. 按不合格处理　　D. 重点抽查

20. 可区分为一般工程和主要工程的是（　）。

A. 分部工程　　B. 分项工程

C. 单位工程　　D. 建设工程

21. 单位工程评为合格时，其（　）。

A. 分项工程全部合格　　B. 建设项目工程质量合格

C. 工序工程全部为优秀以上　　D. 分部工程全部合格

22. 路基单位工程包含（　）等分部工程。

A. 路基土石方工程　　B. 小桥工程
C. 大型挡土墙　　D. 砌筑防护工程

23. 路面分部工程中，含有(　)以及联结层、路缘石、人行道和路肩等分项工程。
A. 面层　　B. 基层
C. 底基层　　D. 垫层

24. 关于工程质量评定的下列说法中，正确的是(　)。
A. 工程质量评分以分项工程为评定单元
B. 分项工程中各实测项目规定分值之和为 100
C. 分项工程实际评分值为各实测项目得分之和
D. 按分项工程、分部工程、单位工程、工程建设项目逐级评定

25. 属于分项工程质量检验评定内容的有(　)。
A. 经检查不符合基本要求规定时，不予检验与评定
B. 缺乏最基本资料，不予检验与评定
C. 外观有严重的缺陷，不予检验与评定
D. 某一检查项目实测合格率小于 70%，不予检验与评定

26. 下列属于单位工程的有(　)。
A. 路基土石方工程
B. 路面工程
C. 一座特大桥中的一个施工合同段
D. 交通安全设施

27. 某合同段以下工程中属于分部工程的是(　)。
A. 路面面层工程　　B. 路基排水工程
C. 标志标线工程　　D. 大桥

28. 土工合成材料处治层(含加筋工程、过滤排水工程及防裂工程)的共同实测项目有(　)。
A. 下承层平整度、拱度　　B. 搭接宽度
C. 搭接缝错开距离　　D. 锚固长度

29. 关于土基压实度评定的下列说法中，正确的是(　)。
A. 用压实度代表值控制路段的总体压实水平
B. 单点压实度不得小于极值标准
C. 根据合格率，计算评分值
D. 分层检测压实度，但只按上路床的检测值进行评定计分

30. 土方路基交工验收时，需检测的项目包括(　)等。
A. 压实度　　B. 弯沉
C. 横坡　　D. 中线偏位

31. 用经纬仪测公路中线偏位时，设缓和曲线的弯道要增加的测点有(　)。
A. ZH　　B. HZ
C. HY　　D. YH

32. 石方路基实测项目包括(　)等。

A. 压实　　B. 弯沉　　C. 平整度　　D. 强度

33. 土方路基实测项目包括(　)等。

A. 压实度　　B. 平整度

C. 强度　　D. 弯沉

34. 对排水工程管节预制的基本要求有(　)。

A. 混凝土应符合抗冻要求

B. 混凝土应符合抗侵蚀要求

C. 混凝土不能出现露筋和空洞现象

D. 混凝土表面平整

35. 在排水工程中，管节预制实测项目有(　)。

A. 混凝土强度　　B. 内径

C. 外径　　D. 顺直度

36. 在路基排水工程一般规定中的土沟及浆砌排水沟，通常主要指(　)。

A. 边沟　　B. 路面拦水带

C. 截水沟　　D. 排水沟

37. 浆砌砌体实测项目中的(　)是非关键项目。

A. 砂浆强度　　B. 竖直度或坡度

C. 断面尺寸　　D. 表面平整度

38. 悬臂式和扶臂式挡土墙实测项目中，关键项目有(　)。

A. 混凝土强度　　B. 竖直度或坡度

C. 表面平整度　　D. 断面尺寸

39. 下列实测检查项目中，砌体挡土墙和扶臂式挡土墙共有的是(　)。

A. 平面位置　　B. 砂浆强度

C. 断面尺寸　　D. 表面平整度

40.(　)应作为分部工程进行评定。

A. 砌体挡土墙　　B. 桩板式挡土墙

C. 加筋土挡土墙　　D. 扶臂式挡土墙

41. 对石灰稳定粒料基层，(　)。

A. 混合料处于最佳含水量状况下，用重型压路机碾压至要求的压实度

B. 外观表面平整密实、无坑洼，不符合要求时，每处扣1～2分

C. 厚度代表值对高速公路和一级公路的底基层为−10

D. 所检测的强度是指无侧限抗压强度

42. 水泥稳定粒料基层实测项目中权值为3的有(　)。

A. 压实度　　B. 厚度　　C. 平整度　　D. 强度

43. 沥青路面设计弯沉值与(　)有关。

A. 累计当量轴次　　B. 公路等级

C. 基层类型　　D. 面层类型

44. 在现行《公路工程质量检验评定标准》中，(　)是沥青混凝土面层的实测项目。

A. 回弹模量　　　　　　　　　　B. 压实度

C. 中线偏位　　　　　　　　　　D. 弯沉

45. 在《公路工程质量检验评定标准》中，(　)的代表值采用 t 分布计算。

A. 纵断高程　　　　　　　　　　B. 压实度

C. 3m 直测定路面平整度　　　　D. 路面厚度

46. 水泥稳定碎石基层交工验收时，需检测的项目包括(　)等。

A. 弯沉　　　　　　　　　　　　B. 强度

C. 压实度　　　　　　　　　　　D. 厚度

47. 水泥稳定碎石基层与级配碎石基层交工验收时，都需检测的项目有(　)。

A. 压实度　　　　　　　　　　　B. 强度

C. 厚度　　　　　　　　　　　　D. 弯沉

48. 属于沥青表处面层检测项目的有(　)。

A. 压实度　　　　　　　　　　　B. 弯沉

C. 沥青总用量　　　　　　　　　D. 抗滑

49.《公路工程质量检验评定标准》规定，摩擦系数可采用(　)进行检测。

A. 摆式仪　　　　　　　　　　　B. 构造深度

C. 纹理深度　　　　　　　　　　D. 横向力系数测定车

50. 在沥青面层弯沉检测中，下列 4 种情况应进行温度修正的有(　)。

A. 路面温度 15℃，沥青面层厚度 10cm

B. 路面温度 15℃，沥青面层厚度 4cm

C. 路面温度 25℃，沥青面层厚度 10cm

D. 路面温度 25℃，沥青面层厚度 4cm

51. 按土基现场 CBR 值测试方法进行试验时，在靠近试验点位置测定土基密度可用的方法是(　)。

A. 灌砂法　　　　　　　　　　　B. 核子密度仪

C. 水袋法　　　　　　　　　　　D. 环刀法

52. 路面厚度测试报告应包括检测路段的(　)。

A. 厚度平均值　　　　　　　　　B. 标准差

C. 厚度代表值　　　　　　　　　D. 厚度极值

53. 进行路基宽度检测时，该检测宽度范围应包括(　)。

A. 行车道路面宽度　　　　　　　B. 边坡宽度

C. 路肩宽度　　　　　　　　　　D. 紧急停车带宽度

54.《公路路基路面现场测试规程》所规定的路基路面几何尺寸测试方法适用于(　)的检测。

A. 路基路面各部分宽度　　　　　B. 中线平面偏位

C. 纵断面高程　　　　　　　　　D. 横坡

55. 根据《公路路基路面现场测试规程》，挖坑法适用于(　)的检测。

A. 基层路面厚度　　　　　　　　B. 沥青面层厚度

C. 砂石路面厚度　　　　　　D. 水泥混凝土路面板厚度

56. 根据《公路路基路面现场测试规程》中的几何数据测试系统测定路面横坡试验方法，要求（　），承载车须进行距离标定。

A. 连续 20 天以上未使用时　　　B. 每行驶 5 000km

C. 有严重坑槽、车辙时　　　D. 更换轮胎时

57. 采用挖坑灌砂法测定压实度时，（　），宜用小型灌砂筒测试。

A. 集料最大粒径小于 13.2mm　　　B. 填石路堤

C. 沥青贯入式路面　　　D. 测定层厚度不超过 150mm

58. 人工取土器所包含构件有（　）。

A. 落锤　　　B. 环刀

C. 定向筒　　　D. 升降手轮

59. 落锤式弯沉仪简称 FWD，其组成部分有（　）。

A. 荷载发生装置　　　B. 弯沉检测装置

C. 车辆牵引系统　　　D. 加载千斤顶

60. 摆式仪的结构组成部分有（　）。

A. 滑溜块　　　B. 释放开关

C. 透明有机玻璃筒　　　D. 调平螺丝

61. 在进行水泥稳定材料的水泥剂量检测时，与 EDTA 滴定法的龄期效应曲线有关的因素有（　）。

A. 素集料　　　B. 水泥剂量

C. 稳定层压实度　　　D. 水泥品质

62. 采用 EDTA 滴定法测定石灰稳定土中石灰剂量时，所用到的试剂有（　）

A. NH_4Cl 溶液　　　B. 乙二胺四乙酸二钠标准溶液

C. NaOH 溶液　　　D. $Ca(OH)_2$ 溶液

63. EDTA 滴定法适用条件有（　）。

A. 工地快速测定水泥稳定材料中的水泥剂量

B. 工地快速测定石灰稳定材料中的石灰剂量

C. 检查现场拌和及摊铺的均匀性

D. 水泥和石灰综合稳定材料中结合料的剂量

64. 公路工程无机结合料稳定材料试验规程中的含水率试验方法（烘干法）适用于（　）。

A. 水泥、石灰含水率　　　B. 有机质土的含水率

C. 粉煤灰的含水率　　　D. 无机结合料稳定材料的含水率

65. 测定水泥或石灰剂量时，下列滴定操作正确的是（　）。

A. 摇动锥形瓶时要向同一个方向旋转

B. 滴定管不能离开瓶口过高，应在瓶颈的 1/3 处

C. 滴定过程中，右手不能离开活塞任操作液直流

D. 滴定开始时速度可稍快，临近终点时应滴一滴，摇几下，观察颜色变化情况

66. 在石灰氧化镁测定方法中，用到的试剂有（　）。

A. 1∶10 盐酸　　B. 硫酸钾溶液

C. 氢氧化钠-氯化按缓冲溶液　　D. EDTA 二钠标准溶液

67. 石灰氧化镁测定方法所利用的原理有(　)。

A. 利用 EDTA 在 PH=10 左右的溶液中能与钙镁完全络合的原理

B. 利用 EDTA 在 PH≥12 的溶液中只与钙离子络合的原理

C. 利用三乙醇胺在碱性溶液中与钙镁完全络合的原理

D. 利用石灰活性氧化钙与蔗糖化合而成水溶性的蔗糖钙原理

68. 无机结合料稳定材料取样方法适用于(　)。

A. 无机结合料稳定材料室内试验

B. 无机结合料稳定材料配合比设计

C. 无机结合料稳定材料施工过程中的质量抽检

D. 无机结合料稳定材料现场压实度测定

69. 无机结合料稳定材料取样方法对于料堆取样,应(　)。

A. 在料堆的上部、中部和下部各取一份试样,混合后按四分法分料取样

B. 从料场或料堆的许多不同位置分别取部分样品,然后将这些小样品混合成一个样品

C. 取样时宜用平锹将料堆表面的料铲平,呈台阶状,然后取料。

D. 取样时要按先周边,再顶部的顺序进行

70. 无机结合料稳定材料击实试验方法所采用的击实筒有(　)。

A. 小型击实筒内径 100mm,高 127mm

B. 中型击实筒内径 122mm,高 150mm

C. 大型击实筒内径 152mm,高 170mm

D. 特大型击实筒内径 175mm,高 200mm

71. 无机结合料稳定材料击实试验方法所采用的大型击实筒为(　)。

A. 内径 152mm,高 170mm　　B. 容积为 2 177cm^3

C. 套环高 50mm　　D. 筒内垫块高 50mm

72. 无机结合料稳定材料振动压实试验方法适用于(　)。

A. 水泥土　　B. 石灰土

C. 水泥稳定碎石　　D. 石灰粉煤灰稳定料料土

73. 无机结合料稳定材料振动压实试验方法所要求的振动压实机(　)。

A. 配有直径 150mm 的压头　　B. 静压力不可调

C. 激振力可调　　D. 频率可调

74. 无机结合料稳定材料振动压实试验方法,(　)。

A. 一般选用面压力约为 0.1MPa　　B. 激振力约为 3600N

C. 振动频率为 28～30Hz　　D. 采用偏心块夹角为 60°

75. 根据公路工程无机结合料稳定材料试验规程,石灰细度试验方法所采用的筛孔尺寸是(　)。

A. 0.15mm　　B. 0.3mm

C. 0.6mm　　　　D. 0.9mm

76. 进行无机结合料稳定材料击实试验，按预定含水率制备试样时，需预先将土浸润备用，(　)。

A. 黏质土 12～24h

B. 粉质土 6～8h

C. 含土很少的未筛分碎石、砂砾可缩短到 1h

D. 浸润时间一般不超过 24h

77. 无机结合料稳定材料试件制作方法(圆柱形)适用于无机结合料稳定材料的(　)试验。

A. 间接抗拉强度　　　　B. 无侧限抗压强度

C. 劈裂模量　　　　D. 室内抗压回弹模量

78. 在无机结合料稳定材料试件制作方法(圆柱形)中，下列说法正确的是(　)。

A. 对于细粒土，一次可称取 6 个试件的土

B. 对于粗粒土一次只能称取 1 个试件的土

C. 准备好的试料应分别装入塑料袋中备用

D. 所取土一定要进行风干处理

79. 无机结合料稳定材料试件制备完成，在脱模器上取试件时，应(　)。

A. 用双手抱住试件侧面的中下部

B. 用右手握紧试件顶部提起试件

C. 先沿水平方向轻轻旋转，再将试件轻轻捧起

D. 脱模器顶出试件后，用专用摄子拾取试件

80. 根据公路工程无机结合料稳定材料试验规程，在进行无侧限抗压强度试验结果数据处理时，对于同一组试件，(　)。

A. 采用 3 倍均方差方法剔除异常值

B. 对于小试件变异系数应小于等于 6%

C. 抗压强度保留 2 位小数

D. 对于大试件变异系数应小于等于 15%

81. 进行无机结合料稳定材料间接抗拉强度试验时，(　)。

A. 采用半径略大于试件半径的弧面压条

B. 试件采用高：直径＝1：1 的圆柱体

C. 间接抗拉强度保留两位小数

D. 在上压条上面放置方形支座，且应位于试件的中部

82. 在无机结合料稳定材料劈裂回弹模量试验方法中，下列说法正确的是(　)。

A. 对于细粒式、中粒式混合料，采用 10cm×10cm 的圆柱形试件

B. 对于粗粒土采用 15cm×15cm 的圆柱形试件

C. 试验荷载为静态荷载

D. 试验过程中，试件上一直要作用一个接触荷载

83. 与半刚性基层材料的干缩系数、温缩系数有关的因素是(　)。

A. 结合料的类型和剂量　　　　B. 土的类别及粒料含量

C. 细土含量和塑性指数　　　　D. 小于 0.075mm 的黏粒含量

84. 进行无机结合料稳定材料干缩试验时，试件成型养生 7 天后，需(　)。

A. 将饱水后的试件表面水擦干

B. 采用游标卡尺测定初始长度

C. 初始长度需重复测定三次，取中间值作为基准长度的测定值

D. 擦干表面水后即可称取试件的初始质量

85. 无机结合料稳定材料温缩试验方法可以采用(　)。

A. 仪表法　　　　B. 密度计法

C. 应变片法　　　　D. 电阻法

86. 热拌沥青混合料的施工温度测试包括(　)。

A. 沥青混合料的出厂温度　　　　B. 施工现场的摊铺温度

C. 碾压开始时混合料的内部温度　D. 碾压终了的内部温度

87.《沥青喷洒法施工沥青用量测试方法》适用的路面类型有(　)。

A. 沥青表面处治　　　　B. 沥青贯入式

C. 乳化沥青碎石　　　　D. SMA 路面

88. 用于测定路面摩擦系数的动态旋转式摩擦系数测试仪的组成部分包括(　)。

A. 控制器　　　　B. 测试仪

C. 贝克曼梁　　　　D. 记录仪

89. 下列用于表征土基强度的指标是(　)。

A. CBR 值　　　　B. 抗剪强度

C. 平整度　　　　D. 压实度

90. 无机结合料稳定材料弯拉强度试验的加载方式有(　)。

A. 三分点加载　　　　B. 五分点加载

C. 四分点加载　　　　D. 中心点加载

91. 实验室检验混凝土拌和物的工作性，主要通过检验(　)方面来综合评价。

A. 流动性　　　　B. 可塑性

C. 黏聚性　　　　D. 保水性

92. 普通混凝土试配强度计算与(　)因素有关。

A. 混凝土设计强度等级　　　　B. 水泥强度等级

C. 施工水平　　　　D. 强度保证率

93. 目前，测定混凝土拌和物和易性的现行方法主要有(　)。

A. 坍落度法　　　　B. 贯入阻力法

C. 维勃稠度法　　　　D. 目测法

94. 测得混凝土坍落度值后，应进一步观察黏聚性。具体做法是用捣棒轻轻敲击拌和物，若混凝土试体出现(　)，说明混凝土黏聚性差。

A. 突然折断　　　　B. 崩解、石子散落

C. 底部明显有水流出　　　　D. 表面泌水

95. 普通混凝土配合比设计中，计算单位砂石用量通常采用(　)法。

A. 质量　　B. 经验

C. 体积　　D. 查表

96. 水泥混凝土用砂中的有害杂质包括泥或泥块及（　）。

A. 有机质　　B. 云母

C. 轻物质　　D. 三氧化硫

97. 影响水泥混凝土工作性的因素有（　）。

A. 原材料的特性　　B. 单位用水量

C. 水灰比　　D. 砂率

98. 选用级配良好的集料配制混凝土，可以获得（　）。

A. 较好的和易性　　B. 节约水泥

C. 提高强度　　D. 提高耐久性

99. 水泥混凝土抗折强度试验加载点的具体位置，应为标准试件从一端量起的（　）处。

A. 50mm　　B. 200mm

C. 350mm　　D. 500mm

100. 水泥混凝土抗弯拉强度试验可以选用的试件尺寸有（　）。

A. 150mm×150mm×400mm　　B. 150mm×150mm×550mm

C. 150mm×150mm×600mm　　D. 150mm×150mm×650mm

101. 影响混凝土强度的主要因素有（　）。

A. 组成材料　　B. 养护条件

C. 试验方法　　D. 试验条件

102. 普通水泥混凝土配合比设计，选择水泥应从（　）方面进行考虑。

A. 品种　　B. 质量

C. 用量　　D. 强度等级

103. 普通混凝土配合比设计，单位用水量是依据（　）选择的。

A. 公称最大粒径　　B. 设计坍落度

C. 粗集料品种　　D. 水灰比

104. 混凝土初步配合比设计计算中，选择砂率由（　）确定。

A. 公称最大粒径　　B. 设计坍落度

C. 粗集料品种　　D. 水灰比

105. 确定混凝土配合比的三个基本参数是（　）。

A. 水灰比　　B. 砂率

C. 单位用水量　　D. 单位水泥用量

106. 水泥混凝土配合比设计应满足（　）等基本要求。

A. 施工工作性　　B. 结构物设计强度

C. 环境耐久性　　D. 经济性

107. 设计混凝土采用较低的水灰比，可获得（　）的混凝土。

A. 较为密实　　B. 强度较低

C. 耐久性较好　　D. 节省费用

108. 水泥混凝土的配合比设计步骤包括(　)。

A. 计算初步配合比　　B. 提出基准配合比

C. 确定实验室配合比　　D. 换算工地配合比

109. 水泥混凝土的技术性质包括(　)。

A. 工作性　　B. 强度

C. 耐久性质　　D. 力学性质

110. 水泥混凝土配合比设计中,耐久性是通过(　)控制的。

A. 最大水灰比　　B. 最小砂率

C. 最小水泥用量　　D. 最大用水量

111. 评价沥青与矿料黏附性的试验方法有(　)。

A. 水煮法　　B. 水浸法

C. 亲水系数法　　D. 比色法

112. 石油沥青混合料中集料可优先采用(　)。

A. 石灰岩　　B. 花岗岩

C. 砂岩　　D. 玄武岩

113. 密级配沥青混凝土混合料主要有(　)类型。

A. 沥青混凝土　　B. 沥青碎石

C. 沥青稳定碎石　　D. 沥青玛蹄脂碎石

114. 按沥青混合料压实后空隙率的大小分类,沥青混合料可以分为(　)。

A. 密级配沥青混合料　　B. 开级配沥青混合料

C. 半开级配沥青混合料　　D. 连续级配沥青混合料

115. 下列(　)类型属于开级配沥青混合料。

A. 沥青碎石　　B. 排水式沥青磨耗层

C. 排水沥青碎石基层　　D. 沥青玛蹄脂碎石

116. 沥青混合料由于组成材料级配不同,压实后内部矿料颗粒分配状态及剩余空隙率不同等特点,可以形成(　)组成结构。

A. 悬浮-密实结构　　B. 骨架-空隙结构

C. 密实-骨架结构　　D. 骨架-悬浮结构

117. 按细粒式沥青混合料定义,矿料公称最大粒径应为(　)mm。

A. 16　　B. 13.2

C. 9.5　　D. 4.75

118. 目前,我国沥青路面中使用最多的是热拌热铺的石油沥青混凝土,设计中主要通过控制(　)来实现。

A. 矿料采用连续级配　　B. 矿料采用间断级配

C. 空隙率为3%~6%　　D. 空隙率为4%~6%

119. 沥青混合料在低温时由于(　)原因产生裂缝现象。

A. 抗拉强度不足　　B. 抗剪强度不足

C. 抗压强度不足　　D. 变形能力较差

120. 我国现行密级配沥青混凝土马歇尔试验技术标准中要求控制（　）指标。

A. 高温稳定性　　B. 低温抗裂性

C. 抗滑性　　D. 耐久性

121. 沥青混合料的高温稳定性，在实际工作中通过（　）方法进行评价。

A. 马歇尔试验　　B. 浸水歇尔试验

C. 车辙试验　　D. 劈裂试验

122. 我国现行规范采用（　）指标表征沥青混合料的耐久性。

A. 空隙率　　B. 饱和度

C. 矿料间隙率　　D. 残留稳定度

123. 沥青混合料的主要技术性质包括（　）。

A. 高温稳定性　　B. 低温抗裂性

C. 耐久性　　D. 抗滑性

124. 空隙率是影响沥青混合料耐久性的重要因素，其大小取决于（　）。

A. 矿料级配　　B. 沥青品种

C. 沥青用量　　D. 压实程度

125. 沥青混合料马歇尔试验可以测定（　）指标。

A. 稳定度　　B. 流值

C. 动稳定度　　D. 马歇尔模数

126. 测定马歇尔稳定度，指在规定（　）条件下，标准试件在马歇尔仪中最大的破坏荷载。

A. 温度　　B. 湿度

C. 变形　　D. 加荷速度

127. 沥青混合料水稳定性的评价指标为（　）。

A. 吸水率　　B. 饱水率

C. 残留强度比　　D. 残留稳定度

128. 确定沥青混合料的取样数量与（　）因素有关。

A. 试验项目　　B. 试验目的

C. 集料公称最大粒径　　D. 试件大小

129. 可采用（　）方法制备沥青混合料试件，用于室内马歇尔试验和劈裂强度试验。

A. 标准击实　　B. 大型击实

C. 重型击实　　D. 轻型击实

130. 当不具备测定运动黏度条件时，制备沥青混合料试件的拌和与压实温度可按现行规范提供的参考表选用，并根据沥青的（　）作适当调整。

A. 品种　　B. 标号

C. 用量　　D. 闪点

131. 测定沥青混合料毛体积密度，根据试件吸水率大小不同可选用（　）方法。

A. 水中重法　　B. 表干法

C. 蜡封法　　D. 真空法

132. 沥青混合料中沥青含量试验有（　）。

A. 射线法　　B. 离心分离法

C. 回流式抽提仪法　　D. 脂肪抽提器法

133. 沥青路面所用沥青标号的选用与(　)因素有关。

A. 气候条件　　B. 道路等级

C. 沥青混合料类型　　D. 路面类型

134. 通常(　)情况应选用稠度较高的沥青。

A. 较热地区　　B. 交通较繁重地区

C. 细粒式沥青混合料　　D. 渠化交通道路

135. 沥青混合料组成设计包括(　)设计阶段。

A. 目标配合比设计　　B. 生产配合比设计

C. 生产配合比折算　　D. 生产配合比验证

136. 沥青混合料目标配合比设计阶段,经马歇尔试验确定 OAC 后,还应进行(　)检验。

A. 水稳定性　　B. 高温抗车辙能力

C. 低温抗裂性能　　D. 渗水系数

137. 确定最佳沥青用量初始值 OAC_1 与(　)指标有关。

A. 空隙率　　B. 饱和度

C. 稳定度　　D. 毛体积密度

138. 沥青混合料中可以使用下列(　)作为填料。

A. 碱性矿粉　　B. 消石灰粉

C. 水泥　　D. 粉煤灰

139. 沥青混合料中沥青用量可以采用(　)来表示。

A. 沥青含量　　B. 粉胶比

C. 油石比　　D. 沥青膜厚度

140. 沥青混合料施工检测项目主要有(　)。

A. 沥青含量　　B. 矿料级配

C. 稳定度　　D. 流值

141. 石灰工业废渣稳定土施工前,应取有代表性的样品进行(　)试验。

A. 石料压碎值　　B. 土的颗粒分析

C. 石灰有效钙镁含量　　D. 碎石含泥量

142. 水泥稳定基层材料的集料最大粒径不大于(　),底基层材料的集料最大粒径不大于(　)。

A. 31.5mm　　B. 16.5mm

C. 37.5mm　　D. 19.5mm

143. 以下说法正确的有(　)。

A. 用石灰稳定不含黏性土或无塑性指数的级配砂砾、级配碎石和未筛分碎石时,应添加 15%左右的黏性土

B. 硫酸盐含量超过 0.8%的土和有机质含量超过 10%的土,不宜用石灰稳定

C. 对于高速公路和一级公路,石灰稳定土宜采用磨细生石灰粉

D. 对于石灰粉煤灰土,湿粉煤灰的含水率可以超过 35%

144. 以下材料（　）可以用做柔性基层。

A. 石灰土　　B. 沥青灌入式碎石

C. 水泥稳定级配碎石　　D. 级配碎石

145. 以下（　）材料为无机结合料。

A. 沥青　　B. 石灰

C. 粉煤灰　　D. 水泥

146. 以下基层类型（　）为半刚性基层。

A. 石灰钢渣基层　　B. 级配碎石基层

C. 贫水泥混凝土基层　　D. 水泥稳定级配碎石基层

147. 石灰稳定基层对石灰有效钙镁含量的要求是（　）。

A. 对于钙质生石灰，不小于65%　　B. 对于钙质消石灰，不小于55%

C. 对于镁质生石灰，不小于65%　　D. 对于镁质消石灰，不小于55%

148. 石灰工业废渣稳定类基层对土的要求为（　）。

A. 土的塑性指数为12～20　　B. 有机质含量不超过6%

C. 有机质含量不超过10%　　D. 土块的最大粒径不大于15mm

149. 用EDTA滴定法测定石灰剂量时，使用的化学试剂包括（　）。

A. 乙二胺四乙酸二钠　　B. 氯化铵（NH_4Cl）溶液

C. 碳酸钙溶液　　D. 酚酞指示剂

150. EDTA方法适用于（　）。

A. 测定水泥稳定土中的水泥剂量

B. 测定石灰稳定土中的石灰剂量

C. 测定水泥稳定土中的硅酸二钙和硅酸三钙的剂量

D. 检查石灰或水泥稳定土的拌和均匀性

151. 以下（　）是工地快速测定无机结合料稳定土含水率的方法。

A. 烘干法　　B. 砂浴法

C. 酒精法　　D. 核子密度仪法

152. 进行无机结合料稳定土的含水率试验时，称量精度要求为细粒土（　），中粒土（　），粗粒土（　）。

A. 精确至0.01g　　B. 精确至0.2g

C. 精确至0.1g　　D. 精确至1g

153. 在击实功一定的条件下，随着粗粒料含量的增多，（　）。

A. 土的最佳含水率变小　　B. 土的最佳含水率变大

C. 最大干密度的变大　　D. 最大干密度的变小

154. 在进行无机结合料稳定材料击实试验时，（　）试样需要进行最大干密度和最佳含水率的校正。

A. 超尺寸颗粒含量为8%　　B. 超尺寸颗粒含量为31%

C. 超尺寸颗粒含量为4%　　D. 超尺寸颗粒含量为20%

155. 无侧限抗压强度试验是按照预定的干密度采用（　）或（　）制备试件。

A. 静压法　　　　　　　　　　B. 自然沉降

C. 锤击法　　　　　　　　　　D. 振实法

156. 以下无侧限抗压强度，表示正确的有（　）。

A. 2.4MPa　　　　　　　　　B. 0.82MPa

C. 2.40MPa　　　　　　　　 D. 0.83MPa

157. 某实验室进行石灰粉煤灰稳定土的击实试验，试验结果表示正确的有（　）。

A. 最大干密度 1.7g/cm^3，最佳含水率 13%

B. 最大干密度 1.72g/cm^3，最佳含水率 15%

C. 最大干密度 1.72g/cm^3，最佳含水率 11.2%

D. 最大干密度 1.72g/cm^3，最佳含水率 11.5%

158. 无机结合料稳定土击实试验方法有甲法、乙法和丙法，以下关于甲和乙法说法正确的是（　）。

A. 锤击层数一样　　　　　　　B. 每层击实次数不同

C. 平均单位击实功相同　　　　D. 容许最大粒径不同

159. 在制备石灰稳定土无侧限抗压强度试件时，要向土中加水拌和浸润，加水量应满足（　）要求。

A. 对于细粒土，含水率较最佳含水率小 3%

B. 对于中、粗粒土，含水率为最佳含水率

C. 对于细粒土，含水率为最佳含水率

D. 对于细、中、粗粒土，含水率均为最佳含水率

160. 水泥稳定土无侧限抗压强度试件养生期间，试件质量损失应符合（　）规定。

A. 小试件不超过 1g　　　　　B. 中试件不超过 4g

C. 大试件不超过 10g　　　　 D. 小、中、大试件均不超过 4g

161. 对于无侧限抗压强度试验，计算的精密度或允许误差要求若干次平行试验的偏差系数 C_V 应符合（　）规定。

A. 小试件不大于 10%　　　　 B. 中试件不大于 12%

C. 大试件不大于 20%　　　　 D. 中试件不大于 15%

162. 进行无机结合料稳定土间接抗拉强度的试件养生，正确养生时间是（　）。

A. 对于水泥稳定土，养生时间 90d

B. 对于水泥稳定土，养生时间 7d

C. 对于石灰稳定土，养生时间 7d

D. 对于石灰稳定土，养生时间 6 个月

163. 进行无机结合料稳定土的间接抗拉强度试验，（　）可以不用压条。

A. 龄期是 3 个月的水泥稳定土　B. 龄期是 3 个月的石灰稳定土

C. 龄期是半年的石灰稳定土　　D. 龄期是半年的水泥稳定土

164. 用顶面法室内量测无机结合料稳定土的回弹模量，对承载板上的计算单位压力选定值的要求为：无机结合料稳定基层材料（　），无机结合料稳定底基层材料（　）。

A. 用 0.6～0.8　　　　　　　B. 用 0.3～0.5

C. 用 0.5～0.7　　D. 用 0.2～0.4

165. 压实度的大小取决于（　）。

A. 实测的现场密度　　B. 量砂的密度

C. 标准密度　　D. 灌砂筒的大小

166. 现场密度试验检测方法包括（　）。

A. 灌砂法　　B. 环刀法

C. 核子法　　D. 钻芯法

167. 粒料类基层材料的标准密度确定方法有（　）两种方法。

A. 重型击实法　　B. 震动法

C. 轻型击实法　　C. 大型马歇尔击实法

168. 沥青稳定碎石基层标准密度取值有（　）可以选择。

A. 以沥青拌和厂取样实测的马歇尔试件密度作为标准密度

B. 以真空法实测的最大理论密度作为标准密度

C. 以试验路密度作为标准密度

D. 以灌砂法所取得的密度作为标准密度

169. 环刀法适用于以下（　）情况的现场密度检测。

A. 细粒土

B. 龄期不超过 3d 的无机结合料细粒土

C. 龄期不超过 2d 的无机结合料细粒土

D. 细粒式沥青混凝土

170. 灌砂法现场测定路基或路面材料密度，当（　）时宜采用 ϕ150mm 的大型灌砂筒。

A. 集料最大粒径≥15mm，≤40mm

B. 集料最大粒径≥20mm，≤40mm

C. 测定层厚度超过 150mm，不超过 200mm

D. 测定层厚度超过 200mm

171. 灌砂法现场测定路基土密度时，在已知（　）和（　）的基础上，首先计算（　），然后计算（　）。（按空格顺序填写选项答案）

A. 试坑材料的湿密度 ρ_w　B. 试坑材料的干密度 ρ_d

C. 填满试坑所用的砂的质量 m_b　D. 量砂的单位质量 r_s

172. 对现场路基土进行 CBR 值测试时，贯入杆的贯入量达到（　）或（　）时，试验结束。

A. 7.5mm　　B. 2.5mm

C. 12.5mm　　D. 10mm

173. 灌砂法现场测定路基或路面材料密度，当（　）时宜采用 ϕ100mm 的小型灌砂筒。

A. 集料最大粒径小于 15mm　B. 集料最大粒径小于 10mm

C. 测定层厚度不超过 100mm　D. 测定层厚度不超过 150mm

174. 压实沥青混合料密度试验，一般有（　）。

A. 表干法　　B. 蜡封法

C. 水中重法　　D. 体积法

175. 一般来说,测定沥青混凝土面层压实度的方法有(　)。

A. 核子仪法　　B. 环刀法

C. 水袋法　　D. 钻芯取样法

176. 使用核子仪测定压实度,一般采用(　)。

A. 直接透射法　　B. 散射法

C. 反射法　　D. 以上均不适合

177. 采用核子密度仪进行密度检测前要进行(　)准备。

A. 使用前用标准板测定仪器的标准值

B. 检测前应进行标定

C. 选择测试位置

D. 预热仪器

178. 在进行(　)测定前,应用核子法对(　)进行标定。

A. 沥青混合料压实层密度　　B. 钻孔取样的试件

C. 挖坑灌砂法的结果　　D. 环刀法的结果

179. 在选择核子密度仪测试位置时,应注意测试位置与距路面边缘或其他物体的最小距离不得小于(　),核子仪距其他射线源不得少于(　)。

A. 30cm　　B. 10cm　　C. 10m　　D. 30m

180. 目前,现场测定土基回弹模量的方法主要有(　)。

A. 承载板法　　B. CBR 法

C. 贝克曼梁法　　D. 灌砂法

181. 在用承载板法测定土基回弹模量试验中,下列说法不正确的有(　)。

A. 安置承载板前,应在土基表面撒一层细砂

B. 采用逐级加载、卸载的方法,测出每级荷载下相应的土基回弹变形

C. 计算回弹模量时以实测回弹变形代入公式

D. 当两台弯沉仪百分表读数之差超过平均值的 30%时取平均值

182. 承载板测定土基回弹模量试验中,刚性承载板的板厚和直径一般为(　)。

A. 板厚 20mm　　B. 板厚 40mm

C. 直径 30cm　　D. 直径 76cm

183. 用承载板法测定土基回弹模量时,测定完成后还要测定试验点的(　)。

A. CBR　　B. 含水量　　C. 压实度　　D. 密度

184. 下表是用承载板法测定土基回弹模量时以后轴重(　)的标准车为测试车的(　)影响量的计算值。

承压板压力 (MPa)	0.05	0.10	0.15	0.20	0.30	0.40	0.50
影响量	0.06*a*	0.12*a*	0.18*a*	0.24*a*	0.36*a*	0.48*a*	0.60*a*

A. 60kN　　B. 100kN　　C. 各级荷载　　D. 总荷载

185. 回弹弯沉值可以用于(　)。

A. 施工控制　　B. 施工验收

C. 新建路面结构设计　　D. 旧路补强设计

186. 在沥青面层弯沉检测中，下列 4 种情况应进行温度修正的有(　)。

A. 路面温度 15℃，沥青面层厚度 7cm

B. 路面温度 15℃，沥青面层厚度 4cm

C. 路面温度 25℃，沥青面层厚度 10cm

D. 路面温度 25℃，沥青面层厚度 4cm

187. 路面弯沉测量时应首先检查(　)。

A. 承载板接地情况　　B. 轮胎充气压力

C. 百分表灵敏度　　D. 刹车性能

188. 在测定路面弯沉时，我国采用的 BZZ—100 的测试车，其有关参数是(　)。

A. 后轴标准轴载为 100kN±1kN

B. 后轴标准轴载为 60kN±1kN

C. 轮胎充气压力为 0.70MPa±0.05MPa

D. 轮胎充气压力为 0.50MPa±0.05MPa

189. 采用 5.4m 弯沉仪在春季 17℃情况下，测定 8cm 厚的沥青路面弯沉值，计算代表弯沉值时应进行下列修正(　)。

A. 弯沉仪支点变形修正　　B. 温度修正

C. 季节修正　　D. 轴载修正

190. 下列弯沉测定方法中(　)测出的弯沉是静态弯沉。

A. 落锤式弯沉仪　　B. 自动弯沉仪

C. 贝克曼梁　　D. 激光弯沉仪

191. 落锤式弯沉仪可用于(　)。

A. 测定路面的动态弯沉　　B. 测定路面回弹弯沉

C. 计算 CBR 值　　D. 反算路面回弹模量

192. 水泥混凝土路面芯样检查内容包括(　)。

A. 外观检查　　B. 测量芯样的尺寸

C. 测定表观密度　　D. 配合比

193. 下列测定路面平整度的方法中属于断面类的方法有(　)。

A. 3m 直尺　　B. 激光路面平整度测定仪

C. 连续式平整度仪　　D. 车载式颠簸累积仪

194. 以下关于平整度测试设备说法正确的是(　)。

A. 平整度的测试设备分为断面类及反应类两大类

B. 断面类设备实际上是测定路面表面凹凸情况

C. 反应类设备是测定路面凹凸引起车辆振动的颠簸情况

D. 常用的断面类设备是车载式颠簸累积仪

195. 平整度测试方法有（ ）。

A. 3m 直尺法　　B. 连续平整度仪法

C. 摆式仪法　　D. 车载颠簸累积仪法

196. 采用 3m 直尺测定法时，在测试路段路面上选择测试地点的要点是：（ ）。

A. 当为施工过程中质量检测需要时，测试地点根据需要确定，可以单杆检测

B. 当为路基、路面工程质量检查验收或进行路况评定需要时，一般情况下应以行车道一侧车轮轮迹（距车道线 80～100cm）带作为连续测定的标准位置

C. 对旧路面已形成车辙的路面，应以行车道一侧车轮轮迹（距车道线 80～100cm）带作为连续测定的标准位置

D. 对旧路面已形成车辙的路面，应以车辙中间位置为测定位置

197. 3m 直尺测定法有（ ）。

A. 单尺测定最大间隙　　B. 等距离连续测定

C. 连续平整度仪测定　　D. 不等距离连续测定

198. 3m 直尺法的测试要点为（ ）。

A. 将 3m 直尺摆在测试地点的路面上

B. 用有高度标线的塞尺塞进间隙处，量记最大间隙的高度，精确至 0.2mm

C. 目测 3m 直尺底面与路面之间的间隙情况，确定间隙为最大的位置

D. 无论什么情况，每 1 处连续检测 10 尺，按上述步骤测记 10 个最大间隙

199. 连续式平整度仪自动采集位移数据时（ ）。

A. 测定间距为 10cm　　B. 每一计算区间的长度为 100m

C. 100m 输出一次结果　　D. 1km 输出一次结果

200. 以下关于车载式颠簸累积仪测定路表面平整度说法正确的是（ ）。

A. 测量车辆在路面上通行时后轴与车厢之间的单向位移累积值

B. 用 VBI 表示路面的平整度

C. 用标准差表示路面的平整度

D. 单位是 cm/km

201. 反映平整度的技术指标有（ ）。

A. 最大间隙　　B. 标准差

C. 国际平整度指数 IRI　　D. 横向力系数

202. 将车载式颠簸累计仪的测试结果与其他平整度指标建立相关关系时，选择的标定路段应符合（ ）。

A. 有 3～4 段不同平整度的路段　　B. 有 5～6 段不同平整度的路段

C. 每路段长为 250～300m　　D. 每路段长为 400～600m

203. 路表面细构造是指集料表面的（ ），通常采用（ ）来表征。

A. 石料磨光值（PSV）　　B. 石料的抗冲击值

C. 粗糙度　　D. 石料的磨耗值

204. 路表面的粗构造通常用（ ）来表征，在（ ）时对路表抗滑性能起到决定性作用。

A. 石料磨光值（PSV）　　B. 构造深度

C. 低速　　D. 高速

205. 下列有关路面抗滑性能的说法中，正确的是（　）。

A. 摆值 FB 越大，抗滑性能越好

B. 构造深度 TD 越大，抗滑性能越好

C. 横向力系数 SFC 越大，抗滑性能越好

D. 制动距离越长，抗滑性能越好

206. 路面抗滑性能测试方法有（　）等。

A. 制动距离法　　B. 摆式仪法

C. 构造深度测试法　　D. 偏转轮拖车法

207. 摆式仪的橡胶片使用后，满足以下（　）条件时应更换新橡胶片。

A. 端部在长度方向上磨损超过 1.6mm

B. 边缘在宽度方向上磨耗超过 3.2mm

C. 有油污染时

D. 使用期达到 1 年

208. 摆式仪应符合（　）的要求。

A. 摆及摆的连接部分总质量为(1500±30)g

B. 摆动中心至摆的重心距离为(410±5)mm

C. 测定时摆在路面上滑动长度为(126±1)mm

D. 摆上橡胶片端部距摆动中心的距离为 508mm

209. 以下关于摆式仪测试摆值的温度修正说法正确的是（　）。

A. 当路面温度不是 25℃时所测得的摆值必须修整

B. 当路面温度不是 20℃时所测得的摆值必须修整

C. 修正公式为 $F_{B20}=F_{BT}+\Delta F$

D. 公式中的 ΔF 为温度修正值

210. 铺砂法适用于（　）。

A. 评定路面表面的宏观粗糙度　B. 评定路面表面的排水性能

C. 评定路面抗滑性能　　D. 评定路面的平整度

211. 对手工铺砂法要求说法正确的是（　）。

A. 量砂应干燥、洁净、匀质，粒径为 0.15～0.30mm

B. 测点应选在行车道的轮迹带上，距路面边缘不应小于 2m

C. 同一处平行测定不少于 3 次，3 个测点间距 3～5m

D. 为了避免浪费，回收砂可直接使用

212. 用钻孔取样法测定路面各结构层厚度时，用钢板尺或卡尺沿圆周对称的十字方向（　）量取表面至上下层界面的高度，取其平均值作为该层的厚度，精确至（　）。

A. 2 处　　B. 4 处　　C. 0.1cm　　D. 0.5cm

213. 适用于路面各结构层厚度的检测的方法有（　）。

A. 钻孔取样法　　B. 高程法

C. 雷达、超声波法　　D. 摆式仪法

214. 路面雷达测试系统能够检测的项目有( )。

A. 路面各层及总厚度　　B. 路面下空洞探测

C. 桥面混凝土剥落状况　　D. 桥内混凝土与钢筋脱离情况

215. 使用摩擦系数测定车测定路面横向力系数时,有关技术参数要求为( )。

A. 测速为 50km/h　　B. 测速为 60km/h

C. 测试轮静态标准荷载为 2kN　　D. 测试轮静态标准荷载为 6kN

216. 以下关于路面渗透性检测方法论述正确的有( )。

A. 路面渗透性能可以用渗水系数表征

B. 路面渗水系数与空隙率有很大关系

C. 控制好空隙率和压实度就能完全保证路面渗水性能

D. 渗水系数法可以用于公称最大粒径大于 26.5mm 的下面层或基层混合料

217. 沥青路面的渗水系数计算时,一般以水面从( )下降至( )所需的时间为准。

A. 100mL　　B. 500mL

C. 300mL　　D. 700mL

218. 影响路面抗滑性能的因素有( )。

A. 路面表面特性　　B. 路面潮湿程度

C. 行车速度　　D. 车辆载重量

219. 以下关于落锤式弯沉仪说法正确的是( )。

A. 落锤式弯沉仪测定的动态弯沉可换算为贝克曼梁的静态回弹弯沉

B. 落锤式弯沉仪测定的是静态弯沉

C. 落锤式弯沉仪测定的是动态总弯沉

D. 落锤式弯沉仪测定的是静态回弹弯沉

四、问答题

1. 按照《公路路基路面现场测试规程》规定,试说明对某一施工段落如何确定测定区间或断面。

2. 分部工程质量的评分值及等级是如何确定的?

3. 分项工程质量检验中为什么要首先检查是否满足基本要求?

4. 试述水泥混凝土面层实测项目及其相应的检测方法。

5. 试述沥青面层压实度评定方法。

6. 沥青混凝土面层的基本要求有哪些?

7. 砌体挡土墙的外观鉴定有哪些内容? 如何扣分?

8. 土方路基的检测基本要求是怎样的?

9. 对粉喷桩检测的基本要求有哪些?

10. 砌体挡土墙的实测项目有哪些? 各用什么检查方法?

11. 某路段水泥混凝土路面板厚度检测数据如下表所示。保证率为 95%,设计厚度 h_d=25cm,代表值允许偏差 Δh=5mm,合格值允许偏差为-10mm,试对该路段的板厚进行评价。

（根据 $n=30$，$a=95\%$，查表得：$t_a\sqrt{n}=0.310$）

水泥混凝土路面厚度检测数据汇总表

序　号	1	2	3	4	5	6	7	8	9	10
厚度 h_i(cm)	25.1	24.8	25.1	24.6	24.7	25.4	25.2	25.3	24.7	24.9
序号	11	12	13	14	15	16	17	18	19	20
厚度 h_i(cm)	24.9	24.8	25.3	25.3	25.2	25.0	25.1	24.8	25.0	25.1
序号	21	22	23	24	25	26	27	28	29	30
厚度 h_i(cm)	24.7	24.9	25.0	25.4	25.2	25.1	25.0	25.0	25.5	25.4

12. 某新建公路路基施工中，对其中的一段压实质量进行检查，压实度检测结果下表所示，压实度标准 $K_0=95\%$。请按保证率 95%计算该路段的代表性压实度并进行质量评定（$t_a/\sqrt{n}=0.387$）。

路基压实度汇总表

序　号	1	2	3	4	5	6	7	8	9	10
压实度(%)	96.4	95.4	93.5	97.3	96.3	95.8	95.9	96.7	95.3	95.6
序号	11	12	13	14	15	16	17	18	19	20
压实度(%)	97.6	95.8	96.8	95.7	96.1	96.3	95.1	95.5	97.0	95.3

13. 一组二灰土试件无侧限抗压强度试验结果为：0.77MPa、0.78MPa、0.67MPa、0.64MPa、0.73MPa、0.81MPa，设计强度 $R_d=0.60$MPa，取保证率系数 $Z_a=1.645$，判断该组二灰土强度是否合格（取小数 2 位）。该实测项目（强度）评分值为多少？

14. 某高速公路沥青混凝土面层设计厚度为 16cm，厚度允许偏差分别为−8%（代表值）和−15%（合格值）的总厚度。评定路段厚度检测结果（20 个测点）分别为 16.6、15.9、15.4、14.8、15.1、14.6、15.7、15.8、15.3、16.2、16.5、16.9、15.8、17.1、15.6、16.7、15.8、15.9、16.2、16.8（单位：cm），试按保证率 95%评定该路段的厚度是否合格？并计算实际得分。

附　表

保 证 率	$t_a/\sqrt{n}$			保证率系数 Z_a
	$n=18$	$n=19$	$n=20$	
99%	0.605	0.586	0.568	2.327
95%	0.410	0.398	0.387	1.645
90%	0.314	0.305	0.297	1.282

15. 某一级公路二灰碎石基层设计厚度为 18cm，厚度允许偏差规定，代表值为−10mm，合格值为−20mm。评定路段厚度检测结果（12 个测点）分别为 17.6、17.9、18.4、18.8、18.1、18.6、17.7、17.8、19.3、19.2、15.8、17.9（单位：cm），试按保证率 99%评定该路段的厚度是否合格？并计算实际得分。

附 表

保 证 率	$t_\alpha/\sqrt{n}$			保证率系数 Z_a
	n=10	n=11	n=12	
99%	0.892	0.833	0.785	2.327
95%	0.580	0.546	0.518	1.645
90%	0.437	0.414	0.393	1.282
97.72%	0.814	0.761	0.718	2.00
93.32%	0.537	0.506	0.481	1.50

16. 某二级公路仅有路基、路面两个单位工程，其分部工程有路基土石方工程(分项工程仅土方工程 1 项，该分项工程实测项目得分 93 分，外观扣分 2 分)，涵洞、通道工程得分 85 分(分项工程均合格)，排水工程(含浆砌排水沟分项工程和急流槽分项工程，合格)得 82 分，路面工程(分项工程均合格)得分 88 分。试对此二级公路各分部工程和单位工程进行评分，并确定其质量等级。

17. 某一级公路土方路基工程进行交工验收，现测得某段的压实度数值如下：97.0、98.9、95.6、99.1、98.3、92.6、99.8、99.8、98.2、97.5、97.9、98.8(单位：%)。请你对检测结果进行评定，并计算压实度实测项目得分值。(已知 K_0=96%，规定极值为 91%，保证率为 95%，$t_\alpha/\sqrt{n}$=0.518)

18. 某一级公路水泥稳定碎石基层，已知 R_d=3.2MPa，现测得某段的无侧限抗压强度数值如下：3.91、4.16、3.48、3.86、3.62、3.95、3.82、3.56、3.76、3.58、3.68、4.02(单位：MPa)。请你对该段的强度结果进行评定并计算其得分值(保证率为 95%)。

附 表

保证率	$t_\alpha/\sqrt{n}$			保证率系数 Z_a
	n=10	n=11	n=12	
99%	0.892	0.833	0.785	2.327
95%	0.580	0.546	0.518	1.645
90%	0.437	0.414	0.393	1.282

19. 某二灰稳定碎石基层进行交工验收，按规定对实测项目进行检测，经计算各实测项目的合格率如下表，外观缺陷扣分为 3 分，资料不全扣分为 2 分，请评定该基层质量等级。

实测项目	压实度	平整度	纵断高程	宽度	厚度	横坡	强度
合格率(%)	96.3	97.0	93.5	98.5	86.8	83.4	满足要求
权值	3	2	1	1	2	1	3

20. 某一级公路分部工程项目 C，包含 A 和 B 两个分项工程，两分项工程权值均为 1，两者的实测项目得分见下表：

	实测项目	A1	A2	A3	A4	A5	A6	A7	扣分和减分
分项工程 A	工程实测得分	95	93	90	89	88	85	90	2
	规定权值	3	3	2	2	2	2	1	
	实测项目	B1	B2	B3	B4	B5	B6		扣分和减分
分项工程 B	工程实测得分	96	80	76	75	85	83		3
	规定权值	3	1	1	1	1	1		

实测项目 B1 的得分值是在分项工程 B 第一次实测计算得分评定为不合格后，进行返工处理满足设计要求后测得的分值，试计算分部工程 C 的得分值并评定其质量等级。

21. 试述新拌水泥混凝土坍落度的试验步骤。

22. 简述水泥混凝土试件的养护方法。

23. 试述混凝土拌和物表观密度试验方法。

24. 试述水泥混凝土抗压强度的试验步骤及试验结果处理方法。

25. 试述水泥混凝土抗弯拉强度的试验步骤、结果计算以及数据处理方法。

26. 简述混凝土拌和物工作性的含义，影响工作性的主要因素和改善工作性的措施。

27. 如何确定混凝土的强度等级？混凝土强度等级如何表示？普通混凝土划分为几个强度等级？

28. 试述影响水泥混凝土强度的主要原因及提高强度的主要措施。

29. 简述普通水泥混凝土初步配合比的设计步骤。

30. 简述普通混凝土试验室配合比的调整过程。

31. 混凝土计算初步配合比为 1∶1.86∶3.52，水灰比为 0.51，试拌调整时工作性不满足要求，采取增加 5% 水泥浆用量的措施后，工作性达到要求。试计算：

(1)混凝土的基准配合比(不采用假定密度法)；

(2)若基准配合比即为试验室配合比，配制时 $1m^3$ 混凝土需用水泥 340kg，计算混凝土中其他材料的单位用量；

(3)如施工工地砂、石含水率分别为 5%、2%，试计算现场拌制 400L 混凝土各种材料的实际用量(计算结果精确至 1kg)。

32. 现场抽检混凝土施工质量，取混凝土试样制备一组标准立方体试件，经 28d 标准养护，测得混凝土破坏荷载分别为 660kN、682kN、668kN。假定混凝土的强度标准差为 3.6MPa，试确定混凝土的抗压强度标准值，并分析该混凝土的强度等级应为多大？

33. 简述采用击实法制备沥青混合料马歇尔试件的方法。

34. 某沥青混合料马歇尔试件的吸水率为 1.5%，问应采用哪种方法测定其毛体积密度？并简述试验步骤。

35. 测定马歇尔试件表观密度应采用哪种方法？简述试验步骤。

36. 简述测定沥青混合料最大理论密度的试验步骤。

37. 试述马歇尔稳定度试验操作过程。

38. 试述沥青混合料车辙试验的操作过程。

39. 试述采用水煮法检验沥青与粗集料黏附性的试验步骤。

40. 试述采用水浸法试验检测沥青与粗集料黏附性的试验步骤。

41. 试述采用离心分离法测定沥青混合料中沥青含量的步骤。

42. 简述沥青含蜡量对沥青路用性能的影响。

43. 试述路面沥青混合料应具备的主要技术性质。

44. 沥青混合料配合比设计中，矿料级配设计的选用及调整原则是什么？

45. 试述采用马歇尔试验确定最佳沥青用量的步骤。

46. 沥青混合料车辙试验结果表示什么含义？

47. 某公路沥青路面上面层采用 AC-13 型细粒式沥青混凝土，经过马歇尔试验，将试验结果及结果分析汇总于下表，试确定最佳沥青用量？

马歇尔试验结果及分析汇总表

试件组号	油石比(%)	技术指标					
		毛体积密度 ρ_f(g/cm³)	空隙率 VV(%)	矿料间隙率 VMA(%)	沥青饱和度 VFA(%)	稳定性 MS(kN)	流值 FL(mm)
1	4.0	2.328	5.8	15.6	62.5	8.7	2.1
2	4.5	2.346	4.7	15.4	69.8	9.7	2.3
3	5.0	2.354	3.6	15.3	77.5	10.6	2.5
4	5.5	2.353	2.9	15.7	80.2	10.3	2.8
5	6.0	2.348	2.5	16.4	83.5	8.5	3.7
技术标准		—	3～6	不小于 13	65～75	≥8	1.5～4
相应参数		ρ_{fmax}	$VV=4.5\%$	—	$VFA=70\%$	MS_{max}	—
绘制关系曲线确定的相应于上述参数的沥青用量(%)		5.2	4.7	—	4.6	5.2	—
分别满足各项技术指标要求的沥青用量范围(%)		—	4.0～5.4	—	4.3～4.9	4.0～6.0	4.0～6.0

48. 中粒式 AC-16 普通沥青混合料的车辙试验记录如下表，试计算动稳定度，并分析是否满足 1-3 气候区沥青路面的车辙要求？

AC-16 普通沥青混合料车辙试验记录表

试验温度		60℃		轮压	0.7MPa	试件密度		2.428g/cm³
试验尺寸		300mm×300mm×50mm		空隙率	4.0%	制件方法		轮碾法
试件编号	时间 t_1 (min)	时间 t_2 (min)	t_1 时的变形量 d_1 (mm)	t_2 时的变形量 d_2 (mm)	试验轮往返碾压速度(次/min)	试验机系数 C_1	试件系数 C_2	动稳定 DS (次/mm)
1	45	60	5.22	5.73	42	1	1	
2	45	60	5.79	6.27	42	1	1	
3	45	60	6.23	6.76	42	1	1	

49. 根据无机结合料不同，可将半刚性基层或底基层分为哪些类型？请举例说明。

50. 水泥稳定土含水率测试与普通土含水率测试有何不同？

51. 某工地采用 EDTA 方法滴定石灰稳定土中的石灰剂量，为了制作标准曲线需要配置 300g 在最佳含水率状态下的石灰土，请叙述该混合料组成的计算过程。

52. 某试验室进行石灰土击实试验，已知击实筒的容积是 997cm³，质量是 2400g，击实后试件加击实筒的质量是 4374g，试样的含水率为 15%，试计算该试件的干密度。

53. 某工地实验室进行无机结合料稳定土的击实试验，经测定其含水率及密度如下表所示，试绘出击实曲线，并求出最佳含水率及最大干密度。

含水率(%)	17.2	15.2	12.2	10.0	8.8	7.4
干密度(g/cm³)	1.56	1.60	1.66	1.63	1.53	1.39

54. 简述无机结合料的击实试验目的和适用范围。

55. 为了检测某石灰土无侧限抗压强度，需要配置若干个试件用的混合料，请根据混合料类型选择所需的试件数量、试模规格，计算一个试件所需的湿混合料质量。

已知条件：灰剂量为 10%的石灰稳定细粒土，通过击实试验所得的最大干密度为 1.70g/cm³，最佳含水率为 13%，工地压实度为 95%。

56. 某基层水泥稳定中土的设计强度为 3.0MPa，请简要写出该混合料的配合比设计步骤。

57. 简述无侧限抗压强度试件养生步骤。

58. 简述无机结合料稳定土试件的无侧限抗压强度试验步骤。

59. 某段高速公路底基层水泥稳定土配合比设计，成型 5 组试件，水泥用量分别为：3%、4%、5%、6%、7%，其每组试件强度如下表：

试件强度(单位:MPa)

水泥剂量 \ 试件	1	2	3	4	5	6
3%	1.00	1.20	0.82	0.90	0.90	0.78
4%	1.40	1.60	1.62	1.50	1.50	1.48
5%	1.74	1.82	1.70	1.62	1.62	1.70
6%	2.02	1.62	1.60	1.66	1.66	1.62
7%	2.12	2.02	2.30	1.88	1.88	1.78

试选定此水泥稳定土的配合比（设计强度 $R_d = 1.5$MPa）。

60. 简述室内抗压回弹模量试验（顶面法）中对试件逐级加荷卸荷试验步骤。

61. 简述用 EDTA 滴定法快速测定石灰土中石灰剂量的步骤。

62. 什么是路基及路面的压实度？

63. 试述现场密度主要检测方法及各方法的适用范围。

64. 在进行灌砂法测定土基压实度前，如何标定量砂的单位质量？

65. 某工地需要对石灰粉煤灰稳定基层进行压实度的检测，基层表面平坦，简述灌砂法现场试验步骤。

66. 简述灌砂试验中应注意的问题。

67. 用人工取土器(环刀法)如何测定粘性土及无机结合料稳定细粒土的密度。

68. 简述环刀法现场检测土基密度时,如何计算路基土的密度?

69. 核子密度仪的使用安全注意事项是什么?

70. 简述核子密度仪的标定步骤。

71. 试述弯沉值的测试步骤。

72. 使用3.6m弯沉仪测定水泥混凝土路面弯沉值时,为什么要进行支点变形修正?如何修正?

73. 承载板法测试土基回弹模量的步骤是什么?

74. 简述水泥混凝土路面芯样劈裂强度的试验步骤。

75. 如何进行连续式平整度仪测定结果的计算?

76. 简述CBR值的定义。

77. 采用颠簸式累积仪测定路面平整度的原理是什么?

78. 何为国际平整度指数?

79. 简述采用连续式平整度仪法测试路面平整度的测试要点。

80. 简述摆式仪测定路面抗滑值的试验步骤。

81. 摆式仪对橡胶片的要求是什么?

82. 路面表面抗滑性能表征指标有哪些?各自表征的意义是什么?

83. 采用挖坑法或钻坑取样法测定路面结构层厚度时,如何填补试坑或钻孔?

84. 简述用渗水仪测定沥青路面渗水系数的测试方法。

85. 何为路面横向力系数?

86. 简述CBR现场测试的技术要点。

87. 落锤式弯沉仪的工作原理是什么?

88. 试述路面雷达测试系统的适用范围。

89. 自动弯沉仪的工作原理是什么?

90. 简述测定无机结合料稳定土含水率(烘干法)的试验步骤。

91. 简述无机结合料稳定材料试件(圆柱形)制作的主要试验步骤。

92. 简述EDTA标准曲线的制作步骤。

93. 试述无机结合料无侧限抗压强度试验方法。

94. 试述无机结合料稳定材料CBR试验步骤。

95. 试述半刚性基层材料无侧限抗压强度试验,采用静力压实法成型的步骤。

96. 试述无机线合料稳定材料室内抗压回弹模量试验方法(顶面法)的主要过程。

97. 试述无机结合料稳定材料间接抗拉强度试验方法(劈裂试验)的主要步骤。

第三部分　练习题答案与题解

一、单项选择题答案

1. C　2. D　3. B　4. C　5. C　6. D　7. D　8. C　9. B　10. B

1. C　2. D　3. B　4. C　5. C　6. D　7. D　8. C　9. B　10. B

11. A　12. B　13. B　14. A　15. A　16. C　17. D　18. A　19. B　20. C

21. D　22. B　23. D　24. D　25. A　26. C　27. D　28. A　29. B　30. D

31. B　32. B　33. A　34. C　35. D　36. B　37. C　38. D　39. A　40. D

41. A　42. A　43. A　44. B　45. A　46. A　47. A　48. B　49. C　50. D

51. B　52. C　53. C　54. D　55. C　56. B　57. C　58. B　59. C　60. B

61. B　62. C　63. C　64. A　65. B　66. B　67. A　68. B　69. A　70. A

71. A　72. C　73. D　74. B　75. B　76. C　77. B　78. C　79. D　80. C

81. D　82. D　83. B　84. C　85. B　86. C　87. C　88. B　89. C　90. B

91. C　92. C　93. B　94. C　95. B　96. C　97. B　98. B　99. C　100. C

101. D　102. D　103. A　104. B　105. B　106. D　107. B　108. C　109. A　110. D

111. C　112. A　113. A　114. A　115. B　116. C　117. B　118. D　119. D　120. B

121. B　122. A　123. C　124. C　125. C　126. A　127. B　128. B　129. D　130. D

131. A　132. B　133. B　134. A　135. B　136. C　137. B　138. D　139. B　140. B

141. C　142. C　143. A　144. C　145. B　146. D　147. B　148. C　149. A　150. A

151. A　152. C　153. C　154. D　155. A　156. C　157. D　158. C　159. D　160. B

161. B　162. A　163. A　164. D　165. C　166. D　167. B　168. C　169. C　170. B

171. D　172. A　173. B　174. B　175. C　176. A　177. B　178. B　179. C　170. A

181. D　182. B　183. A　184. C　185. A　186. D　187. B　188. A　189. D　190. A

191. B　192. A　193. C　194. A　195. B　196. D　197. C　198. A　199. A　200. C

201. A　202. B　203. D　204. A　205. B　206. D　207. C　208. A　209. B　210. B

211. B　212. A　213. B　214. A　215. B　216. A　217. A　218. A　219. A　220. C

221. A　222. C　223. B　224. C　225. B　226. A　227. A　228. B　229. B　230. D

231. A　232. B　233. D　234. B　235. B　236. C　237. D　238. D　239. B　240. B

241. C　242. D　243. B　244. C　245. C　246. D　247. C　248. B　249. D　250. A

251. A　252. A　253. B　254. A　255. B　256. A　257. B　258. A　259. A　260. A

261. B　262. C　263. A　264. A　265. C　266. A　267. D　268. B　269. C　270. C

271. B 272. A 273. B 274. B 275. C 276. D 277. A 278. B 279. C 280. C
281. A 282. A 283. B 284. A 285. D 286. D 287. B 288. A 289. B 290. C
291. B 292. A 293. B 294. C 295. D 296. C 297. C 298. C 299. B 300. B
301. D 302. B

二、判断题答案与题解

1. √
2. ×(正确:交通部已专门制定了大中修工程的质量检验评定标准)
3. ×(正确:施工单位、工程监理单位和建设单位应按相同的工程项目划分进行工程质量的监控和管理。)
4. ×(正确:互通式立体交叉的路基、路面、交通安全设施按合同段纳入相应单位工程。)
5. ×(正确:桥梁工程按特大桥、大桥、中桥分别作为一个单位工程。)
6. ×(正确:单位工程通常都具有独立施工条件。)
7. √
8. ×(正确:土工合成材料处治层在进行路基土石方工程评分时,其权值为 2。)
9. √
10. ×(正确:施工单位应对各分项工程按《公路工程质量检验评定标准》所列基本要求、实测项目和外观鉴定进行自检。)
11. ×(正确:工程监理单位应按规定要求对工程质量进行独立抽检。)
12. √
13. ×(正确:平整度虽是重要的检测项目,但不采用数理统计的方法进行评定。)
14. √
15. √
16. √
17. ×(正确:工程建设项目的质量等级是根据单位工程是否全部评定合格来确定的。)
18. √
19. √
20. ×(正确:小桥属于路基单位工程中的主要分部工程。)
21. ×(正确:设计高程大于地面高程时,为填方路基。)
22. √
23. √
24. √
25. ×(正确:水泥混凝土路面抗滑性能常用构造深度来表示。)
26. ×(正确:建设单位根据对工程质量的检查及平时掌握的情况,对工程监理单位所做的工程质量评分及等级进行审定。)
27. √
28. √

29. ×（正确：路基的所有检查项目（除压实度外）均在路基顶面进行检查测定。）

30. ×（正确：对公路路基进行压实度测定时，采用核子仪检验时，应与灌砂法进行标定试验。）

31. √

32. ×（正确：压实度评定时，高速公路、一级公路的保证率比二级公路的大。）

33. ×（正确：高速公路土方路基上路床的压实度应不小于96%。）

34. √

35. ×（正确：当厚度代表值大于等于设计厚度减去代表值允许偏差时，则按单个检查值的偏差不超过单点合格值来计算合格率。）

36. √

37. √

38. √

39. ×（正确：粉喷桩实测项目中只有桩长是关键项目。）

40. √

41. √

42. ×（正确：灌砂法是测定路基路面压实度的标准方法，结果比较可靠，可作为仲裁试验。）

43. √

44. √

45. ×（正确：盲沟的排水层应采用石质坚硬的较大粒径粒料填筑。）

46. ×（正确：浆砌排水沟的沟底高程规定值是±15mm。）

47. ×（正确：浆砌排水沟的砌体内侧及沟底应平顺。）

48. ×（正确：排水工程的浆砌排水沟基础的缩缝应与墙身缩缝对齐。）

49. ×（正确：排水工程中的土沟边坡不许贴坡。）

50. √

51. ×（正确：排水工程的管道基础混凝土表面平整密实，侧面蜂窝不得超过该表面积的1%。）

52. ×（正确：排水工程的排水管设计中有要求的要做渗漏试验。）

53. ×（正确：管道内的管口缝，当管径大于750mm时，应在管内作整圈勾缝。）

54. √

55. ×（正确：悬臂式挡土墙的泄水孔坡度应向外，并且无堵塞现象。）

56. ×（正确：砌体挡土墙砌筑时，应分层错缝。浆砌时要坐浆挤紧。）

57. ×（正确：钢筋混凝土结构或构件工程项目中，应包含构件安装分项工程和钢筋加工分项工程。）

58. √

59. √

60. ×（正确：对于水泥混凝土路面，不检测回弹弯沉。）

61. √

62. √

63. ×（正确：半刚性基层交工验收时，因为还达不到设计龄期要求，此时不需进行弯沉测定。）

64. ×（正确：核子密度仪采用直接透射法测定路面结构层压实度时，孔深应略深于结构层厚度。）

65. ×（正确：水泥混凝土上加铺沥青面层的复合式路面，沥青面层不检测路表弯沉。）

66. ×（正确：用摆式仪测定路面的抗滑性能时，滑动长度越大，摆值就越大。）

67. √

68. ×（正确：沥青混凝土面层平整度不用 3m 直尺测定。）

69. ×（正确：沥青路面弯沉验收不应在施工结束后立即检测。）

70. √

71. ×（正确：含水量是施工中的施工控制项目，不是检测评定项目。）

72. √（正确：因为它是关键实测项目。）

73. √

74. √

75. √

76. √

77. ×（正确：进行路面混合料试样现场取样时，应整层取样，并保证试样不得破碎。）

78. ×（正确：测记测定点的高程读数，以 m 表示，准确至 0.001m。）

79. ×（正确：按设计坐标放出的位置与施工单位所定的施工位置点距离为 S 即为中线偏位。）

80. √

81. ×（正确：用钢板尺或卡尺沿圆周对称的十字方向四处量取表面至上下层界面的高度，取其平均值，即为该层的厚度。）

82. ×（正确：承载车每行驶 5000km 或者更换轮胎必须进行距离标定。）

83. ×（正确：当清扫干净的平坦表面的粗糙度不大时，可省去安放基板的操作过程。）

84. √

85. ×（正确：灌砂筒下部圆锥体内砂的数量也应该每次重新标定。）

86. ×（正确：打洞后用直接透射法所测定的层厚不宜大于 30cm。）

87. ×（正确：核子密湿度仪在使用前至少测定 15 处，求取两种不同方法测定的密度的相关关系，其相关系数 R 应不小于 0.95。）

88. √

89. ×（正确：车载式颠簸仪测定平整度试验方法中，测得的平整度指标数值叫 VBI。）

90. ×（正确：车载式激光平整度仪采集的数据是路面相对高程值，应以 100m 为计算区间按标准程序计算 IRI 值。）

91. ×（正确：手工铺砂法测定路面构造深度试验时，所用的量砂筒容积为 25mL。）

92. ×（正确：采用 EDTA 滴定法测定水泥和石灰含量时，现场土样的灰剂量应在路拌后尽快测试，否则即使龄期不超过 7d 也需要用相应龄期的 EDTA 二钠标准溶液消耗量的标准

曲线确定。对水泥稳定材料超出终凝时间(12h 以后)所测定的水泥剂量，需进行相应的龄期校正)

93. √

94. √

95. ×(正确:EDTA 滴定法适用于工地快速测定水泥和石灰稳定材料中水泥和石灰的剂量，及用于工地现场检查拌和和摊铺的均匀性，也可用于测定水泥和石灰综合稳定材料中结合料的剂量。)

96. √

97. ×(正确:石灰有效氧化钙和氧化镁简易测定方法适用于氧化镁含量在 5%以下的低镁石灰)

98. ×(正确:采用石灰有效氧化钙和氧化镁简易测定方法，滴定所用的溶液是盐酸标准溶液)

99. √

100. ×(正确:击实试验方法并不是一种静态试验方法，从试验过程中的荷载状态看，是一种周期性的动态冲击荷载，试验材料在这种荷载作用下，也会产生一定的振动和颗料的重新排列，与实际工程中振动压路机碾压过程有一定的相似之处)

101. √

102. √

103. ×(正确:无机结合料稳定材料振动压实试验方法是为了规范试验方法，供研究和工程单位参考使用)

104. ×(正确:进行无机结合料稳定材料击实试验时，风干试料需要碾碎，土团均应破碎到能通过 4.75mm 的筛孔)

105. ×(正确:水泥应在土样击实前逐个加入，加有水泥的试样拌和后，应在 1h 内完成击实过程，拌和后超过 1h 的试样，应予作废。)

106. √

107. √

108. √

109. ×(正确:无机结合料稳定材料养生方法中所指的试件质量损失指含水量的减少，不包括由于各种不同原因从试件上掉下的混合料)

110. √

111. ×(正确:采用相同直径，相同材料所得的无机结合料稳定材料试件，随着高度的增加，强度值逐渐降低)

112. √

113. √

114. √

115. ×(正确:所安装的位移传感器用于测量跨中竖向变形，安装于试件跨中的两侧。)

116. √

117. ×(正确:39.67kN 超出了 34.24kN 的 15%，采用 34.24kN 作为试验极限荷载计算

抗折强度,计算试验结果为4.56MPa。)

118.×(正确:混凝土的最佳砂率是指在水泥浆用量一定的条件下,能够使新拌混凝土的流动性最大,且能保持良好的黏聚性和保水性的砂率。)

119.√

120.×(正确:采用标准养护的混凝土试件拆模后,当无标准养护室时,可放在温度为20℃±2℃的不流动的$Ca(OH)_2$饱和溶液中进行养护。)

121.√

122.×(正确:当坍落度大于220mm时,需要测量坍落扩展度值表示混凝土的和易性。)

123.√

124.×(正确:混凝土拌和物的维勃稠度值越大,其坍落度越小。)

125.√

126.×(正确:混凝土用粗集料的最大粒径不得超过结构截面最小尺寸的1/4,并且不得超过钢筋最小净距的3/4。)

127.√

128.×(正确:对混凝土拌和物流动性大小起决定作用的是用水量、水灰比和砂率。)

129.×(正确:标准养护条件为:温度20℃±2℃,相对湿度95%以上。)

130.×(正确:大流动性混凝土的坍落度要求大于160mm。)

131.×(正确:当试件接近破坏而开始迅速变化时,应停止调整试验机的油门,直至试件破坏。)

132.√

133.×(正确:混凝土的和易性应通过流动性、粘聚性和保水性三个方面综合反映。流动性符合设计要求,同时粘聚性和保水性良好,才能说明和易性好。)

134.×(正确:混凝土抗压强度与其灰水比呈线性关系。)

135.√(注解:使用水泥的实际强度,计算的混凝土水灰比大,则水泥用量少。)

136.×(正确:如任一个测值与中值差超出中值15%时,取中值作为测定结果。如最大值和最小值与中值的差均超出中值15%时,则该组试验无效。)

137.×(正确:为节约水泥,采用高强度等级水泥配制低强度等级混凝土,可以使强度设计能够正好保证满足要求,由于水泥用量少,混凝土空隙多,耐久性得不到保证。)

138.√(注解:配制混凝土希望矿料具有高的密度和小的比面,在结构尺寸和施工条件允许的前提下,粗骨料的粒径尽可能选择的大一些,降低了矿料比面,可以节约水泥。)

139.×(正确:不一定。增大混凝土的流动性不仅仅可以通过提高水灰比来实现,还可以采用掺加外加剂,或者保持水灰比不变,增加水泥浆量等措施来实现。)

140.×(正确:水灰比的确定与三个因素有关系:混凝土配制强度、水泥实际强度和粗集料的种类。)

141.√(注解:试验室试拌调整混凝土配合比,只要工作性满足混凝土的设计要求,该配比即为基准配合比。)

142.√

143.√(注解:如果不考虑集料的含水率,实际上减少了砂石用量,增加了水的用量。这样水灰比增大了，就会降低混凝土的强度。）

144. ×（正确：采用体积法计算混凝土的砂石用量时，必须考虑混凝土的含气率。）

145. √

146. ×（正确：沥青碎石属于半开级配沥青混合料。）

147. ×（正确：沥青玛蹄脂碎石是工程中典型的密实一骨架结构。）

148. ×（正确：沥青混合料获得的黏聚力大，内摩擦角小。）

149. √

150. ×（正确：由于高温时抗剪强度不足或塑性变形过大而产生的推挤等现象。）

151. √

152. ×（正确：影响沥青混合料施工和易性的首要因素是材料组成。）

153. ×（正确：混合后，还应按四分法取样至足够数量。）

154. ×（正确：应将预热的粗细集料置于拌和机中适当拌和，加入定量的沥青拌和，最后再加入矿粉拌和。）

155. ×（正确：再用插刀沿周边插捣 15 次，中间 10 次。）

156. ×（正确：针入度小，稠度大的沥青取高限；针入度大，稠度小的沥青取低限，一般取中值。）

157. ×（正确：若不符合 63.5mm±1.3mm 的要求时应作废。）

158. ×（正确：试件高度的变化对稳定度和流值的试验结果均有影响。）

159. ×（正确：蜡封法适用于测定吸水率大于 2%的沥青混合料试件的毛体积密度。）

160. √

161. ×（正确：因为影响测定结果的因素很多，因此无法比较两种方法的测定结果。采用哪种方法应根据试件吸水率的大小确定。）

162. √

163. √

164. ×（正确：应保温 30～40min。）

165. ×（正确：温度越高，测定的稳定度值愈小，流值愈大。）

166. ×（正确：稳定度应准确至 0.01kN，流值应准确至 0.1mm。）

167. √

168. √

169. ×（正确：若天平读数持续变化，不能很快达到稳定，说明试件吸水较严重，应改用蜡封法测定。）

170. √

171. ×（正确：指试件浸水 48h 后的稳定度。）

172. √

173. √

174. √

175. ×（正确：随沥青含量增加，饱和度和流值都递增，但递增曲线不相似。）

176. ×（正确：不包括矿料自身内部的孔隙。）

177. √

178. ×(正确:造成沥青路面泛油的原因主要是沥青用量过大。施工时,混合料的加热温度过高,沥青会发生老化;过低,沥青混合料压实困难。)

179. √

180. √

181. ×(正确:当集料公称最大粒径大于 26.5 mm,但不大于 31.5 mm时,宜采用筛除法筛除大于 26.5 mm的集料,一组试件数量为 4 个;也可利用直接法,但一组试件数量应增加至 6 个。当集料公称最大粒径大于 31.5 mm时,必须采用筛除法筛除大于 26.5 mm的集料,一组试件数量为 4 个。)

182. √

183. √

184. ×(正确:沥青混合料车辙试验是在规定条件下,测量一定时间内的车辙变形量,然后计算出试件变形 1mm 所需要的行车行走次数,作为动稳定度。)

185. √

186. √

187. √

188. √

189. ×(正确:无机结合料稳定土无侧限抗压强度试验,试件养生时间应为 7d。)

190. ×(正确:试件养生期间试件质量损失是指含水量的减少,不是指从试件上掉下的混合料质量。)

191. ×(正确:石灰稳定细粒土不可以作高速公路的基层,只能做底基层。

192. √

193. ×(正确:有效钙在 20%以上的等外灰,只要混合料的强度能够满足要求可以使用。)

194. ×(正确:使用快硬水泥、早强水泥会影响基层施工。)

195. √

196. ×(正确:每种剂量应该 2 个样品。)

197. ×(正确:虽然是按照同样的浓度进行配置,但由于操作时会存在一定的误差,不可能配置出完全一样浓度的试剂,所以必须重作标准曲线。)

198. ×(正确:EDTA 是乙二胺四乙酸的简称。)

199. ×(正确:应使用最佳含水率状态下的湿混合料,这样可以与实际被检测样品处于同样含水量状态。)

200. √

201. √

202. ×(正确:应用木锤碾碎。)

203. ×(正确:击实试验的原理与压缩试验的原理不一样,压缩试验是地基土在外荷载作用下,水和空气逐渐被挤出,土的颗粒之间相互挤紧,封闭气体体积减小,从而引起土的压缩变形,土的压缩变形是孔隙体积的减小。击实试验在一定击实功作用下,土颗粒重新排列以达到最大的密实。)

204. ×（正确：影响击实效果的主要因素不仅是土的含水率，还与击实功、土的级配等因素有关。）

205. ×（正确：应放到坚实地面上，否则会影响击实效果。）

206. ×（正确：两端尺寸应该一样。）

207. ×（正确：未用 EDTA 滴定前，溶液呈玫瑰红色。）

208. ×（正确：无机结合料稳定土击实试验分为甲法、乙法和丙法三种试验方法，均为重型击实试验。）

209. ×（正确：对于无机结合料稳定土击实试验，当粒径达到 25mm 时，适合用乙法。）

210. √

211. √

212. ×（正确：半刚性基层材料设计中，无侧限抗压强度不作为设计参数，应以抗压模量和劈裂强度为设计参数。）

213. √

214. ×（正确：两种试验的制件方法一样。）

215. ×（正确：核子法不可以用作仲裁或评定验收试验。）

216. √

217. √

218. ×（正确：灌砂法不适应于填石路堤。）

219. √

220. √

221. ×（正确：在挖坑时试坑周壁应笔直，避免出现上大下小或上小下大的情形，这样就会使检测密度偏小。）

222. √

223. √

224. √

225. √

226. √

227. ×（正确：采用核子密度湿度仪测定沥青混合料面层的压实密度时采用散射法。）

228. ×（正确：量砂的多少会影响流出砂的流速和流量，因此必然能影响灌砂筒中倒圆锥体内砂的数量。）

229. ×（正确：当试坑材料组成与击实试验的材料有较大差异时，以试坑材料做标准击实试验，求取实际的最大干密度。）

230. ×（正确：土的密实程度通常用单位体积的质量表示。）

231. ×（正确：表干法适用于测定吸水率小于 2%的各种沥青混合料密度。）

232. ×（正确：地表面不平整会使灌砂体积增大，影响试验结果。）

233. ×（正确：用环刀法测得的密度是环刀内土样所在深度范围内的平均密度，它不能代表整个碾压层的平均密度。）

234. √

235. ×（正确：当用散射法测定时，不需要打孔，应用细砂填平测试位置路表结构凹凸不平的空隙，使路表面平整，能与仪器紧密接触。）

236. ×（正确：路基和路面基层、底基层的现场密度检测应采用灌砂法，击实试验不能用于现场检测。）

237. ×（正确：级配碎石基层和底基层压实状况的评定采用压实度指标。）

238. √

239. ×（正确：由于沥青碎石混合料的吸水率较大，不宜采用表干法、水中重法。）

240. √

241. ×（正确：使用什么方法测定是根据混合料吸水率确定的，方法选择正确测量就准确。）

242. √

243. ×（正确：承载板法适用于现场测定土基回弹变形值，并经过计算求得土基回弹模量。）

244. √

245. √

246. √

247. ×（正确：应在标准轴载作用下进行弯沉检测。）

248. ×（正确：用两台弯沉仪同时进行左右轮弯沉值测定时，分别检测的是两个独立的测点。）

249. √

250. ×（正确：计算代表弯沉值时，应将超出的的弯沉特异值舍弃。）

251. ×（正确：压实度是反映路基或路面压实程度的指标。）

252. ×（正确：沥青面层厚度大于 5cm 且路面温度超过(20±2)℃范围时，回弹弯沉值应进行温度修正。）

253. ×（正确：进行土基回弹模量测试，首先进行预压然后进行加载测试，以保证载荷板和土基的充分接触。）

254. √

255. √

256. ×（正确：快速无破损检测方法不能代替水泥混凝土钻芯劈裂强度的试验结果。）

257. √

258. √

259. √

260. ×（正确：车载式颠簸累积仪法适于评定路面的施工质量和使用期的舒适性，但不适用于已有较多坑槽、破损严重的路面上测定。）

261. √

262. ×（正确：连续测定 10 尺时，判断每个测定值是否合格，然后根据要求计算合格百分率。）

263. √

264. √

265. ×（正确：连续式平整度仪的标准长度为 3m。）

266. √

267. √

268. √

269. √

270. √

271. ×（正确：应评定路面在潮湿状态下的抗滑能力，不是各种状态下的抗滑能力。）

272. ×（正确：3 个测点间距为 3～5m。）

273. ×（正确：应精确至 1BPN。）

274. ×（正确：应测定路面在潮湿条件下对摆的摩擦阻力。）

275. √

276. √

277. ×（正确：开挖面积应尽量的小，尽量减小对路面的破坏。）

278. √

279. √

280. ×（正确：激光构造深度仪所测的构造深度应换算为铺砂法的构造深度才能判断路面的抗滑性能。）

281. √

282. ×（正确：自动弯沉仪测定的是总弯沉值，需要与贝克曼梁试验进行对比，换算成回弹弯沉再用于路基、路面强度评定。）

283. √

284. ×（正确：路面雷达测试系统是一种非接触性、非破坏性路面厚度测试技术。）

285. √正确

286. ×错误（正确：安置试件时，要将试件的光面朝下，安放到收缩仪上）

287. √正确

288. ×错误（正确：温度计插入深度不小于 150mm）

289. √正确

三、多项选择题答案

1. ABCD	2. ABD	3. BCD	4. ABD	5. ABCD
6. AB	7. AD	8. AB	9. AB	10. BD
11. CD	12. AB	13. ABCD	14. ABCD	15. BC
16. AC	17. ABCD	18. ABCD	19. AB	20. AB
21. AD	22. ABCD	23. ABCD	24. ABD	25. ABC
26. BCD	27. ABC	28. AB	29. ABCD	30. ABCD
31. CD	32. AC	33. ABD	34. ABC	35. ABD

36. ACD 37. BD 38. AD 39. ACD 40. BCD
41. ABCD 42. ABD 43. ABCD 44. BCD 45. BD
46. BCD 47. AC 48. BC 49. AD 50. AC
51. AD 52. ABC 53. ACD 54. ACD 55. AC
56. BD 57. AD 58. ABC 59. ABC 60. ABD
61. ABCD 62. ABC 63. ABCD 64. ABCD 65. AD
66. ACD 67. AB 68. ABC 69. ABC 70. AC
71. ABCD 72. CD 73. ACD 74. ACD 75. AC
76. ABD 77. ABCD 78. ABCD 79. AC 80. ACD
81. BC 82. ABCD 83. ABC 84. AB 85. AC
86. ABCD 87. AB 88. ABD 89. AB 90. AD
91. ACD 92. ACD 93. AC 94. AB 95. AC
96. ABCD 97. ABCD 98. ABCD 99. BC 100. ABC
101. ABCD 102. AD 103. ABC 104. ACD 105. ABC
106. ABCD 107. AC 108. ABCD 109. ACD 110. AC
111. ABC 112. AD 113. ACD 114. ABC 115. BC
116. ABC 117. BC 118. AC 119. AD 120. AD
121. AC 122. ABCD 123. ABCD 124. ACD 125. ABD
126. AD 127. CD 128. ABC 129. AB 130. AB
131. BC 132. ABCD 133. ABCD 134. ABCD 135. ABD
136. ABCD 137. ABCD 138. ABCD 139. AC 140. ABCD
141. ABC 142. AC 143. ABC 144. BD 145. BCD
146. AD 147. BC 148. ACD 149. AB 150. ABD
151. BC 152. ABD 153. AC 154. AD 155. AC
156. AB 157. BD 158. ABC 159. AB 160. ABC
161. ACD 162. AD 163. ACD 164. CD 165. AC
166. ABCD 167. AB 168. ABC 169. AC 170. AC
171. CDAB 172. AC 173. AD 174. ABCD 175. AD
176AB. 177. ABCD 178. AB 179. AC 180. AC
181. ACD 182. AC 183. BD 184. AC 185. ABCD
186. AC 187. BCD 188. AD 189. BC 190. BC
191. AD 192. ABC 193. AB 194. AC 195. ABC
196. ABD 197. ABD 198. AB 199. ABC 200. ABC
201. ABC 202. BC 203. AC 204. BD 205. ABC
206. ABCD 207. ABCD 208. ABCD 209. BCD 210. ABC
211. AC 212. BC 213. ABC 214. ABCD 215. AC
216. AB 217. AB 218. ABC 219. AC

四、问答题答案

1.【答案】

(1)路段确定。根据路基路面施工或验收、质量评定方法等有关规范确定需检测的路段，它可以是一个作业段、一天完成的路段或路线全程。在路基路面工程检查验收时，通常以1km为一个检测路段，此时，检测路段的确定也应按本方法的步骤进行。

(2)将确定的测试路段划分为一定长度的区间或按桩号间距(一般为20m)划分若干个断面，并按1、2、…、T进行编号，其中T为总的区间数或断面数。

(3)从布袋中随机摸出一块硬纸片，硬纸片上的号数即为随机数表中的栏号，从1～28栏中选出该栏号的一栏。

(4)按照测定区间数、断面数的频度要求(总的取样数为n，当$n>30$时应分次进行)，依次找出与A列中01、02、…、n对应的B列中的值，共n对对应的A、B值。

(5)将n个B值与总的区间数或断面数T相乘，四舍五入成整数，即得到n个断面的编号。

2.【答案】

(1)分部工程评分值的计算

$$\text{分部工程评分}=\frac{\sum[\text{分项工程评分}\times\text{相应权值}]}{\sum\text{分项工程权值}}$$

分部工程中一般分项工程的权值为1，主要(主体)分项工程的权值为2。

(2)分部工程质量等级的评定

所属各分项工程全部合格，该分部工程评为合格，所属任一分项工程不合格，则该分部工程为不合格。

3.【答案】

各分项工程所列基本要求，包括了有关规范的主要点，对施工质量优劣具有关键作用，应按基本要求对工程进行认真检查。经检查不符合基本要求规定时，不得进行工程质量的检验和评定。

由于基本要求具有质量否决权，所以应首先检查基本要求，并使之满足规定。

4.【答案】

实测项目有：弯拉强度、板厚度、平整度、抗滑构造深度、相邻板高差、纵横缝顺直度、中线平面偏位、路面宽度、纵断高程、横坡。

相应检测方法：钻芯法或小梁试件抗折试验、钻孔法、连续式平整度仪法、铺砂法、直尺量测、拉线、经纬仪法、钢尺量距、水准仪法、水准仪法。

5.【答案】

沥青面层压实度以1～3km长的路段为检验评定单元。检验评定段的压实度代表值(算术平均值的下置信界限)：

$$K=\overline{K}-t_{\alpha}/\sqrt{n}\cdot S$$

当$K\geqslant K_0$且全部测点大于等于规定值减1个百分点时，评定路段的压实度可得规定的满分；当$K\geqslant K_0$时，对于测定值低于规定值减1个百分点的测点，按其占总检查点数的百分率计算扣分值。

当 $K<K_0$ 时，评定路段的压实度为不合格，评为零分。

6.【答案】

基本要求有：

(1)沥青混合料的矿料质量及矿料级配应符合设计要求和施工规范的规定。

(2)严格控制各种矿料和沥青用量及各种材料和沥青混合料的加热温度，沥青材料及混合料的各项指标应符合设计和施工规范要求。沥青混合料的生产，每日应做抽提试验、马歇尔稳定度试验。矿料级配、沥青含量、马歇尔稳定度等结果的合格率应不小于90%。

(3)拌和后的沥青混合料应均匀一致，无花白，无粗细料分离和结团成块现象。

(4)基层必须碾压密实，表面干燥、清洁、无浮土，其平整度和路拱度应符合要求。

(5)摊铺时应严格控制摊铺厚度和平整度，避免离析，注意控制摊铺和碾压温度，碾压至要求的密实度。

7.【答案】

砌体挡土墙的外观鉴定有：

(1)砌体表面平整，砌缝完好，无开裂现象，勾缝平顺，无脱落现象。不符合要求时减1～3分。

(2)泄水孔坡度向外，无堵塞现象。不符合要求时必须进行处理，并减1～3分。

(3)沉降缝整齐垂直，上下贯通。不符合要求时必须进行处理，并减1～3分。

8.【答案】

土方路基检测的基本要求是：

(1)在路基用地和取土坑范围内，应清除地表植被、杂物、积水、淤泥和表土，处理坑塘，并按规范和设计要求对基底进行压实。

(2)路基填料应符合规范和设计的规定，经认真调查、试验后合理选用。

(3)填方路基须分层填筑压实，每层表面平整，路拱合适，排水良好。

(4)施工临时排水系统应与设计排水系统结合，避免冲刷边坡，勿使路基附近积水。

(5)在设定取土区内合理取土，不得滥开滥挖。完工后应按要求对取土坑和弃土场进行修整，保持合理的几何外形。

9.【答案】

粉喷桩所用水泥应符合设计要求；根据成桩试验确定的技术参数进行施工；严格控制喷粉时间、停粉时间和水泥喷入量，不得中断喷粉，确保粉喷桩长度；桩身上部范围内必须进行二次搅拌，确保桩身质量；发现喷粉量不足时，应整桩复打；喷粉中断时，复打重叠孔段应大于1m。

10.【答案】

检查项目有：砂浆强度、平面位置、顶面高程、竖直度或坡度、断面尺寸、底面高程、表面平整度。

检查方法分别是：砂浆抗压强度、经纬仪、水准仪、吊垂线、尺量、水准仪、2m直尺法。

11.【答案】

解：经计算

$$\bar{h}=25.05(\text{cm}) \qquad s=0.24(\text{cm})$$

根据 $n=30, a=95\%$，

$$t_\alpha/\sqrt{n}=0.310$$

代表性厚度 h 为算术平均值的下置信界限，即：

$$h=\bar{h}-t_\alpha/\sqrt{n}\cdot S=25.05-0.310\times0.24=24.98(\mathrm{cm})$$

因为 $h>h_d-\Delta h=24.5\mathrm{cm}$，所以该路段的代表性厚度满足要求。

合格值要求为24cm，上列数据中不含有小于24cm的数值，合格率为100%，所以评分值为100分。

12.【答案】

解：经计算

$$\bar{K}=95.97\% \qquad S=0.909\%$$

代表性压实度 K_L 为算术平均值的下置信界限，即：

$$K_L=\bar{K}-St_\alpha/\sqrt{n}=95.97-0.387\times0.909=95.62\%$$

由于代表性压实度 $K_L>K_0=95\%$，所以该路段的压实度代表值满足要求。

小于规定值减2个百分点的数据(93%)有0个，减分值为0，所定评定分值为100分。

13.【答案】

解：(1)计算平均值 $\bar{R}$、标准偏差 S、变异系数 C_v

$$\bar{R}=0.74(\mathrm{MPa}) \qquad S=0.067(\mathrm{MPa}) \qquad C_v=9.05\%$$

(2)计算 $R_d/(1-Z_aC_v)$

$$R_d/(1-Z_aC_v)=0.6/(1-1.645\times0.0905)=0.70(\mathrm{MPa})$$

(3)判定是否符合设计强度

$$\bar{R}=0.74(\mathrm{MPa})>R_d/(1-Z_aC_v)=0.70(\mathrm{MPa})$$

试件平均强度满足要求。

(4)计算得分值

偏差系数 $C_v=0.067/0.74=9.05\%<10\%$，故该组二灰土强度合格。

评分值为100分。

14.【答案】

解：计算厚度平均值及标准偏差

$$\bar{X}=(16.6+15.9+15.4+14.8+15.1+14.6+15.7+15.8+15.3+16.2+16.5+16.9+15.8+17.1+15.6+16.7+15.8+15.9+16.2+16.8)/20=15.94\mathrm{cm}$$

标准偏差

$$S=0.70\mathrm{cm}$$

查表得：

$$t_\alpha/\sqrt{\mathrm{n}}=0.387$$

厚度代表值：

$$X_l=t_\alpha/\sqrt{n}\times S=15.94-0.70\times0.387=15.67\ (\mathrm{cm})$$

因为

$$X_l=15.67(\mathrm{cm})>16-16\times8\%=14.72(\mathrm{cm})$$

所以，该路段厚度代表值符合要求。

由于各检测值

$$X_i > 16 - 16 \times 15\% = 13.6\text{cm}$$

合格率为 100%,该实测项目实际得分为 100 分。

15.【答案】

解:厚度平均值

$$\overline{X} = (17.6 + 17.9 + 18.4 + 18.8 + 18.1 + 18.6 + 17.7 + 17.8 + 19.3 + 19.2 + 15.8 + 17.9)/12 = 18.09(\text{cm})$$

标准偏差

$$S = 0.92(\text{cm})$$

查表得:

$$t_\alpha / \sqrt{n} = 0.785$$

厚度代表值:

$$X_l = t_\alpha / \sqrt{n} \times S = 18.09 - 0.92 \times 0.785 = 17.37(\text{cm})$$

因为

$$X_l = 17.37(\text{cm}) > 18 - 1 = 17(\text{cm})$$

所以,该路段厚度代表值符合要求。

由于检测值中只有 15.8cm<18-2=16(cm)

所以合格率为 11/12=91.7%,该实测项目实际得分为 91.7 分。

16.【答案】

(1)分部工程

①路基土石方工程:

土方分项工程得分为 93-2=91 分,合格

所以,该路基土石方分部工程得分 91 分,所属分项工程全合格,所该分部工程合格。

②涵洞、通道工程:85 分,所属分项工程全合格,该分部工程合格。

③排水工程:82 分,所属分项工程全合格,该分部工程合格。

④路面工程:88 分,所属分项工程全合格,该分部工程合格。

(2)单位工程

①路基工程

得分为$\dfrac{91\times2+85\times1+82\times1}{4}$=87.25 分,所属分部工程全合格,该单位工程合格。

(路基土方工程属主要工程,其权值为 2,涵洞、通道工程为一般工程权值为 1,排水工程为一般工程,权值为 1。)

②路面工程:88 分,所属分部工程全合格,该单位工程合格。

17.【答案】

(1)计算平均值 $\overline{K}$、标准偏差 S

$$\overline{K} = 97.79\% \qquad S = 2.02\%$$

(2)计算路段压实度代表值

$$K_L = \overline{K} - t_\alpha/\sqrt{n} \cdot S = 97.79 - 0.518 \times 2.02 = 96.74\%$$

(3)判断压实质量

因 $K_L > K_0$，所以该段压实质量是合格的，且各个单点压实度 K_i 大于规定极值(91%)。

(4)计算合格率

大于(96−2)%=94%的点共 11 个点，故

$$合格率 = \frac{11}{12} = 91.7\%$$

(5)计算得分值

$$得分值 = 100 \times 91.7\% = 91.7(分)$$

18.【答案】

解：(1)计算平均值 $\overline{R}$、标准偏差 S、变异系数 C_v

$$\overline{R} = 3.78(\text{MPa}) \qquad S = 0.21(\text{MPa}) \qquad C_v = 5.46\%$$

(2)计算 $R_d/(1-Z_a C_v)$

$$R_d/(1-Z_a C_v) = 3.2/(1-1.645 \times 0.0546) = 3.52(\text{MPa})$$

(3)判定是否符合设计强度

$$\overline{R} = 3.78(\text{MPa}) > R_d/(1-Z_\alpha C_v) = 3.52(\text{MPa})$$

试件平均强度满足要求。

(4)计算得分值

偏差系数 $C_v = 0.21/3.78 = 5.46\% < 10\%$，

得分值=100 分。

19.【答案】

(1)计算分项工程实测项目总得分值

$$\frac{\sum[检查项目得分\times权值]}{\sum检查项目权值}$$

$$=\frac{96.3\times3+97\times2+93.5\times1+98.5\times1+86.8\times2+83.4\times1+100\times3}{3+2+1+1+2+1+3}$$

$$=94.76$$

(2)计算分项工程评分值

分项工程评分=实测项目中各检查项目得分之和−外观缺陷扣分−资料不全扣分

分项工程实际评分=94.76−3−2=89.76(分)

(3)评定等级

因为该分项工程实际评分值 89.76>75，该基层分项工程质量评定等级为合格。

20.【答案】

解：分项工程 A 的得分值$=\dfrac{\sum[检查项目得分\times权值]}{\sum检查项目权值}$

$$=\frac{95\times3+93\times3+90\times2+89\times2+88\times2+85\times2+90\times1}{3+3+2+2+2+2+1}$$

$$=90.53(分)$$

分项工程 A 的评分值=分项工程得分−外观缺陷扣分−资料不全扣分

$$=90.53-2=88.53(分)$$

$$分项工程B的复测得分值=\frac{\sum[检查项目得分\times权值]}{\sum检查项目权值}$$

$$=\frac{96\times3+80\times1+76\times1+75\times1+85\times1+83\times1}{3+1+1+1+1+1}=85.875(分)$$

分项工程B的复评分值=分项工程得分－外观缺陷扣分－资料不全扣分

$$=85.875-3=82.875(分)$$

因为分项工程B是返工处理后的评分值，在进行分部工程评分时，应按复评分值90%计算。

分部工程C的最后得分是

$$(90.53+82.875\times0.9)/(1+1)=82.56>75$$

所以C分部工程评定为合格。

21.【答案】

(1)先用湿布抹湿坍落度筒、铁锹和拌和板。

(2)拌和混凝土。可以采用拌和机拌和，也可以采用人工拌和。

(3)将漏斗放在坍落度筒上，脚踩踏板，将拌制的混凝土试样分三层均匀地装入筒内，每层装入高度稍大于筒高的1/3。每层用捣棒均匀插捣25次，插捣应沿螺旋方向由外向中心进行，插捣底层时插至底部，插捣其他两层时，应插透本层并插入下层约20～30mm。插捣应垂直压下，不得冲击。

(4)浇灌顶层时，混凝土应灌到高出筒口。插捣过程中，如混凝土沉落到低于筒口，则应随时添加。顶层插捣完后，刮去多余的混凝土，并用抹刀抹平。

(5)清除筒边底板上的混凝土后，立即垂直提起坍落度筒，操作过程应在5～10s内完成，并使混凝土不受横向及扭力作用。从开始装料到提坍落度筒的整个过程应在150s内完成。

(6)将坍落度筒放在已坍落的拌和物一旁，筒顶平放直尺，用钢尺量出直尺底面到坍落后混凝土试样最高点之间的垂直距离，即为该混凝土拌和物的坍落度值，以mm为单位，精确至1mm。

(7)当混凝土试样的一侧发生崩坍或一边剪坏现象，则应重新取样另行测定；如第二次试验仍出现上述现象，则表示该混凝土和易性不好，应记录。

(8)对坍落的拌和物进一步观察黏聚性。用捣棒在已坍落的混凝土锥体侧面轻轻敲打，如果锥体逐渐下沉，则表示黏聚性良好；如锥体突然倒塌、部分崩裂或发生石子离析，则表示黏聚性不好。

(9)观察整个试验过程中水分从拌和物中析出程度，评价保水性。若坍落度筒提起后如有较多的水分从底部析出，锥体部分的混凝土也因失浆而集料外露，则表明此混凝土拌和物的保水性能不好；如坍落度筒提起后无稀浆或仅有少量稀浆自底部析出，则表示此混凝土拌和物的保水性良好。

22.【答案】

(1)试件成型后应立即用不透水的薄膜覆盖表面。

(2)采用标准养护的试件，应在温度为20℃±5℃的环境中静置一昼夜至二昼夜，然后编号、拆模。拆模后应立即放入温度为20℃±2℃，相对湿度为95%以上的标准养护室中养护，或在温度为 20℃±2℃的不流动的 $Ca(OH)_2$ 饱和溶液中养护。标准养护室内的试件应放在支架上，彼此间隔 10～20mm，试件表面应保持潮湿，并不得被水直接冲淋。

(3)同条件养护试件的拆模时间可与实际构件的拆模时间相同，拆模后，试件仍需保持同条件养护。

(4)标准养护龄期为 28d(从搅拌加水开始计时)。

23.【答案】

(1)用湿布将容量筒内外擦干净，称出容量筒质量(m_1)，精确至 50g。

(2)混凝土的装料和捣实方法应根据拌和物的稠度而定。坍落度不小于 70mm 的混凝土，宜用人工捣固：用 5L 容量筒时，混凝土拌和物应分两层装入，每层的插捣次数应为 25 次；用大于 5L 容量筒时，每层混凝土的高度不应大于 100mm，每层的插捣次数应按每 10000mm² 截面积不小于 12 次计算。各层插捣应由边缘向中心均匀地插捣。捣棒应垂直压下，不得冲击，插捣底层时应至层底，捣上两层时，需插入其下一层约 20～30mm。每一层捣完后应在容量筒外壁敲打 5～10 次，直至拌和物表面不出现气泡为止。当坍落度小于 70mm 时，采用振动台振实，应将容量筒在振动台上夹紧，一次将混凝土拌合物装满容量筒，立即开始振动，振动过程中如混凝土低于筒口，应随时添加混凝土，振动直至混凝土拌和物表面出浆为止。

(3)用刮尺将筒口多余的混凝土拌和物刮去，表面如有凹陷应填平；将容量筒外壁擦净，称出混凝土试样与容量筒总质量(m_2)，精确至 50g。

(4)结果计算：混凝土拌和物的表观密度 $\rho_h=\frac{m_2-m_1}{V}\times 1000$，精确至 10kg/m³。$V$ 是容量筒容积(L)。

24.【答案】

(1)水泥混凝土抗压强度的试验步骤

①将养护至试验龄期的试件自养护室取出，应尽快试验，避免其湿度变化。

②擦除表面水分，检查测量试件外部尺寸及形状，相应两面要平行。破型前应保持试件原有湿度，在试验时擦干试件。

③以成型时侧面为上下承压面，试件中心应与压力机几何对中。

④开动压力机，施加荷载时，强度等级小于 C30 的混凝土取 0.3～0.5MPa/s 的加荷速度；强度等级大于 C30 小于 C60 的混凝土取 0.5～0.8MPa/s 的加荷速度；强度等级大于 C60 的混凝土取 0.8～1.0MPa/s 的加荷速度。当试件接近破坏而开始迅速变形时，应停止调整试验机油门，直至试件破坏，记录破坏极限荷载 F(N)。

(2)试验结果处理方法

①混凝土立方体抗压强度 $f_{cu}=\frac{F}{A}$，精确至 0.1MPa。

②强度值的确定应符合下列规定：

a. 三个试件测值的算术平均值为测定值，精确至 0.1MPa。

b. 三个测值中的最大值或最小值中如有一个与中间值的差值超过中间值的 15%时，则取中间值为测定值。如最大值和最小值与中间值的差均超过中间值的 15%，则该组试验结果无效。

25.【答案】

(1)水泥混凝土抗弯拉强度的试验步骤

①将达到规定龄期的抗折试件取出,用湿毛巾覆盖并及时试验。在试件中部量出其宽度和高度,精确至 1mm。

②调整两个可移动支座,将试件安放在支座上,试件成型时的侧面朝上,几何对中后,务必使支座及承压面与活动船形垫块的接触面平稳、均匀,否则应垫平。

③施加荷载应保持均匀、连续,当混凝土的强度等级小于 C30 的混凝土取 0.02～0.05MPa/s的加荷速度;强度等级大于C30 小于C60 的混凝土取 0.05～0.08MPa/s 的加荷速度;强度等级大于 C60 的混凝土取 0.08～0.10MPa/s 的加荷速度。当试件接近破坏而开始迅速变形时,不得调整试验机油门,直至试件破坏。

④记录破坏极限荷载 F(N)和试件下边缘断裂的位置。

(2)结果计算以及数据处理方法

①当断面发生在两个加荷点之间时,则抗弯拉强度 $f_f=\frac{FL}{bh^2}$,精确至 0.01MPa。其中,L 为支座间跨度(mm);b 为试件截面宽度(mm);h 为试件截面高度(mm)。

②三个试件测值的算术平均值为测定值,精确至 0.01MPa。

③三个测值中的最大值或最小值中如有一个与中间值的差值超过中间值的 15%时,则取中间值为测定值。如最大值和最小值与中间值的差均超过中间值的 15%,则该组试验结果无效。

④三个试件中若有一个断裂面位于两个加荷点之外,则混凝土抗折强度值按另两个试件的试验结果计算。若这两个测值的差值不大于这两个测值中较小值的 15%时,则以两个测值的平均值为测定值,否则结果无效。

⑤若有两个试件均出现断裂面位于加荷点外侧,则该组结果无效。

26.【答案】

工作性的含义:指新拌混凝土具有的能满足运输和浇捣要求的流动性;不为外力作用产生脆断的可塑性;不产生分层、泌水的稳定性和易于浇捣密致的密实性。

影响新拌混凝土工作性的因素主要有:水泥特性,集料特性,集浆比,水灰比,砂率,外加剂,温度、湿度和风速等环境条件以及时间等。

改善新拌混凝土的措施包括:在保证混凝土强度、耐久性和经济性的前提下,适当调节混凝土的材料组成;掺加各种外加剂;提高振捣机械的效能。

27.【答案】

混凝土的强度等级按混凝土的"立方体抗压强度标准值"来确定,而立方体抗压强度标准值是指用标准方法测定的抗压强度总体分布中的一个值,具有 95%的强度保证率。强度等级的表示方法是用符号"C"和"立方体抗压强度标准值"两项内容表示。我国现行规范规定,普通混凝土划分为 C7.5、C10、C15、C20、C25、C30、C35、C40、C45、C50、C55、C60 等 12 个强度等级。

28.【答案】

影响硬化后水泥混凝土强度的因素包括:水泥的强度和水灰比;集料特性;浆集比;湿度、温度及龄期;试件形状与尺寸、试件温度及加载方式等试验条件。

提高混凝土强度的措施主要包括：选用高强度等级水泥和早强型水泥；采用低水灰比和浆集比；掺加混凝土外加剂和掺合料；采用湿热处理（如蒸汽养护和蒸压养护）；采用机械搅拌和振捣等。

29.【答案】

(1)确定混凝土的配制强度 $f_{cu,0}$

$$f_{cu,0} \geqslant f_{cu,k} + 1.645S$$

式中 $f_{cu,k}$ 为混凝土设计强度等级(MPa)；S 为混凝土强度标准差(MPa)；1.645 为混凝土强度达到 95%保证率时的保证率系数。

(2)计算水灰比(W/C)

①按混凝土强度要求计算水灰比

$$W/C = \frac{\alpha_a f_{ce}}{f_{cu,0} + \alpha_a \alpha_b f_{ce}}$$

式中：α_a，α_b——回归系数；

f_{ce}——水泥 28d 抗压强度实测值(MPa)。

②按耐久性要求校核水灰比，应满足标准所规定的最大水灰比限定。

(3)确定单位用水量(m_{wo})

根据粗集料的品种、公称最大粒径及施工要求的混凝土拌和物稠度值（坍落度或维勃稠度）查表选取。

(4)计算单位水泥用量(m_{co})

①可根据获得的水灰比(W/C)和单位用水量(m_{wo})计算水泥单位用量 $m_{co} = m_{wo}/(W/C)$。

②按耐久性要求规定的最小水泥用量校核单位水泥用量，应满足耐久性要求。

(5)确定砂率(β_s)

根据粗集料的品种、公称最大粒径和混凝土拌和物的水灰比查表确定砂率。

(6)计算砂和碎石的单位用量(m_{so}、m_{go})

①质量法 $\begin{cases} m_{co} + m_{wo} + m_{so} + m_{go} = \rho_{cp} \\ \beta_s = \dfrac{m_{so}}{m_{so} + m_{go}} \times 100 \end{cases}$

式中：ρ_{cp}——混凝土拌和物假定表观密度，可在 2350～2450kg/m^3 范围内选定，也可查表获得。

②体积法 $\begin{cases} \dfrac{m_{co}}{\rho_c} + \dfrac{m_{wo}}{\rho_w} + \dfrac{m_{so}}{\rho_s} + \dfrac{m_{go}}{\rho_g} + 0.01\alpha = 1 \\ \beta_s = \dfrac{m_{so}}{m_{so} + m_{go} \times 100} \end{cases}$

式中：ρ_c、ρ_w、ρ_g、ρ_s——水泥密度、水的密度、砂的表观密度和碎石的表观密度(kg/m^3)；

α——混凝土的含气量百分率(%)，在不使用引气型外加剂时，α 可取 1。

30.【答案】

1)试拌调整提出混凝土基准配合比

(1)试拌

室内试拌时，选取与实际工程使用相同的原材料，砂石材料以不计含水率的干燥状态为基准。

(2)工作性检验与调整

按计算出的初步配合比进行试拌,以校核混凝土拌和物的工作性。

①如坍落度(或维勃稠度)达到设计要求,粘聚性和保水性均良好,则原有初步配合比无须调整,基准配合比与初步配合比一致。

②如坍落度(或维勃稠度)不能满足设计要求,或粘聚性和保水性能不好时,则应在保证水灰比不变的条件下,相应调整用水量或砂率,直到符合要求为止。然后提出供混凝土强度校核用的基准配合比,即 $m_{ca}:m_{wa}:m_{sa}:m_{ga}$。

2)检验强度,确定试验室配合比

(1)制作立方体试件,检验强度

为校核混凝土的强度,至少拟定三个不同的配合比,其中一个为基准配合比,另外两个配合比的水灰比值,应较基准配合比分别增加及减少 0.05(或 0.10),其用水量应该与基准配合比相同,但砂率值可增加及减少 1%。

制作检验混凝土强度的试件时,尚应检验拌和物的坍落度(或维勃稠度)、粘聚性、保水性及测定混凝土的表观密度,并以此结果表征该配合比的混凝土拌和物的性能。

(2)强度测定和试验室配合比的确定

①按标准方法成型、养护和测定混凝土的强度。检验混凝土强度,每种配合比至少制作一组(三块)试件,在标准养护 28d 条件下进行抗压强度测试。有条件的单位可同时制作几组试件,供快速检验或较早龄期(3d、7d 等)时抗压强度测试,以便尽早提出混凝土配合比供施工使用。但必须以标准养护 28d 强度的检验结果为依据调整配合比。

②绘制强度—灰水比关系图,选定达到混凝土配制强度($f_{cu,0}$)所必需的灰水比值(C/W),换算成水灰比(W/C)。

③按下列方法确定试验室配合比。

确定单位用水量(m_{wb}):取基准配合比中的用水量,并根据制作强度检验试件时测得的坍落度(或维勃稠度)值加以适当调整。

确定水泥用量(m_{cb}):取单位用水量(m_{wb})除以由强度—灰水比关系图选定的水灰比值计算得到。

确定单位砂用量(m_{sb})和碎石用量(m_{gb}):取基准配合比中的砂率,并按选定出的水灰比计算或作适当调整。

(3)根据实测拌和物湿表观密度修正配合比

①根据强度检验结果修正后定出的混凝土配合比,计算混凝土的计算湿表观密度

$$\rho_c = m_{cb} + m_{sb} + m_{gb} + m_{wb}$$

②混凝土的实测表观密度值为 ρ_t,计算校正系数

$$\delta = \frac{\rho_{cp}}{\rho'_{cp}}$$

③当实测值与计算值之差的绝对值超过计算值的 2%时,将混凝土配合比中各项材料单位用量乘以校正系数 δ,即得最终确定的试验室配合比设计,即水泥∶水∶砂∶碎石$=m'_{cb}:m'_{wb}:m'_{sb}:m'_{gb}$。当二者差值的绝对值不超过计算值的 2%时,最终确定的试验室配合比设计

即为水泥∶水∶砂∶碎石$=m_{cb}:m_{wb}:m_{sb}:m_{gb}$。

31.【答案】

(1)调整后单位水泥用量为$(1+5\%)m_{co}$，单位用水量为$(1+5\%)\times0.51m_{co}$，单位砂用量为$1.86m_{co}$，单位石用量为$3.52m_{co}$(单位砂石用量可保持不变)，则基准配合比为1∶1.77∶3.35，$W/C=0.51$。

(2)单位水泥用量为340kg，则单位用水量为0.51×340kg=173kg，单位砂用量为1.77×340kg=602kg，单位石用量为3.35×340kg=1139kg。

(3)施工配合比为：单位水泥用量为340kg，单位砂用量为(1+5%)×602kg=632kg，单位石用量为(1+2%)×1139kg=1162kg，单位水用量为173kg－(602×5%+1139×2%)=120kg。

现场拌制400L混凝土各种材料的实际用量：单位水泥用量为0.4×340kg=136kg，单位砂用量为0.4×632kg=253kg，单位石用量为0.4×1162kg=465kg，单位水用量为0.4×120kg=48kg。

32.【答案】

混凝土破坏荷载平均值为：(660+682+668)/3=670(kN)

混凝土抗压强度为：$670000/150^2=29.8$(MPa)

混凝土的抗压强度标准值：$f_{cu,k}=f_{cu,28}-1.645\sigma=29.8-1.645\times3.6=23.9$(MPa)

分析确定该混凝土的强度等级应为：C20。

33.【答案】

(1)混合料的拌制

①确定制作沥青混合料试件的拌和与压实温度。

用毛细管黏度计测定沥青的黏度，绘制黏温曲线。按规范提供的参照表确定适宜于沥青混合料拌和及压实的等黏温度。

当缺乏运动黏度测定条件时，试件的拌和与压实温度可按规范建议的参考表选用，并根据沥青品种和标号作适当调整。

②将各种规格的矿料置105℃±5℃的烘箱中烘干至恒重(一般不少于4～6h)。根据需要，粗集料可先用水冲洗干净后烘干。也可将粗细集料过筛后，用水冲洗再烘干备用。

③按规定试验方法分别测定不同粒径粗、细集料规格及填料(矿粉)的各种密度，并测定沥青的密度。

④将烘干分级的粗细集料，按每个试件设计级配要求称其质量，在一金属盘中混合均匀，矿粉单独放置，置烘箱中预热至沥青拌和温度以上约15℃(石油沥青通常为163℃)备用。一般按一组试件(每组4～6个)备料，但进行配合比设计时宜对每个试件分别备料。当用替代法时，对粗集料中粒径大于26.5mm的部分，以13.2～26.5mm粗集料等量代替。

⑤将沥青试样，用恒温烘箱或油浴、电热套熔化加热至规定的沥青混合料拌和温度备用，但不得超过175℃。当不得已采用燃气炉或电炉直接加热进行脱水时，必须使用石棉垫隔开。

⑥用沾有少许黄油的棉纱擦净试模、套筒及击实座等，并置100℃左右烘箱中加热1h备用。

⑦将沥青混合料拌和机预热至拌和温度以上10℃备用。

⑧将每个试件预热的粗细集料置于拌和机中，用小铲适当混合，然后再加入需要数量的已加热至拌和温度的沥青，开动拌和机一边搅拌，一边将拌和叶片插入混合料中拌和 1～1.5min，然后暂停拌和，单独加入矿粉，继续拌和至均匀为止，并使沥青混合料保持在要求的拌和温度范围内，标准的总拌和时间为 3min。

(2)试件成型

①将拌好的沥青混合料，均匀称取一个试件所需的用量（标准试件约 1 200g，大型试件约 4 050g）。如已知沥青混合料的密度，可根据试件的标准尺寸计算并乘以 1.03 得到要求沥青混合料数量。当一次拌和几个试件时，宜将其倒入经预热的金属盘中，用小铲拌和均匀分成几份，分别取用。试件制作过程中，为防止混合料温度下降，应连盘放入烘箱中保温。

②从烘箱中取出预热的试模及套筒，用沾有少许黄油的棉纱擦拭套筒、底座及击实锤底面。将试模装在底座上，垫一张圆形的吸油性小的纸，按四分法从四个方向用小铲将混合料铲入试模中，用插刀沿周边插捣 15 次，中间 10 次。插捣后将沥青混合料表面整平成凸圆弧面。对大型马歇尔试件，混合料分两次加入，每次插捣次数同上。

③插入温度计，至混合料中心附近，检查混合料温度。

④待混合料温度达到要求的压实温度后，将试模连同底座一起放在击实台上固定，也可在装好的混合料上垫一张吸油性小的圆纸，再将装有击实锤及导向棒的压实头插入试模中，然后开启电动机（或人工）将击实锤从 457mm 的高度自由落下击实规定的次数（75 次、50 次或 35 次）。对大型马歇尔试件，击实次数为 75 次（相应于标准击实 50 次的情况）或 112 次（相应于标准击实 75 次的情况）。

⑤试件击实一面后，取下套筒，将试模掉头，装上套筒，然后以同样的方法和次数击实另一面。

⑥试件击实结束后，如上下面垫有圆纸，应立即用镊子取掉，用卡尺量取试件离试模上口的高度并由此计算试件高度，如高度不符合要求时，试件应作废，并调整试件的混合料数量（按下式调整），使高度符合 63.5mm±1.3mm（标准试件）或 95.3mm±2.5mm（大型试件）的要求。

$$调整后混合料质量=\frac{要求试件高度\times原用混合料质量}{所得试件高度}$$

⑦卸去套筒和底座，将装有试件的试模横向放置冷却至室温后（不少于 12h），置脱模机上脱出试件。逐一编号，并将试件仔细置于干燥洁净的平面上，供试验用。

34.【答案】

(1)应采用表干法。

(2)试验步骤

①选择适宜的浸水天平（或电子秤），最大称量应不小于试件质量的 1.25 倍，且不大于试件质量的 5 倍。

②除去试件表面的浮粒，称取干燥试件在空气中的质量（m_a），根据选择的天平的感量读数，准确至 0.1g、0.5g 或 5g。

③挂上网篮浸入溢流水箱的水中，调节水位，将天平调平或复零，把试件置于网篮中（注意不要使水晃动），浸水约 3～5min，称取水中质量（m_w）。若天平读数持续变化，不能很快达到

稳定，则说明试件吸水较严重，不适用于此方法，应改用蜡封法测定。

④从水中取出试件，用洁净柔软的拧干湿毛巾轻轻擦去试件的表面水（不得吸走空隙内的水），称取试件的表干质量（m_f）。

⑤对从路上钻取的非干燥试件，可先称取水中质量（m_w），然后用电风扇将试件吹干至恒重（一般不少于12h，当不需进行其他试验时，也可用60℃±5℃的烘箱烘干至恒重），再称取在空气中的质量（m_a）。

⑥结果计算：试件的毛体积密度 $\rho_f=\dfrac{m_a}{m_f-m_w}\rho_w$，式中 ρ_w 为常温水的密度，取 $1g/cm^3$；毛体积相对密度 $\gamma_f=\dfrac{m_a}{m_f-m_w}$，取3位小数。

35.【答案】

(1)应采用水中重法。

(2)试验步骤

①选择适宜的浸水天平（或电子秤），最大称量应不小于试件质量的1.25倍，且不大于试件质量的5倍。

②除去试件表面的浮粒，称取干燥试件在空气中的质量（m_a），根据选择的天平的感量读数，准确至0.1g、0.5g或5g。

③挂上网篮浸入溢流水箱的水中，调节水位，将天平调平或复零，把试件置于网篮中（注意不要使水晃动），待天平稳定后立即读数，称取水中质量（m_w）。若天平读数持续变化，不能很快达到稳定，则说明试件吸水较严重，不适用于此方法，应改用蜡封法测定。

④对从路上钻取的非干燥试件，可先称取水中质量（m_w），然后用电风扇将试件吹干至恒重（一般不少于12h，当不需进行其他试验时，也可用60℃±5℃的烘箱烘干至恒重），再称取在空气中的质量（m_a）。

⑤结果计算：试件的表观密度 $\rho_a=\dfrac{m_a}{m_a-m_w}\rho_w$，式中 ρ_w 为常温水的密度，取 $1g/cm^3$；表观相对密度 $\gamma_a=\dfrac{m_a}{m_a-m_w}$，取3位小数。

36.【答案】

(1)采用A类负压容器时，将容器全部浸入25℃±0.5℃的恒温水槽中，称取容器的水中质量（m_1）。

(2)当采用B、C类负压容器时，在容器中装满25℃±0.5℃的水，上面用玻璃板盖住并要求完全充满水，称取容器与水的总质量（m_b）。

(3)将沥青混合料试样装入干燥的负压容器中，分别称量容器质量及容器和沥青混合料总质量，得到试样的净质量（m_a）。在负压容器中注入约25℃的水，要将混合料全部浸没。将负压容器与真空设备连接起来，开动真空泵，使真空度达到97.3kPa（730mmHg），并持续15min±2min。然后强烈振动负压容器，促使混合料中的空气尽快排出，直至不见气泡出现为止。

(4)当采用A类负压容器时，将该负压器完全浸入恒温至25℃±0.5℃的恒温水槽中，持续10min后称取负压容器与沥青混合料的水中质量（m_2）；当采用B、C类负压容器时，将装有混合料试样的容器浸入恒温至25℃±0.5℃的恒温水槽中约10min，然后取出加上盖子（容器中不得有气泡存在），擦干表面，称取容器、水和沥青混合料的总质量(m_c)。

(5)结果计算：

采用A类容器时，沥青混合料的理论最大相对密度 $\gamma_t=\dfrac{m_a}{m_a-(m_1-m_2)}$；理论最大密度 $\rho_t=\dfrac{m_a}{m_a-(m_1-m_2)}\times\rho_w$，式中 ρ_w 为25℃时水的密度，取0.9971g/cm^3。

采用B、C类容器时，沥青混合料的理论最大相对密度 $\gamma_t=\dfrac{m_a}{m_a+m_b-m_c}$；理论最大密度 $\rho_t=\dfrac{m_a}{m_a+m_b-m_c}\times\rho_w$。

37.【答案】

(1)制备符合要求的马歇尔试件，标准马歇尔试件尺寸应符合直径101.6mm±0.2mm，高63.5mm±1.3mm的要求。对于大型马歇尔试件，尺寸应符合直径152.4mm±0.2mm、高95.3mm±2.5mm的要求，一组试件不得少于4个。

(2)测量试件直径和高度。用卡尺测量试件中部的直径，用马歇尔试件高度测定器或卡尺在十字对称的4个方向量测离试件边缘10mm处的高度，准确至0.1mm并取4个值的平均值作为试件的高度。如试件高度不符合63.5mm±1.3mm或95.3mm±2.5mm要求或两侧高度差大于2mm时，此试件应作废。

(3)将恒温水槽的温度调节至要求的试验温度。对粘稠石油沥青或烘箱养生的乳化沥青混合料温度为60℃±1℃，煤沥青混合料为33.8℃±1℃，空气养生的乳化沥青或液体沥青混合料为25℃±1℃。

(4)将测定密度后的试件置于恒温水槽中，对于标准的马歇尔试件保温时间需30～40min，对大型的马歇尔试件需45～60min。试件之间应有间隔，并架起，试件离水槽底部不小于5cm。

(5)将马歇尔试验仪的上下压头放入水槽或烘箱中达到同样温度。将上下压头从水槽或烘箱中取出拭干净内面，为使上下压头滑动自如，可在下压头的导棒上涂少量黄油，再将试件取出置下压头上，盖上上压头，然后装在加载设备上。

(6)在上压头的球座上放妥钢球，并对准荷载测定装置的压头。

(7)当采用自动马歇尔试验仪时，将自动马歇尔试验仪的压力传感器、位移传感器与计算机或X—Y记录仪正确连接，调整好适宜的放大比例。调整好计算机程序或将X—Y记录仪的记录笔对准原点。

(8)当采用压力环和流值计时，将流值计安装在导棒上，使导向套管轻轻地压住上压头，同时将流值计读数调零。调整压力环中百分表，对零。

(9)启动加载设备，使试件承受荷载，加载速度为50mm/min±5mm/min。计算机或X—Y记录仪自动记录传感器压力和试件变形曲线并将数据自动存入计算机。

(10)当试验荷载达到最大值的瞬间，取下流值计，同时读取应力环中百分表或荷载传感器读数及流值计的流值读数。

(11)从恒温水槽中取出试件至测出最大荷载值的时间，不应超过30s。

38.【答案】

(1)准备工作

①测定试验轮接地压强。测定在60℃时进行，在试验台上放置一块50mm厚的钢板，其上铺一长毫米方格纸，上铺一张新的复写纸，以规定的700N荷载后试验轮静压复写纸，即可在方格纸上得出轮压面积，由此求出接地压强，应符合0.7MPa±0.05MPa。如不符合，应适当调整荷载。

②按轮碾法成型试件后，连同试模一起在常温条件下放置时间不得少于12h。对聚合物改性沥青，以48h为宜。试件的标准尺寸为300mm×300mm×50mm，也可从路面切割得到300mm×150mm×50mm的试件。

(2)试验过程

①将试件连同试模一起，置于达到试验温度60℃±1℃的恒温室中，保温不少于5h，也不多于24h，在试件的试验轮不行走的部位上，粘贴一个热电偶温度计，控制试件温度稳定在60℃±0.5℃。

②将试件连同试模移置车辙试验机的试验台上，试验轮在试件的中央部位，其行走方向须与试件碾压方向一致。开动车辙变形自动记录仪，然后启动试验机，使试验轮往返行走，时间约1h，或最大变形达到25mm为止。试验时，记录仪自动记录变形曲线及试件温度。

对300mm宽且试验时变形较小的试件，也可对一块试件在两侧1/3位置上进行两次试验取平均值。

39.【答案】

(1)将集料过13.2mm、19mm的筛，取粒径13.2～19mm形状接近立方体的规则集料5个，用洁净水洗净，置温度为105℃±5℃的烘箱中烘干，然后放在干燥器中备用。

(2)将集料逐个用细线在中部系牢，再置105℃±5℃烘箱内1h。

(3)按标准方法加热沥青试样(石油沥青130～150℃、煤沥青100～110℃)。逐个取出加热的矿料颗粒用线提起，浸入加热的沥青试样中45s后，轻轻拿出，使集料颗粒完全为沥青膜所裹覆。

(4)将裹覆沥青的集料颗粒悬挂于试验架上，下面垫一张纸，使多余的沥青流掉，并在室温下冷却15min。

(5)将大烧杯中盛水，并置加热炉的石棉网上煮沸。

(6)待集料颗粒冷却后，逐个用线提起，浸入盛有煮沸水的大烧杯中央，调整加热炉，使烧杯中的水保持微沸状态，但不允许有沸开的泡沫。

(7)浸煮3min后，将集料从水中取出，观察矿料颗粒上沥青膜的剥落程度，并评定其粘附性等级。

(8)同一试样应平行试验5个集料颗粒，并由两名以上经验丰富的试验人员分别评定后，取平均等级作为试验结果。

40.【答案】

(1)准备工作

①将集料过9.5mm、13.2mm筛，取粒径9.5～13.2mm形状规则的集料200g，用洁净水洗净，并置温度为105℃±5℃的烘箱中烘干，然后放在干燥器中备用。

②按标准方法准备沥青试样，加热至规范要求的沥青与矿料的拌和温度（采用石油沥青时通常为163℃，采用改性沥青时通常需180℃）。

③将煮沸过的热水注入恒温水槽中，并维持温度80℃±1℃。

(2)按四分法称取集料颗粒(9.5～13.2mm)100g置搪瓷盘中，连同搪瓷盘一起放入已升温至沥青拌和温度以上5℃的烘箱中持续加热1h。

(3)按每100g矿料加入沥青5.5g±0.2g的比例称取沥青，准确至0.1g，放入小型拌和容器中，一起置入同一烘箱中加热15min。

(4)将搪瓷盘中的集料倒入拌和容器的沥青中后，从烘箱中取出拌和容器，立即用金属铲均匀拌和1～1.5min，使集料完全被沥青薄膜裹覆。然后，立即将裹有沥青的集料取20个，用小铲移至玻璃板上摊开，并置室温下冷却1h。

(5)将放有集料的玻璃板浸入温度为80℃±1℃的恒温水槽中，保持30min，并将剥离及浮于水面的沥青用纸片捞出。

(6)从水中小心取出玻璃板，浸入水槽内的冷水中，仔细观察裹覆集料的沥青薄膜的剥落情况。由两名以上经验丰富的试验人员分别目测，评定剥离面积的百分率，评定后取平均值表示。最终由剥离面积百分率评定沥青与集料粘附性的等级。

41.【答案】

(1)准备工作

①在拌和厂从运料卡车按规定方法采取沥青混合料试样，放在金属盘中适当拌和，待温度稍下降至100℃以下时，用大烧杯取混合料试样质量1000～1500g左右(m)(粗粒式沥青混合料用高限，细粒式用低限，中粒式用中限)，准确至0.1g。

②如果试样是路上用钻机法或切割法取得的，应用电风扇吹风使其完全干燥，置微波炉或烘箱中适当加热后成松散状态取样，但不得用锤击以防集料破碎。

(2)试验步骤

①向装有试样的烧杯中注入三氯乙烯溶剂，将其浸没30min，记录溶剂用量，用玻璃棒适当搅动混合料，使沥青充分溶解。也可直接在离心分离器中浸泡。

②将混合料及溶液倒入离心分离器，用少量溶剂将烧杯及玻璃棒上的粘附物全部洗入分离器中。

③称取洁净的圆环形滤纸质量，准确至0.01g。注意，滤纸不宜多次反复使用，有损坏者不能使用，有石粉粘附时应用毛刷清除干净。

④将滤纸垫在分离器边缘上，加盖紧固。在分离器出口处放上回收瓶，上口应注意密封，防止流出液成雾状散失。

⑤开动离心机，转速逐渐增至3000r/min，沥青溶液通过排出口注入回收瓶中，待流出停止后停机。

⑥从上盖的孔中加入新溶液，数量大体相同。稍停3~5min后，重复上述操作，如此数次直至流出的抽提液成清澈的淡黄色为止。

⑦卸下上盖，取下圆环形滤纸，在通风橱或室内空气中蒸发后放入105℃±5℃的烘箱中干燥，称取质量，其增重部分(m_2)为矿粉的一部分。

⑧将容器中的集料仔细取出，在通风橱或室内空气中蒸发后放入105℃±5℃的烘箱烘干

(一般需要 4h)，然后放入大干燥器中冷却至室温，称取集料质量(m_1)。

⑨用压力过滤器过滤回收瓶中的沥青溶液，由滤纸的增重(m_3)得出泄漏入滤液中矿粉。如无压力过滤器时，也可用燃烧法测定。

⑩用燃烧法测定抽提液中矿粉质量得步骤如下：

a. 将回收瓶中的抽提液倒入量筒中，准确定量至 mL(V_a)。

b. 充分搅匀抽提液，取出 10mL(V_b)放入坩埚中，在热浴上适当加热使溶液试样变成暗黑色后，置高温炉 500～600℃中烧成残渣，取出坩埚冷却。

c. 向坩埚中按每 1g 残渣 5mL 的用量比例，注入碳酸铵饱和溶液，静置 1h 后放入 105℃±5℃烘箱中干燥。

d. 取出后放在干燥器中冷却，称取残渣质量(m_4)，准确至 1mg。

(3)计算

①计算沥青混合料中矿料的总质量按式 $m_a=m_1+m_2+m_3$，其中，泄漏入抽提液中的矿粉质量 m_3 用燃烧法时可按公式 $m_3=m_4\times\frac{V_a}{V_b}$计算。

②计算沥青混合料中的沥青含量 $P_b=\frac{m-m_a}{m}$，或油石比 $P_a=\frac{m-m_a}{m_a}$。

42.【答案】

沥青中蜡的存在在高温中会使沥青容易发软，导致沥青路面高温稳定性降低，出现车辙；同样在低温时会使沥青变得硬脆，导致路面低温抗裂性降低，出现裂缝。此外，蜡会使沥青与石料的粘附性降低，在有水的条件下会使路面石子产生剥落现象，造成路面破坏。更严重的是含蜡沥青会使沥青路面的抗滑性降低，影响路面的行车安全性。

43.【答案】

路面沥青混合料直接承受车辆荷载的作用，首先应具备一定的力学强度。路面除了交通的作用外，还受到各种自然因素的影响，因此，沥青混合料必须具备高温稳定性、低温抗裂性和耐久性等。为保证行车安全舒适，沥青混合料还应具备优良的抗滑性。为保证施工顺畅，还应具备易于施工的和易性。

44.【答案】

(1)根据所建工程要求、道路等级、路面类型、所处结构层层位等因素确定沥青混合料类型，再根据《公路沥青路面施工技术规范》确定矿料级配范围。

针对不同的道路等级、气候和交通特点，确定采用粗型(C 形)或细型(F 形)的混合料。对夏季温度高、高温持续时间长、重载交通多的路段，宜选用粗型密级配沥青混合料(AC—C 型)，并取较高的设计空隙率；对冬季温度低、且低温持续时间长的地区，或者重载交通较少的路段，宜选用细型密级配沥青混合料(AC—F 型)，并取较低的设计空隙率。

(2)为确保高温抗车辙能力，同时兼顾低温抗裂性能的需要，配合比设计时宜适当减少公称最大粒径附近的粗集料用量，减少 0.6mm 以下部分细粉的用量，使中等粒径集料较多，形成 S 形级配曲线，并取中等或偏高水平的设计空隙率。

(3)在级配确定之后，选取符合规范要求的不同规格的矿料进行级配设计。在有条件下或对高速公路和一级公路沥青路面矿料配合比设计宜借助电子计算机的电子表格，用试配法进行。

(4)对高速公路和一级公路,宜在工程设计级配范围内计算1～3组粗细不同的配合比,绘制设计级配曲线,分别位于工程设计级配范围的上方、中值及下方。设计合成级配不得有太多的锯齿形交错,且在0.3～0.6mm范围内不出现"驼峰"。当反复调整不能满意时,宜更换材料设计。

45.【答案】

(1)制备马歇尔试件

①根据选定的混合料类型和经验确定沥青的大致预估用量,以预估的沥青用量(通常采用油石比)为中值,按一定间隔(对密级配沥青混合料通常为0.5%,对沥青碎石混合料可适当缩小间隔为0.3%～0.4%),取5个或5个以上不同的油石比分别成型马歇尔试件。每一组试件的试样数按现行试验规程的要求确定(通常5个),对粒径较大的沥青混合料,宜增加试件数量。

②按已确定的矿质混合料类型,计算某个沥青用量下的一个或一组马歇尔试件各种规格集料的用料。一个马歇尔试件的矿料总量大约在1200g左右。

③拌和沥青混合料,击实成型。

(2)测定计算试件的物理指标:试件的毛体积相对密度和吸水率、沥青混合料的最大理论相对密度、试件的空隙率、矿料间隙率、沥青的饱和度等体积指标。

(3)测定试件的力学指标。采用马歇尔试验仪,测定马歇尔稳定度及流值。

(4)确定最佳沥青用量

①绘制沥青用量与物理—力学指标关系图。

②根据试验曲线,确定沥青混合料的最佳沥青用量初始值OAC_1。

在关系曲线图求取相应于密度最大值、稳定度最大值、目标空隙率(或中值)、沥青饱和度范围的中值的沥青用量a_1、a_2、a_3、a_4,取平均值作为OAC_1。

如果在所选择的沥青用量范围未能涵盖沥青饱和度的要求范围,则$OAC_1=(a_1+a_2+a_3)/3$。

对所选择试验的沥青用量范围,密度或稳定度没有出现峰值(最大值经常在曲线的两端)时,可直接以目标空隙率所对应的沥青用量均作为OAC_1,但OAC_1必须介于OAC_{min}～OAC_{max}的范围内,否则应重新进行配合比设计。

③确定沥青混合料的最佳沥青用量OAC_2。以各项指标均符合技术标准(不含VMA)的沥青用量范围OAC_{min}～OAC_{max}的中值作为OAC_2。

④确定最佳沥青用量OAC。OAC的确定应根据沥青路面类型、工程实践经验、道路等级、交通特性及气候条件等因素确定,通常情况下取OAC_1及OAC_2的中值作为最佳沥青用量OAC。检查关系曲线图中相应于此OAC的各项指标是否均符合马歇尔试验技术标准。

⑤根据实践经验和公路等级、气候条件、交通情况,调整确定最佳沥青用量OAC。

(5)配合比设计检验。可主要检验高温稳定性(车辙试验)和水稳定性。

46.【答案】

(1)从记录仪自动记录变形曲线图中读取45min(t_1)及60min(t_2)时的车辙变形d_1及d_2,精确至0.01mm。如变形过大,在未到60min变形已达到25mm时,则以达到25mm(d_2)时的时间为t_2,将其前15min为t_1,此时的变形量为d_1。

(2)计算沥青混合料试件的动稳定度 $DS=\frac{(t_2-t_1)\times 42}{d_2-d_1}\times C_1\times C_2$，式中 42 表示试验轮每分钟行走次数(次/min)；C_1 为试验机类型修正系数，曲柄连杆驱动试件的变速行走方式为 1.0，链驱动试验轮的等速方式为 1.5；C_2 为试件系数，对于试验室制备的宽 300mm 的试件，C_2 取 1.0，对于从路面切割的宽 150mm 的试件，C_2 取 0.8。

47.【答案】

(1)确定最佳油石比

初始值

$$OAC_1=(5.2\%+5.2\%+4.7\%+4.6\%)/4=4.9\%$$

同时满足各项技术指标要求的公共油石比范围：

$$OAC_{min}\sim OAC_{max}=4.3\%\sim 4.9\%$$

初始值

$$OAC_2=(4.3\%+4.9\%)/2=4.6\%$$

综合确定最佳油石比

$$OAC=(4.9+4.6)/2=4.8\%$$

(2)最佳沥青用量为

$$\frac{4.8}{100+4.8}\times 100\%=4.6\%$$

48.【答案】

动稳定度计算如下表：

试验温度		60℃		轮压	0.7MPa	试件密度		2.428g/cm³	
试验尺寸		300mm×300mm×50mm		空隙率	4.0%	制件方法		轮碾法	
试件编号	时间 t_1 (min)	时间 t_2 (min)	t_1 时的变形量 d_1(mm)	t_2 时的变形量 d_2(mm)	试验轮往返碾压速度(次/min)	试验机系数 C_1	试件系数 C_2	动稳定 DS (次/mm)	
1	45	60	5.22	5.73	42	1	1	1235	1246
2	45	60	5.79	6.27	42	1	1	1313	
3	45	60	6.23	6.76	42	1	1	1189	
备注：动稳定变异系数为5.0%									

1-3 区属于夏炎热冬冷区，普通沥青混合料的动稳定度应不小于 1000 次/mm，该试验结果满足要求。

49.【答案】

根据无机结合料不同，半刚性基层或底基层包括：

(1)水泥稳定类，如水泥稳定碎石。

(2)石灰工业废渣稳定类，如石灰粉煤灰土。

(3)石灰稳定类，如石灰稳定土。

(4)综合稳定类，如水泥粉煤灰综合稳定土。

50.【答案】

由于水泥与水发生水化作用，在较高温度下水化作用加快。如果将水泥稳定土放在烘箱升温，则在升温过程中水泥与水水化比较快，烘干又不能除去已与水泥发生水化作用的水，这样得出含水量会偏小。因此，应提前将烘箱升温到110℃，使放入的水泥土一开始就能在105～110℃的环境中烘干。

51.【答案】

计算过程如下：

(1)干混合料质量＝300g/(1＋最佳含水率)。

(2)干土质量＝干混合料质量/(1＋石灰剂量)。

(3)干石灰质量＝干混合料质量－干土质量。

(4)湿土质量＝干土质量×(1＋土的风干含水率)。

(5)湿石灰质量＝干石灰×(1＋石灰的风干含水率)。

(6)石灰土中应加入的水＝300g－湿土质量－湿石灰质量。

52.【答案】

(1)计算湿混合料的质量 m_1＝4374－2400＝1974g。

(2)计算湿密度＝1974/997＝1.98g/cm^3。

(3)计算干密度＝1.98/(1＋0.15)＝1.72g/cm^3。

53.【答案】

以含水率为横坐标干密度为纵坐标绘制干密度和含水率曲线图，曲线的峰值点的纵、横坐标分别为最大干密度和最佳含水率，即最大干密度约为1.67，最佳含水率约12.0%。(要求绘图)

54.【答案】

(1)本办法适用于在规定的试筒内，对水泥稳定土(在水泥水化前)、石灰稳定土及石灰(或水泥)粉煤灰稳定土进行击实试验，以绘制稳定土的含水率—干密度关系曲线，从而确定其最佳含水率和最大密度。

(2)试验集料的最大粒径宜控制在25mm以内，最大不得超过40mm(圆孔筛)。

(3)试验方法分为三种。

55.【答案】

(1)稳定细粒土最少制备6个试件，试模规格为50mm×50mm。

(2)试模体积 V＝3.14×2.5^2×5＝98.1cm^3。

(3)计算干密度＝1.70×0.95＝1.62g/cm^3。

(4)湿混合料质量 m＝98.1×1.62＝181.1g。

56.【答案】

(1)首先进行原材料试验。

(2)按3%、4%、5%、6%、7%五种水泥剂量配制同一种样品不同水泥剂量的混合料。

(3)确定各种混合料的最佳含水率和最大干密度，至少进行3个不同剂量混合料的击实试验，即最小、中间、最大剂量，其他用内插法确定。

(4)按规定压实度分别计算不同剂量试件应有的干密度。

(5)按最佳含水率和计算得的干密度制备试件。

(6)在规定温度下保湿养生6d、浸水24h后，进行无侧限抗压强度试验。

(7)计算无侧限抗压强度平均值和偏差系数。

(8)选定合适的水泥剂量，此剂量$R \geqslant 3.0/(1-Z_a C_v)$。

(9)工地实际采用水泥剂量应比室内试验确定剂量多0.5%～1.0%。

(10)确定水泥剂量。

57.【答案】

试件从试模内脱出并称量后，立即放到密封湿气箱和恒温室内进行保温保湿养生。养生时间通常为7d。养生期间的温度，应保持20℃±2℃。

养生期的最后一天，应该将试件浸泡在水中，水的深度应使水面在试件顶上约2.5mm。在浸泡水中前，应再次称试件的质量。在养生期间，试件质量的损失应该符合下列规定：小试件不超过1g；中试件不超过4g；大试件不超过10g。质量损失超过此规定的试件，应该作废。

58.【答案】

(1)将已浸水一昼夜的试件从水中取出，用软的旧布吸试件表面的可见自由水，并称试件的质量。

(2)用游标卡尺量试件的高度h_1，准确到0.1mm。

(3)将试件放到路面材料强度试验仪的升降台上，进行抗压试验，并保持速率约为1mm/min。记录试件破坏时的最大压力P(N)。

(4)从试件内部取有代表性的样品（经过打破）测定其含水量w_1。

59.【答案】

计算各剂量平均强度及偏差系数分别如下：

水泥剂量3%，平均$R=0.94$，$C_v=0.15/0.94=16.0\%$；

水泥剂量4%，平均$R=1.50$，$C_v=0.09/1.5=6.0\%$；

水泥剂量5%，平均$R=1.68$，$C_v=0.11/1.68=6.5\%$；

水泥剂量6%，平均$R=1.72$，$C_v=0.16/1.72=9.4\%$；

水泥剂量7%，平均$R=1.98$，$C_v=0.20/1.98=10.2\%$。

评定标准如下：

水泥剂量3%，$R_d/(1-1.645C_v)=2.04$；

水泥剂量4%，$R_d/(1-1.645C_v)=1.66$；

水泥剂量5%，$R_d/(1-1.645C_v)=1.68$；

水泥剂量6%，$R_d/(1-1.645C_v)=1.77$；

水泥剂量7%，$R_d/(1-1.645C_v)=1.80$。

水泥剂量5%，平均强度：$\overline{R}=R_d/(1-1.645C_v)=1.66$；

水泥剂量7%，平均强度：$\overline{R}=1.98>R_d/(1-1.645C_v)=1.80$。

综合考虑，取5%水泥用量（考虑工地应增加水泥用量0.5%～1.0%）。

60.【答案】

(1)加载板上的计算单位压力的选定值。对于无机结合料稳定基层材料，用0.5～0.7MPa；对于无机结合料稳定底基层材料，用0.2～0.4MPa。实际加载的单位最大压力应略大于选定值。

(2)将试件浸水24h后从水中取出并用布擦干后放在加载底板上，在试件顶面稀撒少量

0.25～0.5mm 的细砂并手压加载顶板在试件顶面边加压边旋转，使细砂填补表面微观的不平整，并使多余的砂流出，以增加顶板与试件的接触面积。

(3)安置千分表，使千分表的脚支在加载顶板直径线的两侧，并离试件中心距离大致相等。

(4)将带有试件的测形变装置放到路面材料强度试验仪的升降台上，调整升降台的高度，使加载顶板与测力环下端的压头中心与加载顶板的中心接触。

(5)预压。先用拟施加的最大载荷的一半进行两次加载卸荷预压试验，使加载顶板与试件表面紧密接触。第 2 次卸载后等待 1min，然后将千分表的短指针约调到中间位置，并将长指针调到 0，记录千分表的原始读数。

(6)回弹形变测量。将预定的单位压力分成 5～6 个等份，作为每次施加的压力值。实际施加的荷载应较预定级数增加一级。施加第 1 级载荷，待载荷作用达 1min 时，记录千分表的读数，同时卸去载荷，让试件的弹性形变回复，到 0.5min 时记录千分表的读数。施加第 2 级载荷，同前待载荷作用 1min，记录千分表的读数，卸去载荷。卸载后达 0.5min 时，再记录千分表的读数，并施加第 3 级载荷，如此逐级进行，直至记录下最后一级载荷下的回弹形变。

61.【答案】

(1)选取有代表性的石灰土混合料，取试样约 1000g。

(2)称 300g 放在搪瓷杯中，用搅拌棒将结块搅散，加 10%氯化铵溶液 600mL，用不锈钢搅拌棒充分搅拌 3min(每分钟搅 110～120 次)。放置沉淀至少 10min，直到出现澄清悬浮液为止，然后将上部清液转移到 300mL 烧杯内，搅匀，加盖表面皿待测。

(3)用移液管吸取上层悬浮液 10.0mL 放入 200mL 的三角瓶内，用量筒量取 1.8%氢氧化钠(内含三乙醇胺)溶液 50mL 倒入三角瓶中，此时溶液 pH 值为 12.5～13.0，然后加入钙红指示剂(质量约 0.2 克)，摇匀，溶液呈玫瑰红色。用 EDTA 二钠标准液滴定，边滴定边摇匀，当溶液颜色变为紫色时，放慢速度，摇匀。直到纯蓝色为终点，记录 EDTA 二钠的耗量(以 mL 计，读至 0.1mL)。

(4)利用所绘制的标准曲线，根据 EDTA 二钠标准液消耗量，确定混合料中的石灰剂量。

62.【答案】

对于路基及路面基层，压实度是指工地实际达到的干密度与室内标准击实试验所得的最大干密度的比值；对沥青路面，压实度是指现场实际达到的密度与室内标准密度的比值。

63.【答案】

(1)灌砂法适用于在现场测定基层(或底基层)、砂石路面及路基土的各种材料压实层的密度和压实度，也适用于沥青表面处治、沥青贯入式面层的密度和压实度检测，但不适用于填石路堤等有大孔洞或大孔隙材料的压实度检测。

(2)环刀法适用于细粒土及无机结合料稳定细粒土的密度测试，但对无机结合料稳定细粒土，其龄期不宜超过 2d，且宜用于施工过程中的压实度检验。

(3)核子法适用于现场用核子密度仪以散射法或直接透射法测定路基或路面材料的密度和含水率，并计算施工压实度。适用于施工质量的现场快速评定，不宜用作仲裁试验或评定验收试验。

(4)钻芯法适用于检验从压实的沥青路面上钻取的沥青混合料芯样试件的密度，以评定沥青面层的施工压实度，同时适用于龄期较长的无机结合料稳定类基层和底基层的密度检测。

64.【答案】

(1)用水确定标定罐的容积V,准确至1mL。

(2)在储砂筒中装入质量为m_1的砂,并将灌砂筒放在标定罐上,将开关打开让砂流出,在整个流砂过程中不要碰动灌砂筒,直到砂不再流出,将开关关闭。取下灌砂筒,称取筒内剩余砂的质量m_3,准确至1g。

(3)计算填满标定罐所需砂的质量m_a

$$m_a = m_1 - m_2 - m_3$$

式中:m_a——标定罐中砂的质量;

m_1——装入灌砂筒内砂的总质量;

m_2——灌砂筒下部锥体内砂的质量;

m_3——灌砂入标定罐后筒内剩余砂的质量。

(4)重复上述测量三次取其平均值。

(5)计算量砂的单位质量$\gamma_s = m_a/V$。

65.【答案】

(1)选试验地点,将其清扫干净。

(2)将基板放到清扫干净的表面,沿基板中孔凿洞(洞的直径与灌砂筒一致)。试洞的深度应等于测定层厚度,应随时将凿出的材料取出装入塑料袋中,不使水分蒸发,并称量其质量,精确至1g。

(3)从挖出的全部材料中选取有代表性的样品,放在洁净的搪瓷盘中,测定其含水量w(%)。

(4)将灌砂筒直接对准放在试坑上,中间不需要放基板。打开筒的开关,让砂流入试坑内。在此期间,应注意勿碰动灌砂筒。直到灌砂筒内的砂不再下流时,关闭开关,小心取走灌砂筒,并称量余砂的质量,精确至1g。

(5)仔细取出试筒内的量砂,以备下次试验时再用。

66.【答案】

为使灌砂试验做得准确,应注意以下几个环节:

(1)量砂要规则。量砂如果重复使用,一定要注意晾干,处理一致,否则影响量砂的松方密度。

(2)每换一次量砂,都必须测定松方密度,漏斗中砂的数量也应该每次重做。因此量砂宜准备较多数量。切勿到试验时临时找砂不便,就不做试验,仅使用以前的数据。

(3)地表面处理要平整,因为只要表面凸出一点(即使1mm),使整个表面高出一薄层,其体积就算到试坑中去了,会影响试验结果。因此本方法一般宜采用放上基板先测定一次粗糙表面消耗的砂,然后计算填坑的砂量,只有在非常光滑的情况下方可省去此操作步骤。

(4)在挖坑时试坑周壁应笔直,避免出现上大下小或上小下大的情形,这样就会使检测密度偏小。

(5)灌砂时检测厚度应为整个碾压层厚,不能只取上部或者取到下一个碾压层中。

67.【答案】

(1)擦净环刀,称取环刀质量m_2,准确至0.1g。

(2)在试验地点,将面积约30cm×30cm的地面清扫干净。并将压实层铲去表面浮动及不平整的部分,达到一定深度,使环刀打下后,能达到要求的取土深度,但不得扰动下层。

(3)将定向筒齿钉固定于铲平的地面上,顺次将环刀、环盖放入定向筒内与地面垂直。

(4)将导杆保持垂直状态,用取土器落锤将环刀打入压实层中,至环盖顶面与定向筒上口齐平为止。

(5)去掉击实锤和定向筒,用镐将环刀及试样挖出。

(6)轻轻取下环盖,用修土刀自边至中削去环刀两端余土,用直尺检测直至修平为止。

(7)擦净环刀外壁,用天平称取环刀及试样合计质量 m_1,准确至 0.1g。

(8)自环刀中取出试样,取具有代表性的试样,测定其含水量。

68.【答案】

(1)首先计算试样的湿密度 ρ_w

$$\rho_w=\frac{4(m_1-m_2)}{\pi d^2 h}$$

(2)然后计算试样的干密度 ρ_d

$$\rho_d=\frac{\rho_w}{1+0.01w}$$

式中:ρ_w——试样的湿密度(g/cm^3);

ρ_d——试样的干密度(g/cm^3);

w——试样的含水率(%)。

69.【答案】

核子密度仪的使用安全注意事项是:

(1)仪器工作时,所有人员均应退到距仪器 2m 以外的地方。

(2)仪器不使用时,应将手柄置于安全位置,仪器应装入专用的仪器箱内,放置在符合核辐射安全规定的地方。

(3)仪器应由经有关部门审查合格的专人保管,专人使用。对从事仪器保管及使用的人员,应遵照有关核辐射检测的规定,不符合核防护规定的人员,不宜从事此项工作。

70.【答案】

(1)选择压实的路表面,按要求的测定步骤用核子仪测定密度,记录读数。

(2)在测定的同一位置用钻机钻孔法或挖坑灌砂法取样,量测厚度,按规定的标准方法测定材料的密度。

(3)对同一种路面厚度及材料类型,在使用前至少测定 15 处,求取两种不同方法测定的密度的相关关系,其相关系数应不小于 0.9。

71.【答案】

(1)在测试路段布置测点,测点应在路面行车道的轮迹带上,并将白油漆或粉笔划上标记。

(2)将试验车后轮轮隙对准测点后约 3~5cm 位置上。

(3)将弯沉仪插入汽车后轮之间的缝隙处,与汽车方向一致,梁臂不得碰到轮胎,弯沉仪测头置于测点上,安装百分表于弯沉仪的测定杆上。

(4)测定者吹哨发令指挥汽车缓缓前行,百分表随路面变形的增加而持续向前转动。当表针转动到最大值时迅速读取初读数 L_1。汽车继续前行,表针反向回转,待汽车驶出弯沉影响半径后,指挥汽车停止。读取稳定后的表针的读数 L_2。初读数 L_1 与终读数 L_2 之差的 2 倍即为该点的弯沉值。

72.【答案】

当采用长度为 3.6m 的弯沉仪对水泥混凝土路面进行弯沉测定时，有可能引起弯沉仪支座处变形，因此应检验支点有无变形。此时应用另一台检验用的弯沉仪安装在测定用弯沉仪的后方，其测点架于测定用弯沉仪的支点旁，当汽车开出时同时测定两台弯沉仪的弯沉读数。如检验用弯沉仪百分表有读数，应记录并进行支点变形修正的计算。

73.【答案】

(1)千斤顶加载，至预压 0.05MPa，稳压 1min，使承载板与土基紧密接触，同时检查百分表的工作是否正常，然后放松千斤顶油门卸载，稳压 1min，将指针对零或记录初始读数。

(2)测定土基的压力—变形曲线。用千斤顶逐级加载卸载，压力表或测力环控制加载量，荷载小于 0.1MPa 时，每级增加 0.02MPa，以后每级增加 0.04MPa。每次加载至预定荷载后稳定 1min，立即读记 2 台弯沉仪百分表读数，之后放开千斤顶油门卸载至 0，稳定 1min 后再次读数。两台弯沉仪百分表读数之差小于平均值的 30%时取平均值。超过 30%则应重测。当回弹变形超过 1mm 时停止加载。

(3)计算各级荷载的回弹变形和总变形

回弹变形 L=(加载后读数平均值－卸载后读数平均值)×弯沉仪杠杆比

总变形 L'=(加载后读数平均值－加载初始前读数平均值)×弯沉仪杠杆比

(4)测定汽车总影响量。最后一次加载卸载循环后取走千斤顶，重新读取百分表初读数，将汽车开出 10m 以外，读取终读数，初终读数之差的平均值乘以弯沉仪杠杆比即为总影响量。

(5)在试验点取样，测定材料含水量。

(6)在紧靠试验点旁边的适当位置，用灌砂法或其他方法测定土基密度。

74.【答案】

(1)按要求制作试件。

(2)试验前试件应在 20℃±2℃的水中浸泡 40h，从水中取出后立即进行试验。

(3)将试件、劈裂垫条和垫层放在压力机上，借助夹具两侧杆，将试件对中。

(4)开动压力机，均匀加荷，直至试件劈裂为止，记下破坏荷载，精确至 0.01kN。

75.【答案】

(1)连续式平整度仪测定后，可按每 10cm 间距采集的位移值自动计算 100m 计算区间的平整度标准差，还可记录测试长度、曲线振幅大于某一定值的次数、曲线振幅的单向累计值及以 3m 机架为基准的中点路面偏差曲线图，并打印输出。当为人工计算时，在记录曲线上任意设一基准线，每间隔一定距离读取曲线偏离基准线的偏离位移值 d_i。

(2)每一计算区间的路面平整度以该区间测定结果的标准差 σ_i 表示。

$$\sigma_i=\sqrt{\frac{\sum(\bar{d}-d_i)^2}{n-1}}$$

式中：σ_i——各计算区间的平整度计算值(mm)；

d_i——每隔一定距离(自动采集间距为 10cm，人工采集间距为 1.5m)采集的路面凹凸偏差位移值(mm)；

n——计算区间用于计算标准差的测试数据个数。

(3)计算一个评定路段内各区间平整度标准差的平均值、标准差、变异系数。

76.【答案】

CBR值，即标准试件在贯入量为2.5mm时所施加的荷载与标准碎石材料在相同贯入量时所施加荷载的比值。

77.【答案】

车载式颠簸累积仪由机械传感器、数据处理器及微型打印机组成，传感器固定安装在测试车的底板上。测试车以一定速度在路面上行驶，由于路面的凹凸不平状况，引起汽车的激振，通过机械传感器可测量后轴与车厢之间的单向位移累积值VBI，以cm/km计。VBI越大，说明路面平整性越差，人乘坐汽车时越不舒适。

78.【答案】

国际平整度指数是一项标准化的平整度指标，与反应类平整度测定系统类似，但是采用的是数学模型模拟1/4车轮(即单轮，类似于拖车)以规定速度行驶在路面断面上，分析行驶距离内动态反应悬挂系的累积竖向位移量。标准的测定速度规定为80km/h，其测定结果的单位为m/km。

79.【答案】

(1)选择测试路段路面测试地点。

(2)将连续式平整度测定仪置于测试路段路面起点上。

(3)在牵引汽车的后部，将平整度的挂钩挂上后，放下测定轮，启动检测器及记录仪随即启动汽车，沿道路纵向行驶，检查平整度检测仪表上测定数字显示、打印、记录的情况。

80.【答案】

(1)首先将仪器调平。

(2)通过调整调节螺母将指针调零，调零允许误差为±1BPN。

(3)校核滑动长度，滑动长度应在126mm左右。

(4)用喷壶的水浇洒试测路面，并用橡胶刮板刮除表面泥浆。

(5)再次洒水，并按下释放开关，使摆在路面滑过，指针即可指示出路面的摆值。但第一次测定，不做记录。

(6)重复(5)的操作测定5次，如差数大于3BPN时，应检查产生的原因，并再次重复上述各项操作，至符合规定为止。5次的平均值作为每个测点的抗滑值，取整数。

(7)在测点位置上用路表温度计测记潮湿路面的温度。

(8)按以上方法，同一处平行测定不少于3次，3个测点均位于轮迹带上，测点间距3～5m。该处的测定位置以中间测点的位置表示。每一处均取3次测定结果的平均值作为试验结果，精确至1BPN。

81.【答案】

用于测定路面抗滑值时的尺寸为6.35mm×25.4mm×76.2mm，橡胶质量应符合要求。当橡胶片使用后，端部在长度方向上磨损超过1.6mm或边缘在宽度方向上磨耗超过3.2mm，或有油污染时，即应更换新橡胶片。新橡胶片应先在干燥路面上测10次后再用于测试。橡胶片的有效使用期为1年。

82.【答案】

路面表面抗滑性能表征指标有抗滑摆值、路表构造深度、路面横向摩擦系数。

路面的抗滑摆值是指用标准的手提式摆式摩擦系数测定仪测定的路面在潮湿条件下对摆

的摩擦阻力。路表构造深度是指一定面积的路表面凹凸不平的开口孔隙的平均深度。路面横向摩擦系数是指用标准的摩擦系数测定车测定，当测定轮与行车方向成一定角度且以一定速度行驶时，轮胎与潮湿路面之间的摩擦阻力与试验轮上荷载的比值。

83.【答案】

按下列步骤用取样层的相同材料填补试坑或钻孔：

(1)适当清理坑中残留物，钻孔时留下的积水应用棉纱吸干。

(2)对无机结合料稳定层及水泥混凝土路面板，按相同配比用新拌的材料并用小锤击实。水泥混凝土中宜掺加少量快凝早强的外掺剂。

(3)对无结合料粒料基层，可用挖坑时取出的材料，适当加水拌和后分层填补，并用小锤击实。

(4)对正在施工的沥青路面，用相同级配的热拌沥青混合料分层填补并用加热的铁锤或热夯压实。旧路钻孔也可用乳化沥青混合料修补。

(5)所有补坑结束时，宜比原面层略鼓出少许，用重锤或压路机压实平整。

84.【答案】

(1)在清扫后的路面上按测试仪器底座大小画好圆圈记号。

(2)沿底座圆圈抹一薄层密封材料，密封料圈的内径与底座内径相同，将组合好的渗水仪底座用力压在路面密封材料圈上，再加上压重铁圈压住仪器底座，以防止水从底座与路面间流出。

(3)关闭细管下方的开关，向仪器的上方量筒中注入淡红色的水至满。

(4)迅速将开关全部打开，水开始从细管下部流出，待水面下降 100mL 时，立即开动秒表，每间隔 60s，读记仪器管的刻度一次，至水面下降 500mL 时为止。测试过程中，如水从底座与密封材料中渗出，说明底座与路面密封不好，应移至附近干燥路面处重新操作。如水面下降速度较慢，从水面下降至 100mL 开始，测得 3min 的渗水量即可停止。若试验时水面下降至一定程度后基本保持不动，说明路面基本不透水或根本不透水，则在报告中注明。

(5)按以上步骤在同 1 个检测路段选择 5 个测点测定渗水系数，取其平均值，作为检测结果。

85.【答案】

用标准的摩擦系数测定车测定，当测定轮与行车方向成一定角度且以一定速度行驶时，轮胎与潮湿路面之间的摩擦阻力与接触面积的比值。

86.【答案】

(1)将测点约直径 30cm 范围的表面找平。

(2)安装现场测试装置，使贯入杆与土基表面紧密接触。

(3)启动千斤顶，使贯入杆以 1mm/min 的速度压入土基，记录不同贯入量及相应荷载。贯入量达 7.5mm 或 12.5mm 时结束试验。

(4)卸载后在测点取样，测定材料含水量。

(5)在测点旁用灌砂法或环刀法等测定土基的密度。

(6)绘制荷载压强—贯入量曲线，必要时进行原点修正。

87.【答案】

将测定车开到测定地点，通过计算机控制下的液压系统，启动落锤装置，使一定质量的落锤从一定高度自由落下，冲击力作用于承载板上并传递到路面，导致路面产生弯沉，分布于距测点不同距离的传感器检测结构层表面的变形，记录系统将信号输入计算机，得到路面测点弯沉及弯沉盆。

88.【答案】

路面雷达测试系统适用于：

(1)沥青路面或水泥混凝土路面各层厚度及总厚度测试；

(2)路面下空洞探测；

(3)路面下相对高湿度区域检测；

(4)路面下的破损状况检测；

(5)检测桥面混凝土剥落状况；

(6)检测桥内混凝土与钢筋脱离状况；

(7)测试桥面沥青覆盖层的厚度。

89.【答案】

自动弯沉仪的基本工作原理与贝克曼梁的原理是相同的，都是采用简单的杠杆原理。

自动弯沉仪测定车在检测路段以一定速度行驶，将安装在测试车前后轴之间底盘下面的弯沉测定梁放到车辆底盘的前端并支于地面保持不动，当后轴双轮隙通过测头时，弯沉通过位移传感器等装置被自动记录下来，这时，测定梁被拖动，以二倍的汽车速度拖到下一测点，周而复始地向前连续测定，通过计算机可输出路段弯沉检测统计计算结果。

90.【答案】

测定无机结合料稳定土含水率(烘干法)的试验步骤为：

(1)取清洁干燥的铝盒，称取质量 m_1，取一定数量的试样经粉碎后松散地放在铝盒中，盖上盒盖，称取其质量 m_2。

(2)取下盒盖，将盛有试样的铝盒放在盒盖上，然后一起放到已达 110℃ 的烘箱内烘干。需要的烘干时间随土类和试样数量而变。当冷却试样连续两次称量的差值(每次间隔 4h)不超过原试样质量的 0.1%时，即认为样品已经烘干。

(3)烘干后，从烘箱中取出盛有试样的铝盒，盖紧盒盖，放入干燥器内冷却。

(4)冷却后，称取铝盒和烘干试样的质量 m_3。

(5)计算无机结合料稳定土的含水率：$\omega=\dfrac{m_2-m_3}{m_3-m_1}\times 100\%$。

(6)说明：不同的稳定土，称取的试样质量、精度要求不同，区别如下：

稳定土种类	试样数量(g)	试样要求的最小数量(g)	称量精度(g)
稳定细粒土	50	50	0.01
稳定中粒土	500	300	0.1
稳定粗粒土	2000	2000	0.1

91.【答案】

无机结合料稳定材料试件(圆柱形)制作的主要试验步骤为：

(1)调试并检查设备，擦拭成型用的模具，并涂抹机油。

(2)按稳定土的类型，确定制作试件的数量。（细粒土至少 6 个，中粒土至少 9 个，粗粒土至少 13 个）

(3)根据击实试验结果和无机结合料的配合比，计算每份料的加水量、无机加合料的质量。

(4)将称好的土放在长方盘中，加水拌料、闷料后放在密闭容器或塑料袋内浸润备用。浸润时间一般不超过 24h。

(5)对于水泥稳定类，要在成型前 1h，加入预定数量的水泥并拌和均匀。拌和中将预留的水加入，使混合料达到最佳含水量。其它结合料稳定材料，不受此时间限制，但也应尽快制成试件。

(6)用反力架或液压千斤顶，或采用压力试验机制件。制件时，需控制加载加压速率，使上下压柱都压入试模，并维持压力 2min。

(7)解除压力后，取下试模，放到脱模器上脱模。

(8)双手抱住试件侧面的中下部，小心地从脱模器上取下试件放置到试验台上。

(9)称量试件的质量，测量试件的高度，检查试件高度和质量是否满足成型标准要求。不满足时，作为废件。

(10)试件称量后，立即放在塑料袋中封闭，并用潮湿的毛巾覆盖，移放至养生室。

92.【答案】

EDTA 标准曲线的制作步骤如下：

(1)取样：取工地用石灰和集料，风干后分别过 2.0mm 或 2.5mm 筛，用烘干法测其含水率（如为水泥，可假定其含水率为 0）。

(2)混合料组成的计算：

公式：干料质量＝湿料质量/(1＋含水率)

计算步骤如下：

①求干混合料质量＝湿混合料质量/(1＋最佳含水率)；

②干土质量＝干混合料质量/[1＋石灰(或水泥)剂量]；

③干石灰(或水泥)质量＝干混合料质量－干土质量；

④湿土质量＝干土质量×(1＋土的风干含水率)；

⑤湿石灰质量＝干石灰质量×(1＋石灰的风干含水率)；

⑥石灰土中应加入的水＝湿混合料质量－湿土质量－湿石灰质量。

(3)准备 5 种试样，每种 2 个样品（以水泥稳定材料为例），如为水泥稳定中、粗粒土，每个样品取 1000g 左右（如为细粒土，则可称取 300g 左右）准备试验。为了减少中、粗粒土的离散，宜按设计级配单份掺配的方式备料。

5 种混合料的水泥剂量应为：水泥剂量为 0，最佳水泥剂量左右，最佳水泥剂量±2%和±4%，每种剂量取 2 个（为湿质量）试样，共 10 个试样，并分别放在 10 个大口聚乙烯桶（如为水泥细粒土，可用搪瓷杯或 1000mL 具塞三角瓶；如为水泥粗粒土，可用 5L 的大口聚乙烯桶）内。土的含水率应等于工地预期达到的最佳含水率，土中所加的水应与工地所用的水相同。

注意：准备标准曲线的水泥剂量可为 0、2%、4%、6%、8%。如水泥剂量较高或较低，应保证工地实际所用水泥的剂量位于标准曲线所用剂量的中间。

(4)取一个盛有试样的盛样器，在盛样器内加入两倍试样质量（湿质量）体积的 10%氯化铵溶液(如湿料质量为300g,则氯化铵溶液为600mL;如湿料质量为1000g,则氯化铵溶液为2000mL)。料为300g,则搅拌3min(每分钟搅110～120次);料为1000g,则搅拌5min。如用1000mL具塞三角瓶,则手握三角瓶(瓶口向上)用力振荡3min(每分钟120次±5次),以代替搅拌棒搅拌。放置沉淀10min,然后将上部清液转移到300mL烧杯内,搅匀,加盖表面皿待测。

注意:如10min后得到的是混浊悬浮液,则应增加放置沉淀时间,直到出现无明显悬浮颗粒的悬浮液为止,并记录所需的时间。以后所有该种水泥(或石灰)稳定材料的试验,均应以同一时间为准。

(5)用移液管吸取上层(液面下1～2cm)悬浮液10.0mL放入200mL的三角瓶内,用量筒量取1.8%氢氧化钠(内含三乙醇胺)溶液500mL倒入三角瓶中,此时溶液pII值为12.5～13.0(可用pHl2～14精密试纸检验),然后加入钙红指示剂(质量约为0.2g),摇匀,溶剂呈玫瑰红色。记录滴定管中EDTA二钠标准溶液体积V_1,然后用EDTA二钠标准溶液滴定,边滴定边摇匀,并仔细观察溶液的颜色;在溶液颜色变为紫色时,放慢滴定速度,并摇匀;直到纯蓝色为终点,记录滴定管中EDTA二钠标准溶液体积V_2(以mL计,读至0.1mL)。计算V_1-V_2,即为EDTA二钠标准溶液的消耗量。

(6)对其他几个盛样器中的试样,用同样的方法进行试验,并记录各自EDTA二钠标准溶液的消耗量。

(7)以同一水泥或石灰剂量稳定材料EDTA二钠标准溶液消耗量(mL)的平均值为纵坐标,以水泥或石灰剂量(%)为横坐标制图。两者的关系应是一根顺滑的曲线。

93.【答案】

无机结合料无侧限抗压强度的试验方法如下:

(1)试件制备

①标准试件为径高比1∶1的圆柱体试件,对细粒土,试模为Φ50mm×50mm;对中粒土,试模为Φ100mm×100mm;对粗粒土,试模为Φ150mm×150mm。

②风干试料准备。

③确定无机结合料混合料的最佳含水率和最大干密度。

④配制混合料。

⑤按预定的干密度制件:单个试件的标准质量为$m_0=V\times\rho_{max}\times(1+w_{opt})\times\gamma$,单位为g。其中,$V$为试件体积,$w_{opt}$为混合料最佳含水率,$\rho_{max}$为混合料最大干密度,$\gamma$为混合料压实度标准。

(2)试件养生

①应按规定的标准养生方法进行7d的标准养生(温度为20℃±2℃,湿度为≥95%),最后一天浸水。

②在养生的最后一天,将试件取出,观察试件的边角有无磨损和缺块,并量高称质量,然后将试件浸泡于20℃±2℃水中,应使水面在试件顶上约2.5mm。

③如在养生期间,试件有明显的边角缺损,应予作废;在养生期间,试件质量的损失应该符合下列规定:小试件不超过1g;中试件不超过4g;大试件不超过10g。质量损失超过此规定的试件,应予作废。

(3)无侧限抗压强度试验

①根据试验材料的类型和一般的工程经验，选择合适量程的测力计和试验机，对被测试件施加的压力应在量程的20%～80%范围内。球形支座和上下顶板涂上机油，使球形支座能够灵活转动。

②将已浸水一昼夜的试件从水中取出，用软布吸去试件表面的水分，并称试件的质量 m_4。

③用游标卡尺测量试件的高度 h，精确到0.1mm。

④将试件放到路面材料强度试验仪或压力机上，并在升降台上先放一扁球座，进行抗压试验。试验过程中，应保持加载速率为1mm/min。记录试件破坏时的最大压力 P，单位为N。

⑤从试件内部取有代表性的样品(经过打破)，按规定方法测定其含水率 w。

(4)计算

试件的无侧限抗压强度 R_c 计算：$R_c=P/A$，单位：MPa。试件的截面积 $A=\pi D^2/4$，单位为 mm^2。

(5)结果整理

①抗压强度保留一为小数。

②同一组试件试验中，采用3倍均方差方法剔除异常值，小试件可以允许有1个异常值，中试件1～2个异常值，大试件2～3个异常值。异常值数量超过上述规定的试验重做。

③同一组试件试验的变异系数 C_V(%)应符合下列规定，方为有效试验：小试件≤6%，中试件≤10%，大试件≤15%。如不能保证试验结果的 C_V 小于规定值，则应按允许差10%和90%概率重新计算所需的试件数量，增加试件数量并另做新试验。新试验结果与老试验结果一并重新进行统计评定，直到变异系数满足上述规定。

94.【答案】

无机结合料稳定材料CBR试验步骤如下：

1)试样准备，并在预定做击实试验的前一天，取有代表性的试料测定其风干含水率。

2)试验步骤

(1)称量试筒本身质量 m_1，将试筒固定在底板上，将垫块放入筒内，并在垫块上放一张滤纸，安上套环。

(2)将1份试料，击实求试料的最大干密度和最佳含水率。

(3)将其余3份试料按最佳含水率制备3个试件。将1份试料平铺于金属盘内，按事先计算得到的该份试料应加的水量均匀地喷洒在试料上。

用小铲将试料充分拌和到均匀状态，然后装入密闭容器或塑料口袋内，浸润备用。

浸润时间：重黏土不得少于24h；轻黏土可缩短到12h；砂土可缩短到1h；天然砂砾可缩短到2h左右。

制备每个试件时，都要取样测定试料的含水率。

(4)将试筒放在坚硬的地面上，取备好的试样分3～5次倒入筒内(视最大料径而定)。按五层法时，每层需试样约900g(细粒土)～1100g(粗粒土)；按三层法时，每层需试样1700g左右(其量应使击实后的试样高出1/3筒高1～2mm)。整平表面，并稍加压紧，然后按规定的击数进行第一层试样的击实，击实时锤应自由垂直落下，锤迹必须均匀分布于试样面上。第一层击实完后，将试样层面“拉毛”，然后再装入套筒，重复上述方法进行其余每层试样的击实。大试筒击实后，试样不宜高出筒高10mm。

(5)卸下套环，用直刮刀沿试筒顶修平击实的试件，表面不平整处用细料修补。取出垫块，称量试筒和试件的质量 m_2。

(6)泡水测膨胀量的步骤如下：

①在试件制成后，取下试件顶面的破残滤纸，放一张好滤纸，并在其上安装附有调节杆的多孔板，在多孔板上加4块荷载板。

②将试筒与多孔板一起放入槽内(先不放水)，并用拉杆将模具拉紧，安装百分表，并读取初读数。

③向水槽内放水，使水自由进到试件的顶部和底部。在泡水期间，槽内水面应保持在试件顶面以上大约25mm。通常试件要泡水4昼夜。

④泡水终了时，读取试件上百分表的最终读数，并用下式计算膨胀量：

$$膨胀量=\frac{泡水后试件高度变化}{原试件高度(120mm)}\times100$$

⑤从水槽中取出试件，倒出试件顶面的水，静置15min，让其排水，然后卸去附加荷载、多孔板、底板和滤纸，并称量 m_3，以计算试件的湿度和密度的变化。

(7)贯入试验

①将泡水试验终了的试件放到路面材料强度试验仪的升降台上，调整偏球座使贯入杆与试件顶面全面接触，在贯入杆周围放置4块荷载板。

②先在贯入杆上施加45N荷载，然后将测力和测变形的百分表的指针都调整至零点。

③加荷使贯入杆以1～1.25mm/min的速度压入试件，记录测力计内百分表某些整读数(如20、40、60)时的贯入量，并注意使贯入量为 250×10^{-2} 时，能有5个以上的读数。因此，测力计内的第一个读数应是贯入量 30×10^{-2}mm左右。

3)结果整理

(1)以单位压力 P 为横坐标，贯入量 L 为纵坐标，绘制 P—L 关系曲线，若曲线开始段是凹曲线，则需要进行修正。修正时，在变曲率点引一切线，与纵坐标交于 O' 点，O' 即为修正后的原点。

(2)一般采用贯入量为2.5mm时的单位压力与标准压力(7.0MPa)之比，作为材料的承载比CBR，即 $CBR=(P_{2.5}/7.0)\times100\%$。

同时计算贯入量为5mm时的承载比：$CBR=(P_{5.0}/10.5)\times100\%$。

一般采用 $CBR_{2.5}$，如 $CBR_5>CBR_{2.5}$，则试验重做。结果仍然如此，则采用 CBR_5。

4)精度要求

如根据3个平行试验结果计算得到的承载比变异系数大于12%，则去掉一个偏离大的值，取其余2个结果的平均值。如 C_v 小于12%，且3个平行试验结果计算的干密度偏差小于0.03g/cm^3，则取3个结果的平均值。如3个试验结果计算的干密度偏差超过0.03g/cm^3，则去掉1个偏离大的值，取其余2个结果的平均值。

95.【答案】

静力压实法成型无侧限抗压强度试件的步骤如下：

(1)试料准备

①将具有代表性的风干试料（必要时，可以在50℃烘箱内烘干）用木锤捣碎或用木碾碾碎，但应避免破坏粒料的原粒径。按照公称最大粒径的大一级筛，将土过筛并进行分类。

②在预定做试验的前一天，取有代表性的试料测定其风干含水率。对于细粒土、中粒土和粗粒土，试样分别应不少于100g、1000g和2000g。

③按规定方法确定无机结合料混合料的最佳含水率和最大干密度。

④根据击实结果，称取一定质量的风干土，其数量随试件大小而变。对Φ50mm×50mm的试件，1个试件约需干土180～210g；对Φ100mm×100mm的试件，1个试件约需干土1700～1900g；对Φ150mm×150mm的试件，1个试件约需干土5700～6000g。

对于细粒土，可以一次称取6个试件的土；对于中粒土，一次宜称取1个试件的土；对于粗粒土，一次只称取1个试件的土。

⑤将准备好的试样分别装入塑料袋中备用。

(2)试验步骤

①调试成型所需的各种设备，检查是否运行正常；将成型用的模具擦拭干净，并涂抹机油。试模筒、上下垫块等应配套，并满足试验要求。

②对于无机结合料稳定细粒土，至少应该制备6个试件；对于无机结合料稳定中粒土和粗粒土，至少分别应该制备9个和13个试件。

③根据击实结果和无机结合料的配合比计算每份料的加水量、无机结合料的质量。

④将称好的土放在长方盘内。向土中加水拌料、闷料。除水泥稳定土外，可将石灰或粉煤灰和土一起拌和，将拌和均匀后的试料放在密闭容器或塑料袋（封口）内浸润备用。

对于细粒土（特别是黏性土），润湿时的含水率应比最佳含水率小3%；对于中粒土和粗粒土，可按最佳含水率加水；对于水泥稳定类材料，加水量应比最佳含水率小1%～2%。

应加水量计算公式为：

$$m_w=\left(\frac{m_n}{1+0.01w_n}+\frac{m_c}{1+0.01w_c}\right)\times 0.01w-\frac{m_n}{1+0.01w_n}\times 0.01w_n-\frac{m_c}{1+0.01w_c}\times 0.01w_c$$

其中，混合料中素土（或集料）的质量为m_n、测得的原始含水率（即风干含水率）为w_n，混合料中水泥或石灰的质量为m_c、测得的原始含水率为w_c，要求达到的混合料的含水率为w。

浸润时间要求：黏质土12～24h，粉质土6～8h，砂类土、砂砾土、红土砂砾、级配砂砾等可缩短到4h左右，含土很少的未筛分碎石、砂砾和砂可缩短到2h。浸润时间一般不超过24h。

⑤在试件成型前1h内，加入预定数量的水泥并拌和均匀。在拌和过程中，应将预留的水（对于细粒土为3%，对水泥稳定类为1%～2%）加入土中，使混合料达到最佳含水率。拌和均匀的加有水泥的混合料应在1h内按下述方法制成试件，超过1h的混合料应该作废。其他结合料稳定土的混合料虽不受此限制，但也应尽快制成试件。

⑥用反力框架和液压千斤顶制件，或采用压力试验机。

将试模配套的下垫块放入试模的下部，但外露2cm左右。将称量的规定数量m_2的稳定材料混合料分2～3次灌入试模中，每次灌入后用夯棒轻轻均匀插实。如制备的是Φ50mm×50mm的小试件，则可以将混合料一次倒入试模中，然后将与试模配套的上垫块放入试模内，也应使其外露 2cm 左右(即上、下垫块露出试模外的部分应该相等)。

⑦将整个试模(连同上、下垫块)放到反力框架内的千斤顶上(千斤顶下应放一扁球座)或压力机上,以 1mm/min 的加载速率加压,直到上、下垫块都压入试模为止。维持压力 2min。

⑧解除压力后,取下试模,并放到脱模器上将试件顶出。对水泥稳定黏质土,制件后可立即脱模;对水泥稳定无黏结性的细粒土,最好过 2~4h 再脱模;对中、粗粒土的无机结合料稳定材料,也最好过 2~6h 脱模。

⑨在脱模器上取试件时,应用双手抱住试件侧面的中下部,然后沿水平方向轻轻旋转,待感觉到试件移动后,再将试件轻轻捧起,放置到试验台上。切勿直接将试件向上捧起。

⑩称取试件的质量 m_2,小试件精确至 0.01g;中试件精确到 0.01g;大试件精确到 0.1g。然后用游标卡尺测量试件高度 h,精确到 0.1mm。检查试件的高度和质量,不满足成型标准的试件作为废件。

高度误差:小试件、中试件、大试件的高度误差范围应分别为-0.1~0.1cm、-0.1~0.15cm和-0.1~0.2cm。

质量损失:小试件、中试件、大试件分别应不超过 5g、25g 和 50g。

⑪试件称量后应立即放在塑料袋中封闭,并用潮湿的毛巾覆盖,移放至养护室。

(3)计算

①单个试件的标准质量为:$m_0=V\times\rho_{max}\times(1+w_{opt})\times\gamma$,单位为 g。其中,$V$ 为试件体积,w_{opt} 为混合料最佳含水率,ρ_{max} 为混合料最大干密度,γ 为混合料压实度标准。

②考虑到成型过程中的质量损耗,实际操作过程中每个试件的质量可增加 0~2%,即:$m_0'=m_0\times(1+\delta)$,其中 δ 为计算混合料质量的冗余量。

96.【答案】

无机结合料稳定材料室内回弹模量试验方法(顶面法)的试验步骤如下:

(1)根据试验材料的类型和一般的工程经验,选择合适量程的测力计和试验机,对被测试件施加的压力应在量程的 20%~80%范围内。如采用压力机系统,需调试设备,设定好加载速度。

(2)加载板上的计算单位压力的选定值:对于无机结合料稳定基层材料,用 0.5~0.7MPa;对于无机结合料稳定底基层材料,用 0.2~0.4MPa。实际加载的单位最大压力应略大于选定值。

(3)将试件浸水 24h 后从水中取出,并用布擦干后放在加载底板上,在试件顶面撒少量 0.25~0.5mm 的细砂,并手压加载板在试件顶面边加压边旋转,使细砂填补表面微观的不平整,并使多余的砂流出,以增加顶板与试件的接触面积。

(4)安置千分表,使千分表的脚支在加载顶板直径线的两侧,并离试件中心距离大致相等。

(5)将带有试件的测形变装置放到路面材料强度试验仪的升降台上(也可以先将测变形装置放在升降台上,再安装试件和百分表),调整升降台的高度,使加载顶板与测力环下端的压头中心与加载顶板的中心接触。

(6)预压:先用拟施加的最大载荷的一半进行两次加载卸载预压试验,使加载顶板与试件表面紧密接触。每两次卸载后等待 1min,然后将千分表的短指针约调到中间位置,并将长指针调到 0,记录千分表的原始读数。

(7)回弹形变测量:将预定的单位压力分成5～6个等份,作为每次施加的压力值。实际施加的载荷应较预定级数增加一级。施加第1级载荷(如为预定最大荷载的1/5),待载荷作用达1min时,记录千分表的读数,施加第2级载荷(为预定最大荷载的2/5),同前待载荷作用1min,记录千分表的读数,卸去载荷。卸载后达0.5min时,再记录千分表的读数,并施加第3级载荷,如此逐级进行,直至记录下最后一级载荷下的回弹形变。

97.【答案】

无机结合料稳定材料间接抗拉强度试验方法(劈裂试验)的主要步骤为:

(1)根据试验材料的类型和一般的工程经验,选择合适量程的测力计和试验机,试件破坏荷载应大于测力量程的20%且小于测力量程的80%。球形支座和上下压条涂上机油,使球形支座能够灵活转动。

(2)将已浸水一昼夜的试件从水中取出,用软布吸去试件表面的可见自由水,并称试件的质量。

(3)用游标卡尺测量试件的高度 h,精确至0.1mm。

(4)在压力机的升降台上置一压条,将试件横置在压条上,在试件的顶面也放一压条(上下压条与试件的接触线必须位于试件直径的两端,并与升降台垂直。)

(5)在上压条上面放置球形支座,球形支座应位于试件的中部。

(6)试验过程中应使试验的形变等速增加,保持加载速率为1mm/min。记录试件破坏时的最大压力 P(N)。

(7)从试件内部取有代表性的样品(经过打碎),测定其含水率。

第四部分 模拟试题

一、单项选择题 (四个备选项中只有一个正确答案,总共30道题,每题1分,共计30分)

1. 无机结合料稳定类基层质量检测时,需检测( )。

A. 抗压回弹模量　　B. 无侧限抗压强度

C. 抗折强度　　D. 劈裂强度

2. 路面平整度指标 VBI 是由( )测定的结果。

A. 3m 直尺　　B. 连续式平整度仪

C. 颠簸累积仪　　D. 激光平整度测试车

3. 对半刚性基层质量评定影响最大的指标是( )。

A. 压实度　　B. 平整度　　C. 抗滑　　D. 横坡

4. 环刀法测定压实度时,取样位置应位于压实层的( )。

A. 上部　　B. 中部　　C. 下部　　D. 上部1/3处

5. 对土方路基和石方路基,在进行工程评分时,其权值为( )。

A. 1　　B. 2　　C. 3　　D. 0.5

6. 某分部工程的加权平均分为90分,那么该分部工程质量等级为( )。

A. 优良　　B. 合格　　C. 不合格　　D. 无法确定

7. 某路段压实度检测结果为:平均值 $\overline{K}=96.3\%$,标准偏差 $S=2.2\%$,则压实度代表值 $K_r=(\quad)\%$(注:$Z_a=1.645$,$t_\alpha/\sqrt{n}=0.518$)。

A. 92.7　　B. 99.9　　C. 95.2　　D. 97.4

8. 弯沉测试方法有多种,目前应用最多的是( )。

A. 贝克曼梁法　　B. 自动弯沉仪法

C. 落锤式弯沉仪法　　D. 摆式仪测定法

9. 对半刚性基层质量评定影响最大的指标是( )。

A. 压实度　　B. 平整度　　C. 抗滑　　D. 横坡

10. 进行分部工程和单位工程评分时,采用加权平均值计算法确定相应的评分值。对于一般工程权值取1,主要工程权值取( )。

A. 1　　B. 1.5　　C. 2　　D. 3

11. 断面尺寸不属于( )的实测项目。

A. 浆砌排水沟　　B. 砌体挡土墙

C. 干砌挡土墙　　D. 加筋土挡土墙

12. 不进行压实度检测的分项工程是( )。

A. 水泥稳定碎石基层　　B. 沥青混凝土面层

C. 沥青贯入碎石路面　　D. 土方路基

13. 桥用C40的混凝土，经设计配合比为水泥∶水∶砂∶碎石=380∶175∶610∶1300，采用相对用量可表示为（ ）。

A. 1∶1.61∶3.42；W/C=0.46　B. 1∶0.46∶1.61∶3.42

C. 1∶1.6∶3.4；W/C=0.46　D. 1∶0.5∶1.6∶3.4

14. 混凝土坍落度试验，要求混凝土拌和物分三层装入坍落度筒，每层插捣（ ）次。

A. 15　B. 20　C. 25　D. 50

15. 水泥混凝土试件成型后，应在成型好的试模上覆盖湿布，并在室温20℃±5℃，相对湿度大于（ ）的条件下静置1～2d，然后拆模。

A. 40%　B. 50%　C. 75%　D. 95%

16. 密级配沥青混凝土混合料采用连续型或间断型密级配沥青混合料，空隙率大致在（ ）之间。

A. 2%～10%　B. 3%～6%　C. 4%～6%　D. 3%～12%

17. 沥青混合料稳定度的试验温度是（ ）。

A. 50℃　B. 60℃　C. 65℃　D. 80℃

18. 沥青混合料车辙试验的评价指标为（ ）。

A. 稳定度　B. 残留稳定度　C. 动稳定度　D. 残留强度比

19. EDTA滴定法可快速测定石灰土中石灰的剂量，将钙红指示剂加入溶液中，用EDTA滴定后溶液呈（ ）色。

A. 玫瑰红　B. 黄　C. 红　D. 蓝

20. 某实验室进行石灰土的含水量试验，含水量的计算值为13.24%，表示正确的是（ ）。

A. 13.2%　B. 13%　C. 13.0%　D. 13.24%

21. 对各种土和路面基层、底基层材料进行承载比试验时，试件需要饱水（ ）。

A. 4昼夜　B. 6昼夜　C. 7昼夜　D. 3昼夜

22. 用灌砂法测定土基现场密度，称量砂的质量时，要求精确到（ ）。

A. 0.5g　B. 0.2g　C. 1g　D. 5g

23. 需要进行回弹弯沉值温度修定时，可根据 T_0 查图确定。T_0 为（ ）。

A. 路表温度

B. 测定前5天平均气温的平均值

C. 路表温度和测定前5天平均气温的平均值之和

D. 以上表述均不对

24. 当进行路基路面工程质量检查验收或路况评定时，3m直尺测定的标准位置为（ ）。

A. 行车道中心线　B. 行车道一侧车轮轮迹带

C. 行车道左边缘　D. 行车道右边缘

25. CBR现场测试时，启动千斤顶，使贯入杆以1mm/min的速度压入土基，记录（ ）及相应荷载，贯入量达7.5mm或12.5mm时结束试验。

A. 贯入量达2.5mm的相应荷载

B. 贯入量达5mm的相应荷载

C. 贯入量达2.5mm和5mm的相应荷载

D. 不同贯入量

26. 连续式平整度仪测定路面平整度时，每一计算区间的路面平整度以(　)表示。

A. 该区间测定结果的标准差 σ_i 表示，单位 mm

B. 该区间测定结果的标准差 σ_i 表示，单位 cm

C. 该区间测定结果的标准差 σ_i 表示，无单位

D. 该区间测定结果的合格率表示，单位%

27. 由沥青混合料实测最大密度计算压实度时，应进行(　)的折算，作为标准密度。

A. 空隙率　　B. 质量　　C. 沥青用量　　D. 不用折算

28. 某灰土层 7d 无侧限抗压强度标准为 0.85MPa，抽样检测时得到的强度平均值为 0.90MPa，其强度(　)。

A. 合格　　B. 不合格　　C. 无法确定　　D. 可以确定

29. 路面渗水试验应按照随机取样方法选择测试位置，每一个检测路段应测定(　)个测点。

A. 3　　B. 5　　C. 10　　D. 8

30. 使用摆式仪测定某点抗滑值，5 次读数分别为 57、58、59、57、58，则该点抗滑值为(　)摆值。

A. 57　　B. 57.8　　C. 58　　D. 59

二、判断题

(正确的划"√"，错误的划"×"，请填在题后的括号里，总共 30 道题，每题 1 分，共计 30 分)

1. 无机结合料稳定材料的弯拉疲劳试验采用是圆柱形试件。(　)

2. 路面材料的回弹模量都是在某个应力水平的条件下的数值，没有应力水平的回弹模量没有意义。(　)

3. 无机结合料稳定材料振动压实试验方法适用于野外确定石灰土的含水量—干密度曲线。(　)

4. 无机结合料稳定材料渗水试验方法可用于测定密实型无机结合料基层的渗水系数。(　)

5. 单位工程具有独立施工条件。(　)

6. 施工单位、工程监理单位和建设单位可不按相同的工程项目划分进行工程质量的监控和管理。(　)

7. 水泥混凝土面层应按分项工程进行质量评定。(　)

8. 高等级公路土方路基压实质量控制，应采用重型击实试验。(　)

9. 根据《公路工程质量检验评定标准》规定，当土方路基施工路段较短时，分层压实度只要点点符合要求即可。(　)

10. 水泥混凝土路面抗滑性能既可用摩擦系数表示，也可用构造深度表示。(　)

11. 路基除压实度指标需分层检测外，其他检查项目均在路基完成后才进行测定。(　)

12. 级配碎石基层碾压应遵循先重后轻原则，洒水碾压至要求的密实度。(　)

13. 混凝土抗折强度试验的三个试件中，如有一个断面位于加荷点外侧，则取另外两个试件测定值的算术平均值作为测定结果，并要求这两个测点的差值不大于其中较小测值的

15%。（ ）

14. 水泥混凝土流动性大说明其和易性好。（ ）

15. 实验室试拌调整得到的混凝土的基准配合比，不一定能够满足强度要求。（ ）

16. 某地夏季较热，冬季严寒且干旱少雨，则该地气候分区可能是 2-1-4。（ ）

17. 沥青碎石属于骨架—空隙结构，具有较好的高温稳定性，但耐久性较差。（ ）

18. 对于沥青混合料试件，若能用水中重法测定其表观密度，则也可用表干法测定其毛体积密度，而且两种方法的测试结果会比较接近。（ ）

19. 直读式测钙仪法可以适用于水泥稳定土的水泥剂量的检测。（ ）

20. 无机结合料稳定土无侧限抗压强度试验，试件养生期间试件质量损失是指从试件上掉下的混合料质量。（ ）

21. 对各种土和路面基层、底基层材料进行承载比试验，需要做 2 个平行试验。（ ）

22. 自动弯沉仪测定的弯沉值可以直接用于路基、路面强度评定。（ ）

23. 水泥稳定土含水量测试时，应提前将烘箱升温到 110℃，使放入的水泥土一开始就能在 105～110℃的环境中烘干。（ ）

24. 在灌砂法试验中，沿基板中孔凿洞（洞的直径与灌砂筒一致），试洞的深度应等于测定层厚度。（ ）

25. 核子仪工作时，所有人员均应退到距仪器 5m 以外的地方。（ ）

26. 采用摆式仪测定路面抗滑值，当路面试验温度不是 20℃且厚度大于 5cm 时，应进行温度修正。（ ）

27. 落锤式弯沉仪（FWD）测定的是路面动态弯沉，并用来反算路面的回弹模量。（ ）

28. 钻孔法、高程法和雷达、超声波法均适用于路面各结构层厚度的检测。（ ）

29. 使用 3m 直尺测定法，当为路基、路面工程质量检查验收或进行路况评定需要时，可以单杆检测。（ ）

30. 水泥混凝土快速无破损检测方法不适宜作为仲裁试验或工程验收的最终依据。（ ）

三、多项选择题

（总共 20 道题，每题 2 分，共计 40 分；每道题有 2 个或 2 个以上正确答案，选项全部正确得满分，选项部分正确按比例得分，出现错误选项该题不得分）

1. 下列无机结合料稳定材料试验方法中，所用试件为圆柱形的有（ ）。

A. 无侧限抗压强度试验　　B. 室内抗压回弹模量试验（顶面法）

C. 疲劳试验　　D. 动融试验

2. 核子密湿度仪可以进行下列哪些指标的测定，（ ）。

A. 厚度　　B. 平整度　　C. 压实度　　D. 含水率

3. 土方路基应进行检测的项目有（ ）。

A. 中线偏位　　B. 平整度

C. CBR　　D. 构造深度

4. 对于石质路基，应（ ）。

A. 采用振动压路机分层碾压

B. 用灌砂法测压实度

C. 地表清理后，逐层水平填筑石块，码砌边部

D. 上、下路床填料和石料最大尺寸应符合要求

5. 属于排水工程的是（ ）。

A. 边沟　B. 截水沟　C. 盲沟　D. 砂垫层

6. 对于路面工程的规定有：（ ）。

A. 基层完工所浇洒透层油渗入深度不小于 8mm

B. 加铺沥青面层的复合式路面，两种结构均需检查评定

C. 路面表层结构层厚度按代表值和单点合格值设计允许偏差

D. 垫层的质量要求按同材料其他公路的底基层执行

7. 属于水泥混凝土面层实测项目中的关键项目的是（ ）。

A. 抗滑构造深度　B. 弯拉强度

C. 板厚度　D. 相邻板的高差

8. 普通混凝土配合比设计中，计算单位砂石用量可采用（ ）法。

A. 质量　B. 经验　C. 体积　D. 查表

9. 影响水泥混凝土工作性的因素有（ ）。

A. 原材料的特性　B. 单位用水量

C. 水灰比　D. 砂率

10. 沥青混合料中沥青含量试验有（ ）。

A. 射线法　B. 离心分离法

C. 回流式抽提仪法　D. 脂肪抽提器法

11. 确定最佳沥青用量初始值 OAC_1 与（ ）指标有关。

A. 空隙率　B. 饱和度　C. 稳定度　D. 毛体积密度

12. 对于柔性基层，沥青稳定类材料可用于高速公路、一级公路和二级公路的（ ），级配碎石适用与（ ）的基层和底基层。

A. 基层或调平层　B. 过渡层

C. 二级公路　D. 各级公路

13. 可做石灰工业废渣稳定基层的组成材料包括（ ）。

A. 石灰　B. 粉煤灰　C. 煤渣　D. 水泥

14. 在无机结合料稳定土劈裂试验中，操作正确的是（ ）。

A. 只需要在压力机的升降台上置一压条

B. 在压力机的升降台上置一压条，在试件的顶面也放一压条

C. 将试件横放在压条上

D. 将试件竖放在压条上

15. 对手工铺砂法要求说法正确的是（ ）。

A. 量砂应干燥、洁净、匀质，粒径为 0.15～0.30mm

B. 测点应选在行车道的轮迹带上，距路面边缘不应小于 2m

C. 同一处平行测定不少于 3 次，3 个测点间距 3～5m

D. 为了避免浪费，回收砂可直接使用

16. 采用 5.4m 弯沉仪在春季 17℃的情况下测定 8cm 厚的沥青路面弯沉值，计算代表弯沉值时应进行下列修正（　）。

A. 弯沉仪支点变形修正　　B. 温度修正

C. 季节修正　　D. 轴载修正

17. 摆式仪测定路面抗滑值的试验中，（　）不做记录，以后（　）的平均值作为每个测点的抗滑值。

A. 第一次测定　　B. 5 次测定

C. 第一次和第二次测定　　D. 3 次测定

18. 平整度测试方法包括（　）。

A. 3m 直尺法　　B. 连续平整度仪法

C. 摆式仪法　　D. 车载颠簸累积仪法

19. 适用于路面各结构层厚度的检测的方法有（　）

A. 钻孔法　　B. 高程法

C. 雷达、超声波法　　D. 摆式仪法

20. 在用承载板法测定土基回弹模量试验中，下列说法不正确的有（　）。

A. 安置承载板前，应在土基表面撒一层细砂

B. 采用逐级加载、卸载的方法，测出每级荷载下相应的土基回弹变形

C. 计算回弹模量时以实测回弹变形量代入公式

D. 当两台弯沉仪百分表读数之差超过平均值的 30%时取平均值

四、问答题　（总共 5 道题，每题 10 分，共计 50 分）

1. 沥青表面处治面层的基本要求有哪些？

2. 某高速公路 K10+000～K11+000 为土方路基，各项指标检测结果如下表，在外观鉴定中扣分 3 分，试确定该段路基分项工程评定值。若压实度数值是不合格后的复检数值，那么进行分部工程评分时，对该分项工程的计算分值该采用多少？

路基检测指标汇总表

项目	压实度	弯沉	纵断高程	中线偏位	宽度	平整度	横坡	边坡
合格率(%)	98	100	95	95	100	96	98	100
权值	3	3	2	2	2	2	1	1

3. 某沥青混合料马歇尔试件的吸水率为 1.5%，问应采用哪种方法测定其毛体积密度？并简述试验步骤。

4. 某实验室为某高速公路做石灰粉煤灰稳定细粒土配合比设计制备了下列样品：干消石灰 3kg、含水率为 20%的粉煤灰 5kg、含水率为 10%的土样 20kg，试验用水为饮用水。

已知：经击实试验得到最大干密度为 1.69g/cm³，最佳含水率为 17%，拟设计一组质量比为石灰∶粉煤灰∶土＝10∶22∶68 的强度试件，工地压实度为 95%。试计算每个试件的称料质量及各材料用量。

5. 试述路面弯沉值的测试步骤。

第五部分　模拟试题答案

一、单项选择题

1. B　2. C　3. A　4. B　5. B　6. D　7. C　8. A　9. A　10. C
11. D　12. C　13. A　14. C　15. B　16. B　17. B　18. C　19. D　20. B
21. A　22. C　23. C　24. B　25. D　26. A　27. A　28. C　29. B　30. C

二、判断题

1. ×　2. √　3. ×　4. ×　5. √　6. ×　7. √　8. √　9. ×　10. ×
11. √　12. ×　13. √　14. ×　15. √　16. √　17. √　18. √　19. ×　20. ×
21. ×　22. ×　23. √　24. √　25. ×　26. ×　27. √　28. √　29. ×　30. √

三、多项选择题

1. ABD　2. CD　3. AB　4. ACD　5. ABC
6. BCD　7. BC　8. AC　9. ABCD　10. ABCD
11. ABCD　12. AD　13. ABC　14. BC　15. AC
16. BC　17. AB　18. ABD　19. ABC　20. ACD

四、问答题

1.【答案】

基本要求有：

(1)在新建或旧路的表层进行表面处治时，应将表面的泥砂及一切杂物清除干净，底层必须坚实、稳定、平整，保持干燥后才可施工。

(2)沥青材料的各项指标和石料的质量、规格、用量应符合设计要求和施工技术规范的规定。

(3)沥青浇洒应均匀，无露白，不得污染其他构筑物。

(4)嵌缝料必须趁热撒铺，扫布均匀，不得有重叠现象，压实平整。

2.【答案】

解：

$$实测项目得分=\frac{98\times3+100\times3+95\times2+95\times2+100\times2+96\times2+98\times1+100\times1}{3+2+2+2+2+2+1+1}=97.75(分)$$

分项工程得分为

$$97.75-3=94.75(分)$$

若压实度检测值为复检数值，则进行分部工程评分时，该分项工程得分应按90%计算，计

算分值为

$$94.75\times90\%=85.275(分)$$

3.【答案】

(1)应采用表干法。

(2)试验步骤

①选择适宜的浸水天平(或电子秤)，最大称量应不小于试件质量的1.25倍，且不大于试件质量的5倍。

②除去试件表面的浮粒，称取干燥试件在空气中的质量(m_a)。根据选择的天平的感量读数，准确至0.1g、0.5g或5g。

③挂上网篮浸入溢流水箱的水中，调节水位，将天平调平或复零，把试件置于网篮中(注意不要使水晃动)，浸水约3~5min，称取水中质量(m_w)。若天平读数持续变化，不能很快达到稳定，则说明试件吸水较严重，不适用于此方法，应改用蜡封法测定。

④从水中取出试件，用洁净柔软的拧干湿毛巾轻轻擦去试件的表面水(不得吸走空隙内的水)，称取试件的表干质量(m_f)。

⑤对从路上钻取的非干燥试件，可先称取水中质量(m_w)，然后用电风扇将试件吹干至恒重(一般不少于12h，当不需进行其他试验时，也可用60℃±5℃的烘箱烘干至恒重)，再称取在空气中的质量(m_a)。

⑥结果计算：试件的毛体积密度$\rho_f=\frac{m_a}{m_f-m_w}\rho_w$，式中$\rho_w$为常温水的密度，取1g/cm^3；毛体积相对密度$\gamma_f=\frac{m_a}{m_f-m_w}$，取3位小数。

4.【答案】

试件体积＝3.14×2.5×2.5×5＝98.1cm^3

计算的干密度＝1.69×95%＝1.61g/cm^3

一个试件需要的干混合料＝98.1×1.61＝157.9g

一个试件需要的湿混合料＝157.9×(1+0.17)＝184.7g

一个试件混合料所含的水＝184.7－157.9＝26.8g

石灰用量＝157.9×10%＝15.8g

湿粉煤灰用量＝157.9×22%(1+0.2)＝41.7g

湿土用量＝157.9×68%×(1+0.1)＝118.1g

粉煤灰中现有的水＝157.9×22%×0.2＝6.9g

土中现有的水＝157.9×68%×0.1＝10.7g

应加水＝26.8－6.9－10.7＝9.2g

5.【答案】

(1)在测试路段布置测点，测点应在路面行车道的轮迹带上，并将白油漆或粉笔画上标记。

(2)将试验车后轮轮隙对准测点后约3~5cm位置上。

(3)将弯沉仪插入汽车后轮之间的缝隙处，与汽车方向一致，梁臂不得碰到轮胎，弯沉仪测头置于测点上，安装百分表于弯沉仪的测定杆上。

(4)测定者吹哨发令指挥汽车缓缓前行，百分表随路面变形的增加而持续向前转动。当表针转动到最大值时迅速读取初读数L_1。汽车继续前行，表针反向回转，待汽车驶出弯沉影响半径后，指挥汽车停止。读取稳定后的表针的读数L_2。初读数L_1与终读数L_2之差的2倍即为该点的弯沉值。